白い服を着た女性の霊が出るという噂のトンネル。

太陽の角度によって幻想的な光が祭壇を照らす。

何かに取り憑かれ山をぐいぐい登りだしたにしね・ザ・タイガー。

おおいかぶさるような謎の黒い影が写った踏切。

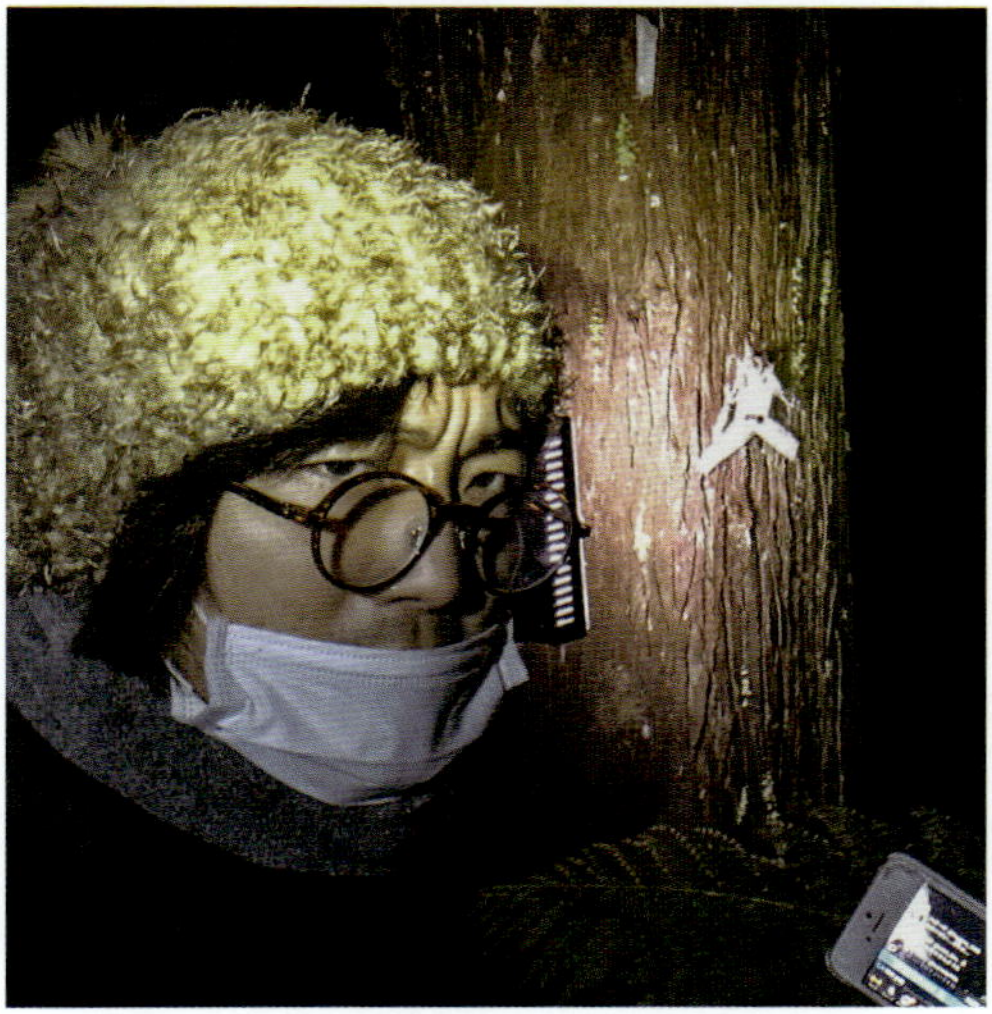

丑の刻参りで有
名な神社で見つ
けた、釘が打ち
付けられた形代。

関西国際空港到着後、エクソのファンにもみくちゃにされたタニシ。

古墳の上住みます少年時代。

立入禁止の崖の奥から悲鳴が聞こえた。

異界探訪記　恐い旅

事故物件住みます芸人

松原タニシ

二見書房

はじめに

「旅をするのは帰る家があるからだ」なんて言葉をよく耳にしますが、僕の場合は帰る家が事故物件です。

事故物件に住み続けて丸六年。テレビ番組「北野誠のおまえら行くな。」の企画から、「事故物件住みます芸人」として僕は七軒の物件に住んできました。

誰かが亡くなった部屋に住み、そこで起きた怪奇現象を語ることが今では僕の仕事の中心になっています。

それまで「死」とは切り離された生活を当たり前に過ごしてきた自分にとって、事故物件に住むことは最初は怖くてたまらず刺激的で、「生」を強く意識することにつながりました。

しかし、住み続けてみると毎日不思議なことが起きるわけではありません。むしろ何も起きないことのほうが日常です。多少の怪異にも「起きたところで命を脅かされるわけではない」と次第に慣れていきました。

僕は「誰かが死んだ部屋」で生活することで、明らかに恐怖に強くなったのです。そして、もっと不思議なものに出会いたい、幽霊がいるならこの目で見たいと、さらに渇望するようになりました。

事故物件に住めるのであれば、どんな恐い場所にも行けるはず。

事故物件三件目に住んだ頃から、心霊スポットと呼ばれる場所や事件・事故現場、戦跡、廃トンネル、自殺の名所、呪いの場、処刑場跡、火の玉目撃地など、暇さえあれば「異界」へ出かけるようになりました。

ただの心霊スポット巡りでは満足しない僕が決めた「異界巡り」のルールは五つです。

・できるだけ知られていない場所へ行く
・なるべく怪異現象の起きやすい真夜中に行く
・長居できる場所へ行く
・可能な限り一人で行く
・怪異現象が起きたときの証拠を残すため、動画の生配信を行い記録する

本書は二〇一六年七月から二〇一八年四月までの、そんな僕の異界巡りをまとめたものです。

名前や場所のこじつけで恐い噂だけが一人歩きしている異界もあれば、本当に不思議なことが起きた異界もありました。すべて実際に現地へ足を運び、自分で体験したことです。

〝未知〟という恐さを訪ね、恐さを乗り越えて帰ってくる僕の旅の記録を楽しんでいただけると幸いです。

もくじ

2017年春

2017年夏

2017年秋冬

異界巡りMAP

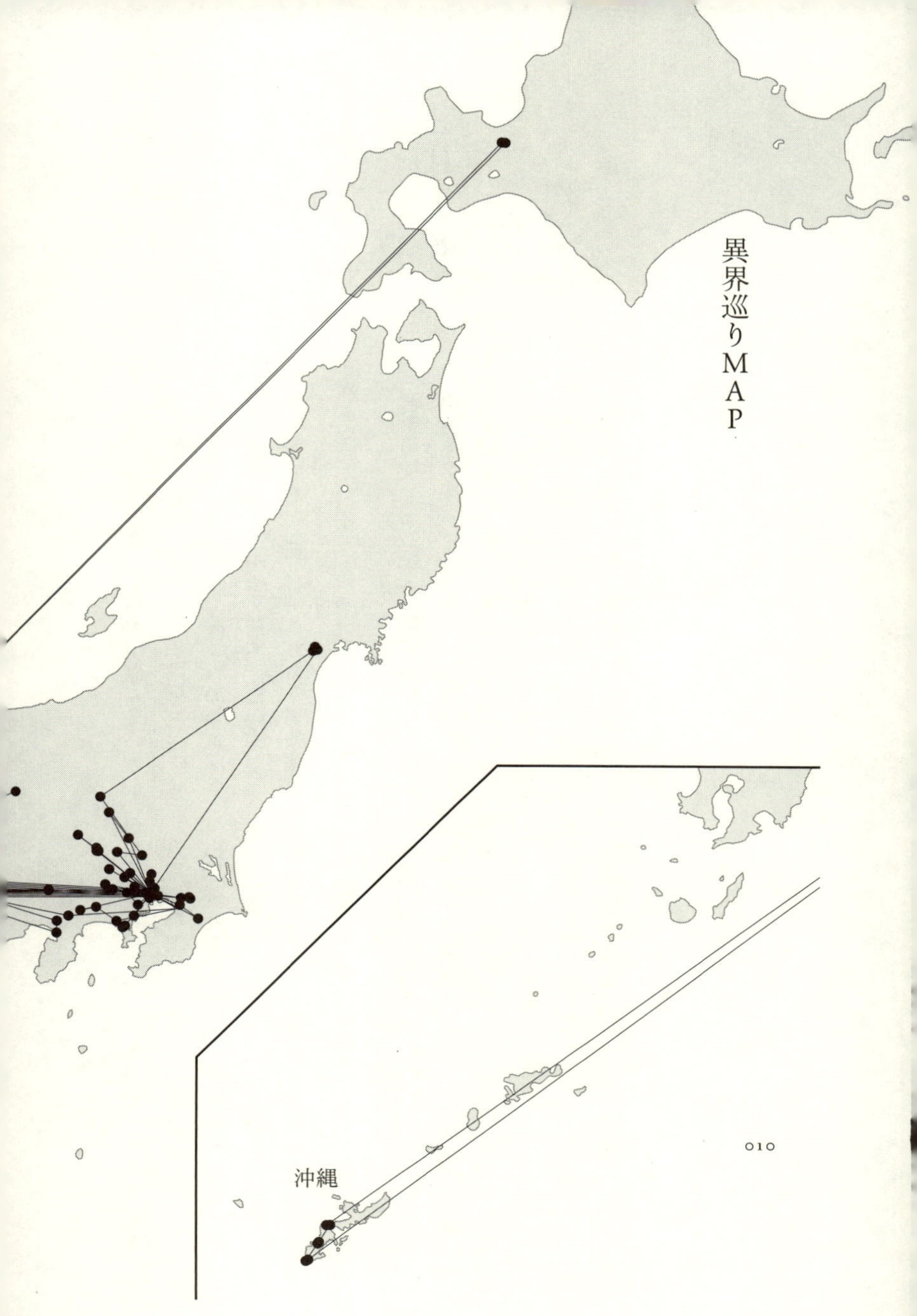

台湾

異界巡りスポットリスト

約2年間で206箇所行きました。

2016

7月9日 大塚団地（滋賀）
23日 旧七類トンネル（島根）
8月19日 大塚団地（滋賀）
9月2日 矢田踏切（大阪）
25日 樹海（山梨）
10月21日 星神社（高知）
11月1日 夫婦岩（兵庫）
1日 鷲林寺（兵庫）
7日 祖師谷公園（東京）
10日 大神楽集落（埼玉）
10日 武士平集落（埼玉）
16日 群馬の森（群馬）
17日 熊谷の犬舎跡（埼玉）
28日 長崎ノ鼻（香川）
28日 いわざらこざらの像（香川）
28日 滕神社（香川）
28日 法然寺（香川）
12月8日 明舞センター（兵庫）
8日 チョコビル（兵庫）
12月8日 狩口台（兵庫）
8日 舞子墓園（兵庫）
9日 吉良神社（高知）
10日 東山斎場（岡山）
10日 東山霊園（岡山）
10日 岡山縣護國神社（岡山）
31日 屯鶴峯（奈良）

2017

1月3日 安井金比羅宮（京都）
3日 花山洞（京都）
4日 伏見稲荷大社（京都）
10日 満池谷墓地（兵庫）
20日 白高大神（奈良）
22日 雪樹海（山梨）
26日 味園ビル（大阪）
2月1日 塩屋駅近くの国道（兵庫）
1日 敦盛塚（兵庫）
1日 須磨踏切（兵庫）
8日 東谷山（愛知）
11日 清滝トンネル（京都）
2月11日 化野念仏寺（京都）
11日 深泥池（京都）
14日 ミイラ山（東京）
18日 事故物件さんぽ（大阪）
18日 雑貨屋のあったビル（大阪）
18日 首吊り廃墟（大阪）
22日 前田公園（愛知）
3月1日 ビーナスブリッジ（兵庫）
1日 兵庫トンネル（兵庫）
1日 七曲り（兵庫）
1日 垂水墓地（兵庫）
6日 枚岡廃神社（大阪）
6日 旧生駒トンネル（京都）
6日 石切劔箭神社（大阪）
13日 内海トンネル（愛知）
13日 たぬき寺（愛知）
13日 笠寺観音（愛知）
16日 道了堂跡（東京）
22日 岩崎御嶽山（愛知）
23日 野間トンネル（大阪）
23日 能勢妙見山（大阪）

3月23日　妙見山しおき場（大阪）
25日　阿倍野墓地（大阪）
29日　東片端のクスノキ（愛知）
29日　尼ヶ坂（愛知）
29日　坊ケ坂（愛知）
4月1日　津守斎場（大阪）
1日　めがね橋（大阪）
1日　獣魂碑（大阪）
4月5日　ニャロメの塔（三重）
8日　大泉緑地（大阪）
12日　世界無名戦士の墓（埼玉）
15日　真田陸軍墓地（大阪）
16日　大阪城（大阪）
27日　根香寺（香川）
28日　春野の吉良神社（高知）
28日　蓮池の吉良神社（高知）
28日　山ノ端の吉良神社（高知）
5月4日　ゴールデンウィーク樹海（山梨）
17日　久良波大主の墓（沖縄）
17日　SSS（沖縄）
18日　大山貝塚（沖縄）
18日　嘉数高台公園（沖縄）
18日　喜屋武岬（沖縄）
18日　ひめゆりの塔（沖縄）
25日　小塚原刑場跡（東京）

5月29日　二条城（京都）
29日　清滝トンネル（京都）
29日　上宮天満宮（大阪）
6月1日　象の像の神社（大阪）
6日　旧総谷トンネル（三重）
7日　石切八社主神社（兵庫）
7日　相坂トンネル（兵庫）
7日　武家屋敷（兵庫）
8日　伊丹空港（大阪）
14日　二岡神社（静岡）
15日　桜木神社（埼玉）
24日　ひらかた動物霊園（大阪）
24日　源氏の滝（大阪）
24日　軍人病院（京都）
28日　中華料理屋跡（大阪）
29日　川辺の小学校（大阪）
29日　R病院跡（大阪）
7月1日　井の頭公園（東京）
2日　厨子奥トンネル（京都）
3日　将軍塚（京都）
3日　花山洞（京都）
3日　粟田口刑場跡（京都）
6日　五ヶ池（兵庫）
13日　行天宮（台湾）
13日　廃火葬場（台湾）

7月13日　辛亥トンネル（台湾）
14日　炭鉱廃墟（台湾）
14日　黒魔術幼稚園（台湾）
18日　線守稲荷神社（神奈川）
19日　ヤビツ峠（神奈川）
19日　白旗神社（神奈川）
20日　千駄ヶ谷トンネル（東京）
20日　青山墓地（東京）
20日　将門首塚（東京）
21日　江原刑場跡（千葉）
21日　佐倉城趾（千葉）
29日　鵜の森公園（三重）
30日　中河原海岸（三重）
8月1日　神呪寺（兵庫）
1日　裏六甲廃墟（兵庫）
1日　有馬わんわんランド（兵庫）
6日　ニッチツ鉱山（埼玉）
6日　若御子集落（埼玉）
6日　岳集落（埼玉）
6日　山掴集落（埼玉）
6日　栗山集落（埼玉）
14日　滝畑ダム（大阪）
20日　八王子城址（東京）
21日　道了堂跡（東京）
21日　ありがた山（東京）

8月22日　夢見ヶ崎動物公園（神奈川）
22日　たっちゃん池（東京）
27日　淡嶋神社（和歌山）
31日　千日墓地（京都）
9月1日　藪の古民家（徳島）
2日　見返り橋（高知）
10日　雑賀崎灯台（和歌山）
13日　首吊り神社（三重）
13日　墓の上のホテル（三重）
14日　旧佐和山トンネル（滋賀）
15日　愛鷹山水神社（静岡）
15日　あまねガード（静岡）
20日　妙見山しおき場（大阪）
23日　人肉館（長野）
25日　住吉駅（兵庫）
28日　手のないお坊さんの墓地（大阪）
10月5日　弁天橋（千葉）
6日　行船公園（東京）
6日　台場公園（東京）
7日　赤水門（東京）
7日　侍トンネル（埼玉）
19日　八木山橋（宮城）
19日　葛岡墓苑（宮城）
19日　太白山トンネル（宮城）
20日　芝桜観音（群馬）
10月21日　桶川踏切（埼玉）
21日　上尾丸山公園（埼玉）
22日　台風樹海（山梨）
25日　照恩寺（福井）
25日　九十九橋（福井）
11月3日　渡鹿野島（三重）
17日　白幡神社（千葉）
17日　最福寺（千葉）
19日　花松首地蔵（兵庫）
30日　貴船神社（京都）
12月7日　賢見神社（徳島）
7日　神木 椰の木（高知）
7日　スカイレストニュー室戸（高知）
8日　中村トンネル（香川）
8日　ある宗教施設の廃墟（香川）
9日　南原峡（広島）
16日　富岡八幡宮（東京）

2018

1月2日　首狩神社（愛知）
2日　正月樹海（山梨）
17日　横浜外国人墓地（神奈川）
17日　白い家（神奈川）
17日　本牧十二天（神奈川）
18日　海側の小坪トンネル（神奈川）
1月18日　山側の小坪トンネル（神奈川）
18日　まんだら堂（神奈川）
18日　サリーちゃんの館（神奈川）
18日　鎌倉霊園電話ボックス（神奈川）
27日　高峰サービスエリア（奈良）
31日　朝霧駅（兵庫）
31日　舞子墓園（兵庫）
2月1日　亀の水
1日　西川下踏切
3日　五色園（愛知）
4日　暗峠（奈良）
19日　西院の河原（京都）
19日　ワラビ採りの山（京都）
25日　花魁淵（北海道）
25日　西岡水源地（北海道）
3月2日　三段壁（和歌山）
14日　筆山（高知）
16日　幽霊の出る喫茶店（高知）
16日　林田港（香川）
16日　己斐峠（広島）
17日　魚切ダム（広島）
25日　阿闍梨の森（大阪）
4月4日　七つの家（山口）

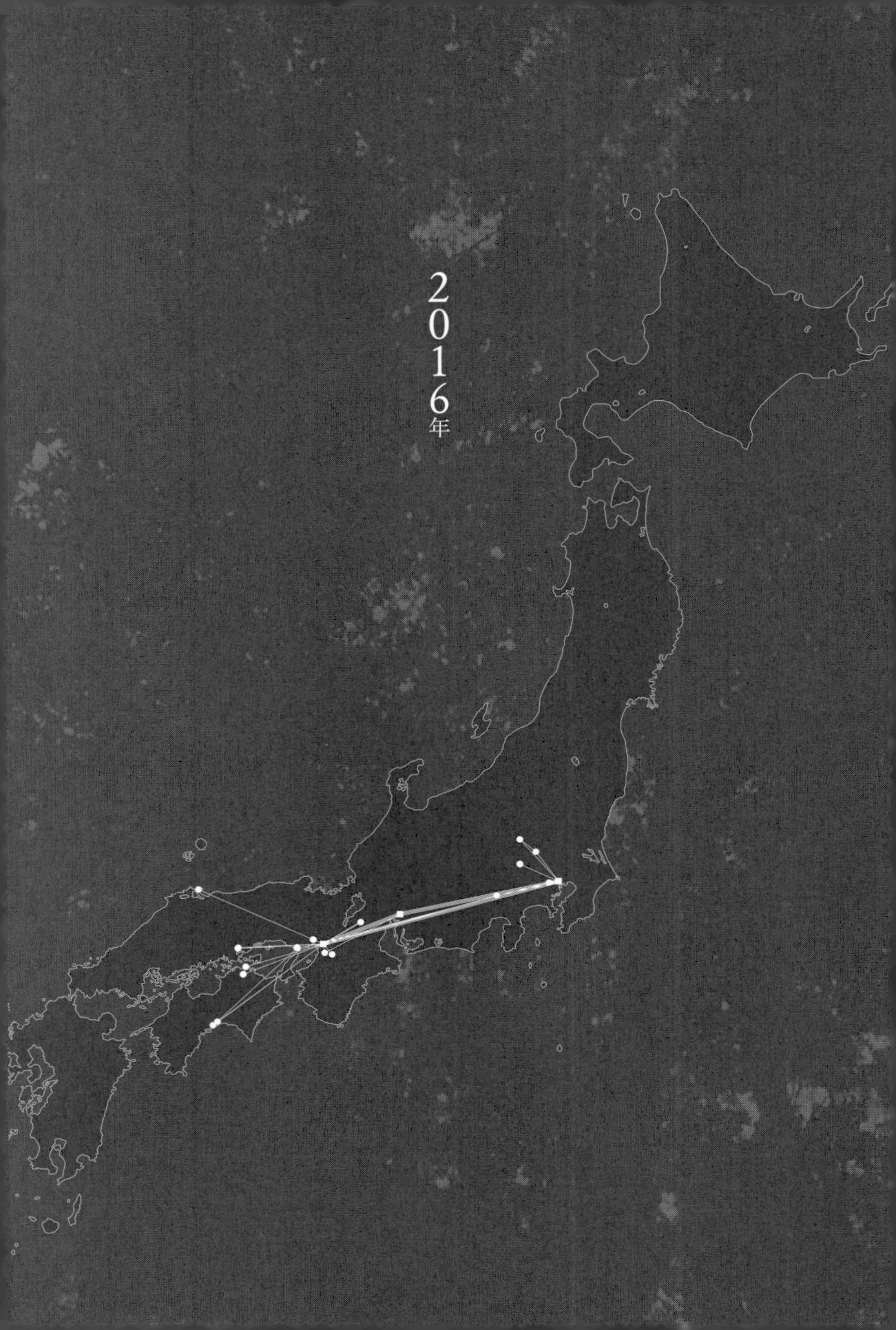
2016年

●大塚団地（滋賀）　7月9日

僕がインターネットで動画を生配信しながら初めて行った心霊スポットは、滋賀県東近江市にある「大塚団地」だ。

大塚団地とは、九〇年代後半に住人が集団失踪したといわれている廃墟群である。

この日はあいにく土砂降りの雨だった。僕は車の免許を持っていないので、後輩芸人の華井《はない》二等兵に運転してもらい、現地まで行く。

深夜二時を過ぎた頃、「岡本墓地」「伝病焼屍場跡」と書かれた看板の近くに車を停めた。

スマートフォンで生配信をスタートし、車を降り、グーグルマップで確認したそれらしき場所を目指す。

しかし僕らは考えが甘すぎた。懐中電灯を持ってきていなかったのだ。土砂降りの中、頼りないスマホのライトのみで二人、闇に突入した。

結果から言うと、五分経たずして先へ進むことを断念した。

看板を越えて歩き出してすぐ、線香の匂いが鼻をつき、そのあとに華井の目の前を白い光が通り過ぎた。

そして配信していた動画の画面に何者かの顔が映り込んだ。

僕らは耐え難い恐怖を土砂降りの雨のせいにして、そそくさと退散したのだった。

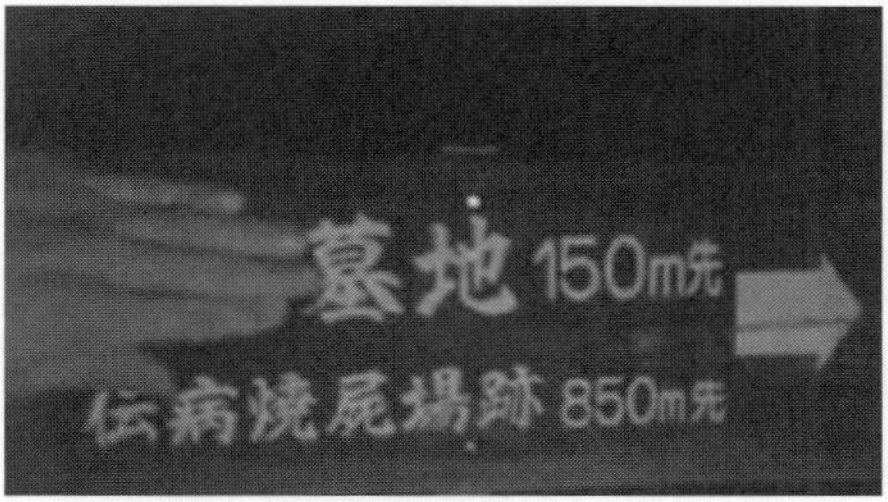

岡本墓地、 伝病焼屍場跡の看板。

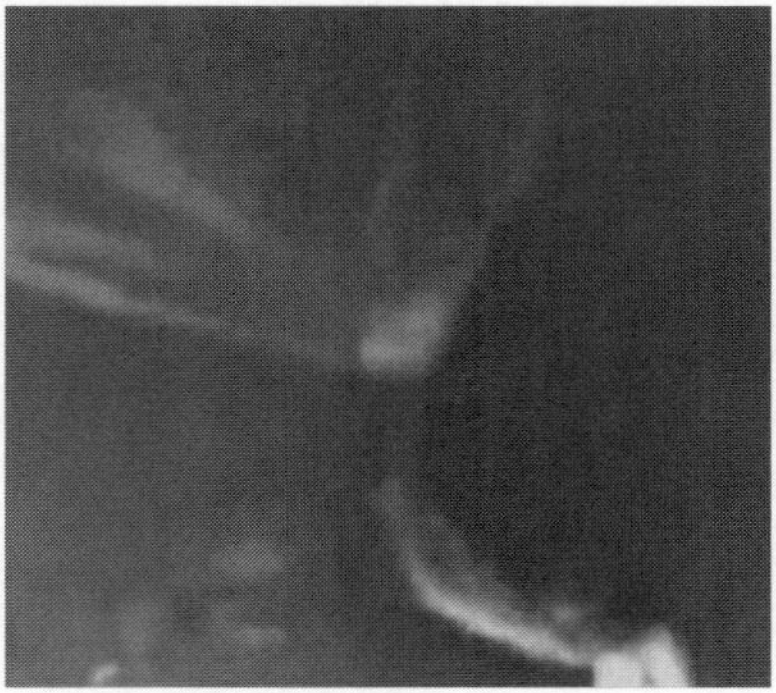
僕の後ろに一瞬写った謎の顔。

旧七《しち》類《るい》トンネル（島根）　7月23日

この日は鳥取県境港《さかいみなと》で怪談ライブだった。イベントを企画してくれた是枝《これえだ》さんは、僕がアルバイトをしている金龍ラーメンの元同僚だ。故郷の境港で、町おこしの一環として僕らを呼んでくれたのだ。

イベント後、境港の近くにある心霊スポットを是枝さんに聞いたところ、教えてくれたのが島根県松江市にある旧七類トンネルだ。鳥取の境港から境水道大橋を渡って島根半島東部に上陸すれば車で十五分ほどで到着する。

旧七類トンネルは新七類トンネルが開通したことで使われなくなった廃トンネルで、トンネルの近くにシェパードが野放しにされていたことから「狂犬トンネル」とも呼ばれているという。また、赤い服の女の霊が出るという噂もある。

運転はイベントについてきた華井だ。トンネルに向かう道中、目の前を何かが横切る。

「うわぁ！」

「真っ赤や！」

「動物か何かや！」

「大きめのイタチサイズや！」

「ちょっと待って、赤い服の女ちゃうか？」

それぞれが見た情報を統合すると、真っ赤な大きめのイタチサイズの何か。

最終的に、赤い服の女とシェパードが合体したものじゃないだろうか、という結論になる。

目的地の旧七類トンネルは、立入禁止になっていたため入れなかった。

トンネルの入口はブロックで閉ざされていた。

●大塚団地（滋賀）　8月19日

七月のリベンジを果たすべく約一ヶ月後、僕らは再び大塚団地へやってきた。

不甲斐ない前回の反省を踏まえ、今回はしっかりと準備をした。懐中電灯、虫除け、スニーカー、ヘルメット。メンバーにはさらにもう一人、後輩のにしね・ザ・タイガーも加わった。

現場の入口に到着したのが午前三時。前回と違い、雨は降っていない。「岡本墓地」「伝病焼屍場跡」と書かれた看板の矢印の示す方向へ、三人は万全の態勢で歩いていった。

前回、入口付近で鼻をついた線香の匂いは、今回はしなかった。懐中電灯の明るさと人数の多さに安心しながら、まだ足を踏み入れていない未知の世界へ突入する。

まず目の前にお地蔵さんが見えた。その先は墓地だった。たぶんここが岡本墓地なのだろう。グーグルマップでは、この墓地のさらに北側に廃墟群らしき空間が見える。おそらくその場所が大塚団地だと思われるのだが、墓地からの行き方がわからない。グルグルと墓地を三人で徘徊していると、目を凝らして見ないとわからない、草が生い茂った細い道が見つかった。草をかき分けながら細い山道を進む。しばらく進むと、かろうじて形状を保つ石段が見えてきた。さらに進む。さらに進む。さらに進む。さらに進むと……

「誰かいる！」

暗闇に浮かぶ白い人影。

怖すぎる。

一直線の石段のその向こう、白い影は微動だにしない。すなわち、確実にそこにいる。

〝怖気《おじけ》づく〟とはまさにこのことだ。本当に怖いんだからしかたがない。

しかし、今回は三人いる。三人で行けば大丈夫だ。そう自分に言い聞かせ、歩みを進める。

細い山道の向こうに白い人影が浮かんでいた。

……なんのことはない。白い人影は、ただの石灯籠《いしどうろう》だった。心霊スポットでの極度の緊張状態では、灯籠などの物体が人影に見えてしまうこともあるのかもしれない。

遠目に見たそれは、たしかに人影にしか見えなかったのだが……

石灯籠のその先は、ほぼ手入れが行き届いていないといっていい、古びた墓石群だった。無縁仏の墓だろうか。そのまわりには何故か地中に壺が埋まっていた。

「なんか変な匂いしません？」

不意に華井がつぶやく。たしかに、言われてみれば何か今までとは違う匂いがする。

肉の匂い？　獣の匂い？

〝カシャ〟

そのとき突然、華井のスマホからシャッターを切る音がした。

「今、触ってないのにケータイが勝手にシャッターを切りました」

華井のスマホはポケットの中。撮られた画像を確認すると、もちろん真っ黒である。そして目の前には数十人の名前が彫られた大きな慰霊碑らしき石の塊《かたまり》が鎮座していた。

実は大塚団地があったこの地域には、明治時代にコレラが流行し、隔離された伝染病患者が亡くなったあとにこの地で火葬されていたという噂がある。

白い人影と思ったものは石灯籠だった。

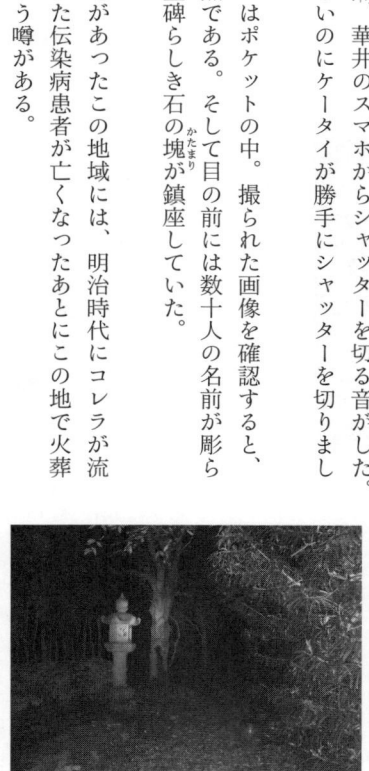

「伝病焼屍場跡」

入口の看板に書かれていたあの文字は、この場所を指しているのかもしれない。

墓石がひしめくこの空間にはそれ以上の道はなかった。僕らはあきらめていったん引き返し、改めて大塚団地らしき場所へのルートを探す。

「北側から攻めてみましょうか」

華井が提案したのは、車で北側まで回り、そこから道を探す案だった。夜明けも近い、僕は華井の案に乗った。

大塚団地への北側のルートは、山中まである程度は車で入り込めた。これ以上は入れないというところで車を停め、歩いて進む。岡本墓地側と違って、作業用道路になっているのか、道は広かった。

「ちょっとやめてくださいよ」

華井が声を上げる。

「今、僕の足蹴ったでしょ？　こういう場所でこんな冗談本当にダメですよ」

何を言っているのかすぐに理解できなかった。どうやら後ろから僕が華井の足を蹴ったらしい。しかし、もちろんだが僕は華井を蹴っていない。にしねも華井からは離れて歩いていた。じゃあ誰が華井を蹴ったのか。

そうこうしているうちに、進行方向の先に工事現場でよく見るトラ柄のガードフェンスが見えてきた。しかしその前に、僕は道の脇に見えた、ある物の存在に気づく。

ブロック塀だ。これは間違いない。住居跡だ。ブロック塀の裏側を調べる。コンクリートの階段が見つかる。その先は……何もなかった。空き地だ。そこにあった建物はもう解体され、更地になったのだろう。

そして、そこには松の木が何本も生えていた。その一本一本に、ある苗字が書かれた名札のようなものが貼りつけられていた。その苗字には見覚えがある。それは、インターネットで大塚団地の噂を調べたときに見た、あるエピソードに登場する人物の苗字だった。

〈廃墟となった大塚団地にはまだ一世帯だけ残っていて、真夜中に一軒だけ明かりがつく。大塚団地の手前の道には日本刀が刺してあり、撮影しようとすると住民のHさんが日本刀で斬りかかってくる〉

大塚団地には数々の噂がある。

①団地住民の集団失踪
②近くの森で老婆の遺体発見
③肝試《きもだめ》しにきた大学生グループの一人が何者かによって日本刀で惨殺された

他にも、〈団地の住民が失踪事件のあとに自殺した〉〈近くに火葬場があり火葬された人の霊が出る〉など、噂は無数に存在する。ちなみに火葬場の話は、おそらく「伝病焼屍場跡」の看板から噂されたものだろう。

①は「一九九五年に大塚団地で突然、住民が全員いなくなる」というもので、これはおそらく、廃墟探検家がネットに公開した写真で広まったものだ。数年前、「大塚団地」で検索して

出てきた画像には、放置された荷物や洗濯物、壁のポスターや食べかけのご飯など、まるで住民が神隠しにでもあったかのような住居内の様子が見受けられた（現在は削除されているようだ）。その中の、一九九五年から替えられていないカレンダーの画像が、この噂を作り上げたのではないかと推測する。

②は実際に起きた事件である。

「殺人事件現場――平成十二年六月二十六日、この付近の山畑で殺人・死体遺棄事件が発生。人・車を目撃された方は、ご協力をお願いします。東近江警察署捜査本部」

そう書かれた看板が、岡本墓地の看板付近に実際に立てられている。ただし事件は平成十二（二〇〇〇）年に発生しているため、集団失踪事件が一九九五年にあったとするなら、直接関係はなさそうである。

そして③は、その噂の張本人、日本刀をふり回す人物の苗字がHさん。そして僕が見た松の木の名札の苗字もHさんだったのである。

つまり、Hさんは実在するということだ。僕は松の木の名札を見て、身震いした。

しばらく周囲の様子を見たあと、僕たちはその場から立ち去り、広い道に戻った。そして道の先にある工事用ガードフェンスまで歩く。その向こう側の景色はとても意外だった。

ソーラーファームだ。

フェンスの向こうには、広大な土地におびただしい数のソーラーパネルが設置されていた。噂を信じるのであれば、Hさんの家が先に調べた松の木の生えた空き地、その先に大塚団地があったはずである。もしそうなのであれば、今、大塚団地はソーラーファームと化しているということだ。夜も明け、懐中電灯の光がなくてもはっきりと見えるソーラーファームを前にして、僕らは異界から現実世界に引き戻されたかのようだった。

ちなみに大塚団地の真相だが、実はそもそも大塚団地自体は造られてもいなかった可能性がある。大塚団地の本当の正体は、一九七〇年に造成される予定だった「湖南グランドハイツ」という集合住宅で、雑木林に道路だけ作られた状態で放置されたそうだ。「大塚団地」と呼ばれていた廃墟群は、あくまで推測ではあるが、その付近にあった数軒並ぶ一軒家の廃墟群のことではないかと思われる。しかし、「大塚団地または大倉団地という、今は取り壊された集合住宅があった」という説もあり、本当のところはわからない。

そしてHさんの件だが、彼は周辺の土地の所有者であり、実際今でも大塚団地と呼ばれる場所の近辺に住んでいるそうだ。こうした噂のせいで住居を荒らされ、近所で騒がれ、ゴミを捨てられ、たいへん迷惑を被っているという。

心霊スポットの噂や都市伝説が、誰かを悪者にしたて上げ、生きづらくさせてしまうなんて、全然おもしろくもなんともない。

本当に心霊にロマンを求めて探索する、良識ある心霊ファンの方々なら、決して誰かに迷惑をかけるようなことはしないでほしいと願う。

さまざまな噂が渦巻く中、 殺人事件は本当に起きていた。

夜明けとともに僕たちが行き着いた先はソーラーファームだった。

墓のまわりの地中には何故か壺が埋まっていた。

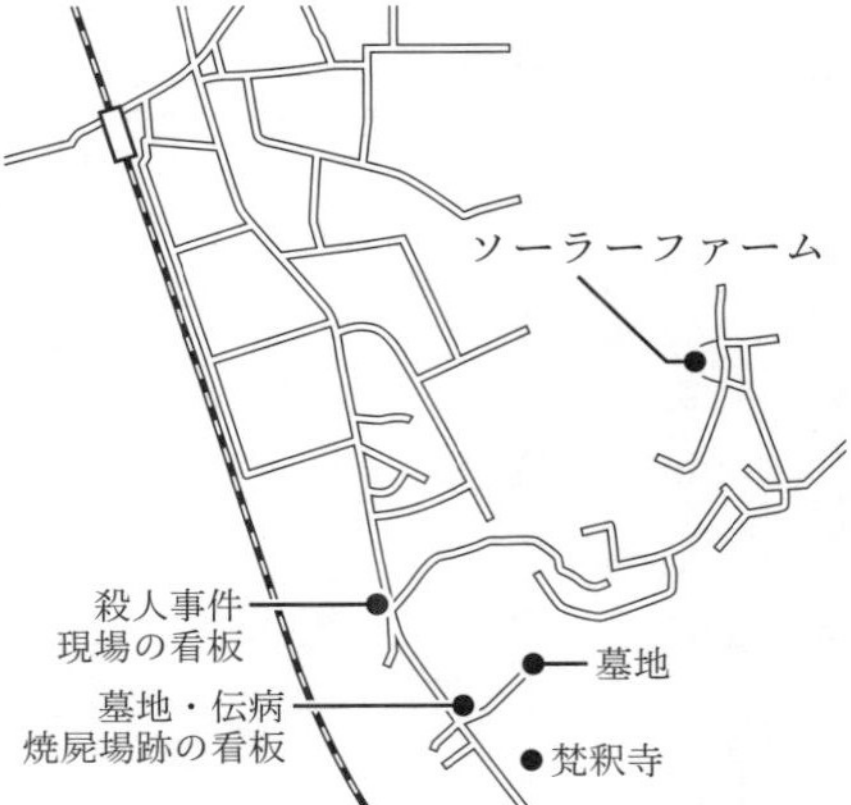

矢田踏切（大阪）　9月2日

大阪市東住吉区にある矢田の踏切は、何故かやたらと飛び込み自殺が多いと大阪では有名である。特に予定の入っていなかったこの日の晩、「異界には行けるときにできるだけ行っておかなくては」と妙な義務感に駆られ、僕は急きょ華井を誘い出し、車で三十分ほどで行ける矢田の踏切へ真夜中に向かった。

街灯がほぼない大和《やまと》川の土手の上に設置された矢田の踏切は、青い照明に照らされて不気味な存在感を発揮していた。踏切の手前、僕と華井はある声を耳にする。

「かわいそう〜」

踏切のそばの茂みから、たしかに聞こえた女の声。

そのあと踏切を渡る最中に、線路の延長線上、川の真上の鉄橋あたりから音がした。

「ゴ――――ン」

もちろん電車など走っていない。久しぶりに明らかな恐怖を感じ、そそくさと踏切から退散したが、車に戻る途中、写真を一枚も撮っていないことに気づく。しかたなく踏切に戻ろうとしたそのとき、最初に声を聞いた踏切横の茂みから、今度は甲高い子供の声が鳴り響いた。

「あ――――」

立ち止まる僕たち二人。怖い。それでも華井は勇気を出して声のした方向へ僕の背中越しに

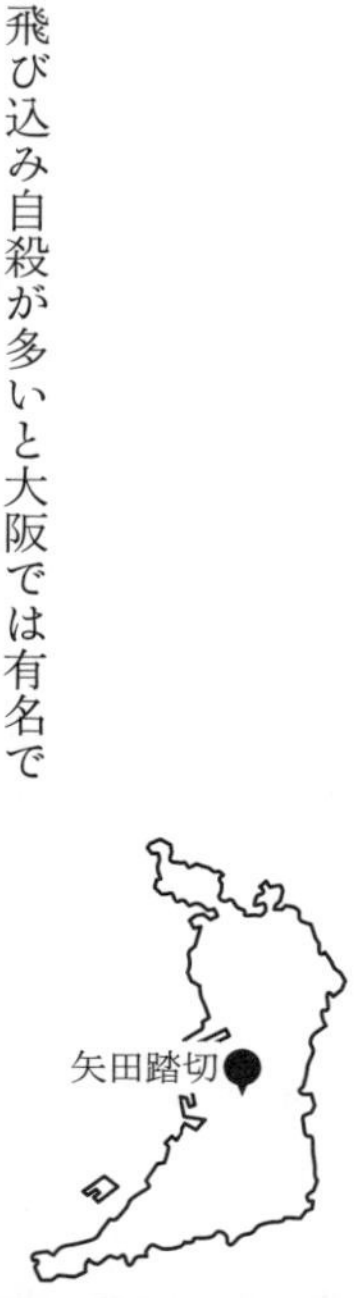

カメラを向けると叫んだ。

「うわぁ！」

華井のスマートフォンの画面上で、僕の背中の向こうからフワフワ～と丸くて白い光の玉が近づいてきたという。急いでシャッターボタンを押したが、何故か遅れること数秒、画面上の光の玉が消えた瞬間にカシャッと音が鳴り、結局は何も撮れていなかった。

帰り道、踏切から少し離れた電話ボックスの前に乳母車が放置してあった。何かわからないけれど不気味だった。

人身事故の多い矢田の踏切。

帰り道で見つけた、電話ボックスに放置してある乳母車。

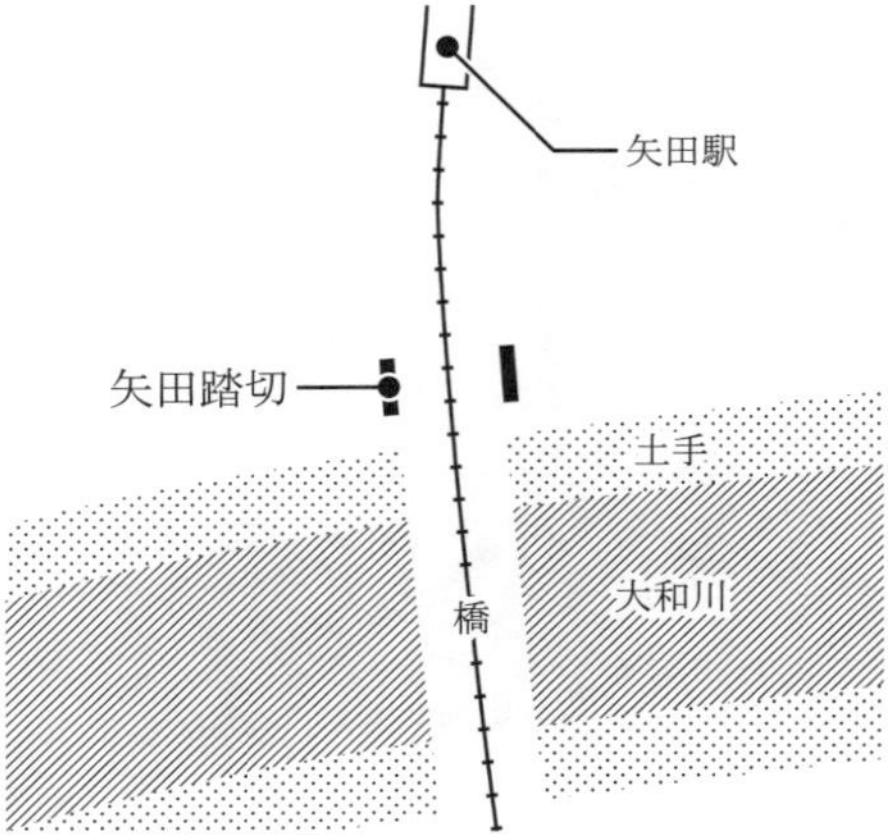

樹海（山梨） 9月25日

富士の樹海で一泊する。メンバーはいつも樹海探索に誘ってくれるライターの村田らむさんと、芸人のハニートラップ梅木さん、橋山メイデンの四人。

樹海は冷えた溶岩の上に木が生えて森になっているため、根っこが地中まで伸びずに地表にむき出しになっていて足場が悪い。だから百メートル進むだけで三十分かかったりする。

そして一泊することが目的なので、樹海に入ったのは真夜中だ。懐中電灯を消すと本当に何も見えない。

結局、入口から少し入った凹《くぼ》みで、各自用意した寝袋にくるまり朝まで過ごす。ちなみに樹海で自殺する人たちは、凹凸の激しい樹海の中で凹みになっている場所で発見されることが多い。首を吊るには高い木にロープをくくり付けるよりも、手の届く位置の木の枝にロープを垂らし、自分の体を凹みに入れるほうが簡単なのだ。

男四人、かつて誰かが死んだかもしれない場所で（死んでないかもしれないが）、それぞれゴツゴツの地面に寝転がる。唐突に、一番年下の橋山メイデンがつぶやいた。

「今度、名古屋の番組に出させてもらうんですけど、俺どうすればいいですかね」

芸人の登竜門的な番組に彼のコンビが数日後ゲスト出演するのだが、ここで爪痕を残すか残さないかが今後の芸人人生を大きく左右するという。それにもかかわらず、彼は番組出演に向

けて何の対策も練っていないのだ。芸人としての先輩に当たる梅木さんは「お前それヤバイで」と、親身になってアドバイスをする。しかしメイデンは相方のせいにばかりして自分は何も考えようとせず、言い訳ばかりする。

「俺は悪くないんすよ。相方が全然やる気ないんすよ」

見かねたらむさんまでもが「ちゃんと考えたほうがいいですよ」と大人の意見。

「でもほんとアイツ（相方）全然おもしろくないし解散してやろうかなって思ってるくらいです」

自分から相談しておきながら、先輩のアドバイスにまったく聞く耳を持たないメイデン。やきもきする年上三人。

それにしても、これははたして真夜中の樹海でしなければいけない会話なのだろうか。

話題はいつの間にか会話を止めようとしないメイデンの恋愛相談に移行していき、暗闇の中この時間が永遠に続くのではないかという、樹海にいることとは別の恐怖に苛まれる。

そんな中、ふと見上げると何やら灰色の不規則な模様が視界に入る。

この灰色は空だ。それ以外の黒が木だ。

木々のすき間からのぞく夜空のほうが樹海の闇より明るいのか。

橋山メイデンの解決しない人生相談は朝まで続いた。

歩くだけでも大変な富士の樹海。

星神社（高知）　10月21日

高知のライブハウス「カオティックノイズ」主催の怪談ライブに、オカルトコレクター田中俊行さんとともに年四回呼んでもらっている。そして、行くたびに現地の方から心霊スポット情報をもらえる。この日、「いいスポットがありますよ」と教えてくれたのはウォッチさん（実家が時計屋なのでウォッチさん）。高知在住のミュージシャンである。

彼が教えてくれたのは星神社だ。この神社は高知市五台山《ごだいさん》の中腹にあり、超急角度の不安定な石段が山の麓《ふもと》まで続いている。ウォッチさんが言うには、星神社は知る人ぞ知る心霊スポットで、何百年も昔、ここの石段から疫病患者たちを何人も突き落としていた伝説があるという。真夜中に石段を上ると、暗闇から死者の呻き声が聞こえるらしい。

高知の心霊スポットへ行くのは今日が初めてだ。一緒にイベントに出演した田中さんは用事があって来られず、情報をくれたウォッチさんに無理を言って現場入口まで車で送ってもらう。ここからあとは完全に一人だ。

もう後戻りはできない。ついにひとり心スポ（心霊スポットの略）デビューである。

午前三時。目の前には四十五度はあるんじゃないかという急勾配の石段が、闇に吸い込まれるように延びている。そうか、一人というのはこれほどまでに不安なものなのか。何かあっても誰も助けてくれないんだな。改めて孤独の危険を噛みしめる。

それでも意を決し、石段を上る。懐中電灯で照らされた足元を一段一段、踏み外さないように、それだけを考えながらひたすら上る。幽霊も怖いが、階段から落ちることがまず怖い。

どれくらい上ったのだろう。意識を集中していると、やがて自分の足音だけがクリアに聞こえはじめる。……いや、違う。足音の数がおかしい。自分のではない、別の足音が下方からも聞こえてくる。

〝ザザッ、ザッ……〟

ふり返る勇気など、余裕などみじんもない。足音から逃げるように石段を上り続けた。

気がつくと僕は小さな祠《ほこら》の前にいた。おそらくついてくる足音の恐怖から逃れるため、無意識のうちに石段から外れ、林に避難したのだろう。

ボロボロの祠。忘れ去られたような祠。

何故こんな林の真ん中に祠があるのだろうか。わからない。わからないけれど僕は直感で〝この祠の扉は絶対に開けてはいけない〟と思った。

しかし、だからこそ開けなければいけないような気がした。

これは試練だ。

今この祠の扉を開けないと、「超えられない恐怖」があることを認めてしまうことになる。これを乗り越えないと、これから先も一人で異界に行くことはできないと思った。

僕はその小さな扉に手を掛け、ゆっくりと開帳した。

中は見るも無残なありさまだった。

神棚は崩れ、御神体は倒れ、供物が転がり、枯れ草が散らばっている。なんて罰当たりな、なんて悍《おぞ》ましい光景だ。これは、きっと祟られる。すぐさま後悔が押し寄せ、その場から動けなくなった。

僕は何をしているんだろう。せっかく事故物件の恐怖を乗り越えここまでやってきたのに
（このとき僕は三軒目の事故物件に住んでいた）、心霊スポットに行って、恐怖に打ち負けて、もう
ここで終わりじゃないか。お前は結局一人じゃ何もできないんだ。

「大丈夫、ちゃんと前に進んでるよ」

頭のどこかで声が聞こえた。その声は、自分だった。

そういえば僕はいつだって目の前の恐怖を肯定して乗り越えてきた。高校時代、柔道部に入って初めての試合の日、試合の恐怖を克服するために、わざわざ早起きして映画『ゾンビ』を鑑賞し、苦手だったホラー映画を克服して自信をつけてから試合に臨んだ。結果、寝不足のせいで負けたけれど。

そうだ、祟られたっていいじゃない。

この絶望感を経験すれば、この先もうこれ以上の恐怖や後悔はないのだから。

そう思えた瞬間、不思議と本当に何も怖く感じなくなった。

そこからの僕は無双モードに入る。

祠の裏に墓石群……怖くない。

古びた狛犬……怖くない。

ついてくる足音……まったく怖くない！

林から石段に戻り、再び星神社を目指す。数分前まで自分ではない足音に恐れおののいてい

たはずの石段を、スイスイと上がる。そして石段を上り切る。

星神社だ。

その境内はとても小さくシンプルで、なんの飾り気もなかった。

しかしそんなことよりも僕は簡易トイレに駆け込んだ。勢いよく放出される僕の尿。冷え込んだ山中の空気に湯気が立つ。あたたかい。僕は生きている。生きているって、強いんだ。

この体験は、僕に大きな勇気を与えてくれた。

初めて一人で異界へ挑むことになった星神社。

闇の中に延びている急勾配の石段。

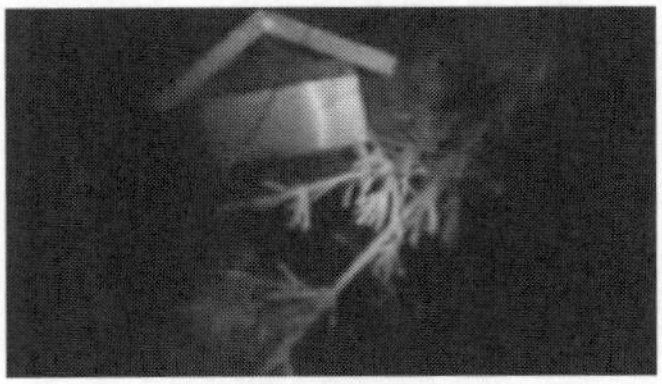

開けてはいけないボロボロの祠。

夫婦《めお》岩《とい》（兵庫） 11月1日

大阪・京橋のライブハウスレストラン「ベロニカ」でのハロウィン怪談イベントのあと、田中さんの案内で兵庫県西宮市を巡る。メンバーは僕、田中さん、華井、にしねである。

午前一時、最初の目的地は夫婦岩だ。県道82号線のカーブの途中、道のど真ん中に鎮座するその巨石は、真ん中がパックリと割れているため、通称〇〇〇岩（女性器を表す関西の言葉）とも呼ばれる。かつてこの岩を撤去しようとした工事関係者が次々と謎の死を遂げ、移動させることができないという噂があった。また、この岩に触れると高熱に冒されるという話もあるのだが、田中さんの知人は触れるどころか夫婦岩によじ登ったり、側面を正拳突きしたりした結果、ヒザから崩れ落ちて失神。その後一週間ほど股間に謎の激痛が走り、家から一歩も出られなくなってしまったという。

実は僕もかつてテレビ番組「北野誠のおまえら行くな。」のロケで訪れたことがある。そのときは岩の割れ目に謎の線香と紙垂《しで》が落ちていた。

雨の降る中、再び巨石と対面。割れ目をのぞくと、線香と紙垂はすでになくなっていた。

「いや、タニシくん、お供物の柿、思いっきり踏んでるで」

田中さんに指摘されて初めて気づいたが、どうやら僕は割れ目の手前に供えてあった柿を踏

んづけていたらしい。

「え、マジで?」

そのとき、岩の後方から車のヘッドライトの光が見えた。

「あ、ヤバい、車が来た」

この場所は交通量がやたらと多い。そんな道の真ん中に突然巨石があるため、ドライバーたちにとって危険なのだが、歩いて見にいく行為はもっと危険である。

「え、車なんかどこにも来てないですよ」

華井とにしねがキョトンとしている。いや、たしかに岩の真後ろに車が来ていたはずだ。しかし実際には来ていなかった。

「祟りやな」

田中さんが、嫌なことだけボソッと言った。

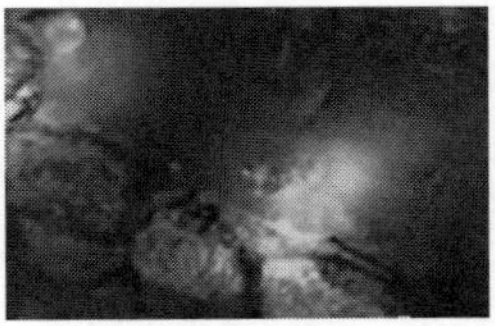
僕が踏んづけてしまったお供え物の柿。

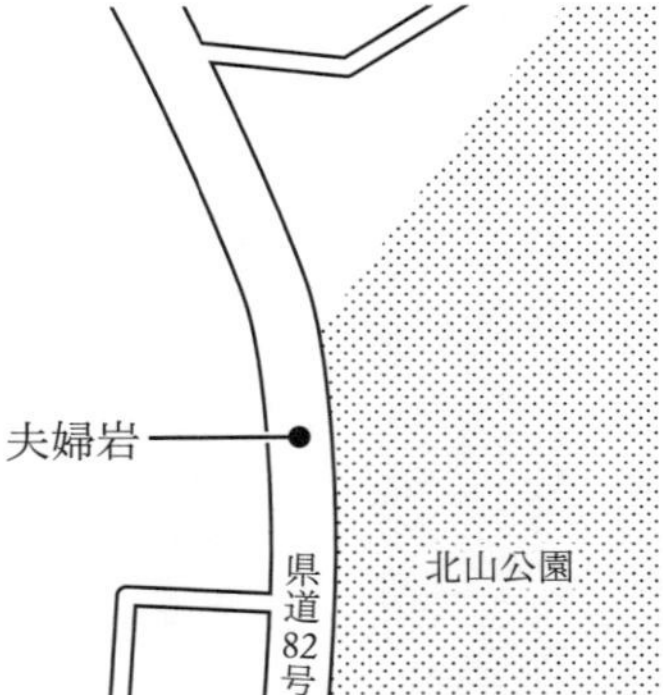

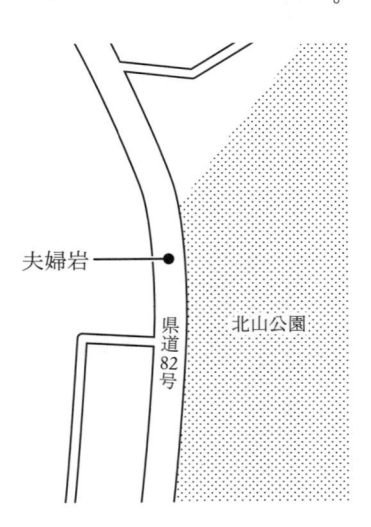

● 鷲《じゅう》林《りん》寺《じ》（兵庫）　11月1日

午前一時半、夫婦岩をあとにし、鷲林寺に向かう。

鷲林寺には牛女の都市伝説があり、境内にある弁天池の祠を午前二時に半時計回りに三周すると、帰り道で頭は女、体は牛の姿をした牛女が追っかけてくるという。

この牛女の正体は、戦国時代に織田信長に逆らった武将、荒木村重《むらしげ》の娘で、寺に逃げていたのを見つかり寺ごと燃やされ、あまりの熱さに池に身を投げて亡くなったといわれている。何故その娘が牛になって追いかけてくるのかは謎である。

深夜二時の少し前に、鷲林寺に到着。しかし雨はどんどん強くなっていく。さらに案内役のはずの田中さんが車中で目を覚まさない。しかたがないので自分たちでネットで調べた情報をたよりに田中さんを置いて境内へ。

弁天池はすぐに見つかった。池の端には小さな橋がかかり、祠があった。祠の前にはビニール袋をかぶせられた女の子の人形が置かれ、水滴を弾きながら雨に打たれるその姿はなんとも不気味だった。僕らは一つしか用意してなかった傘を代わりばんこに持ち、ビチャビチャになりながら弁天池のまわりを反時計回りに三周する（のちにネットの噂を再確認すると「祠を三周する」と書かれていたので、弁天池を三周するのは間違っている）。

途中、八大龍王の洞窟らしきものも見つけたが、雨足が強すぎてそれどころではなく見て見

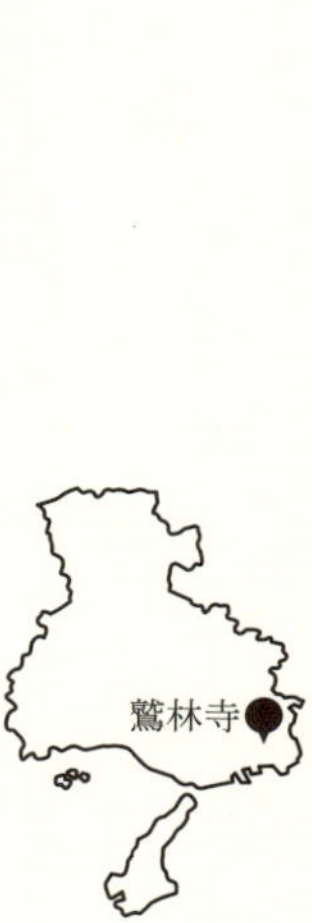

ぬふりをして、そそくさと車に戻った。

ちなみにこの洞窟には〈牛女が幽閉され、夜ごと抜け出して峠で人を襲う〉という噂も存在するが、こちらは戦時中に芦屋と西宮一帯が空襲にあったときに〈ある屠殺場の座敷牢に幽閉されていた牛頭の女が空襲の焼け跡に現れた〉という噂を地元の新聞が掲載したことから広まったとされる。

鷲林寺の公式サイトには、この牛女伝説の発祥は西宮の市街で、山手にある鷲林寺は伝説の発祥ではないと明記されている。そして、祠を三周すると牛女が追いかけてくるという話は、荒神様の眷《けん》属として祠の両脇にお祀りしている牛を見て誰かが牛女と言ったひとことが噂となり、それをある週刊誌が記事にして掲載したことで広まったという経緯を解説して、その噂も完全否定している。

というわけで僕たちは鷲林寺の牛女伝説がまったくのデタラメであることをあとで知ることになるのだが、この旅では帰りの車で牛女が追いかけてくるかどうかを真剣に検証していた。

「にしね、後ろから牛女来たらすぐに教えてな」

「はい」

「まだ来えへんか?」

「まだ来ないですね」

「まだか?」

「はい」

そのとき運転していた華井が叫ぶ。

「うわぁ！」

その瞬間、ものすごいスピードで何かが僕らの車を追い抜いていった。

車内に緊張が走る。

「牛女か!?」

「いや、ものすごいスピードの車が」

「牛じゃなかったか？」

「はい、車です」

にしねがつぶやく。

「これ、もしかして後ろの車が牛女に追いかけられて必死で逃げてたんちゃいます？」

「それか、牛女が車を運転してたとか」

「マジか！　運転席に牛、乗ってたか？」

「いや、そこまでは見えなかったですね」

後部座席からさっきまで寝てたはずの田中さんがひとこと言う。

「いや、追い抜いてもうてるやん」

お供えしてあった女の子のお人形。

都市伝説だけが膨らんでしまった鷲林寺。

デタラメの伝説が一人歩きしてしまった祠。

祖《そ》師《し》谷《がや》公園（東京） 11月7日

この秋、ザ・バンド・アパートのベーシストである原昌和さんと二人で群馬・埼玉・東京を回る怪談ライブツアーを開催し、ツアー中に関東のさまざまなスポットを原さんと巡ることになった。まず初めに行ったのが、二〇〇〇年の大晦日に世の中を震撼させた世田谷一家殺害事件の事件現場である。

「タニシはよう、事故物件を取り扱うんだったらここは避けて通れねえだろ」

そう言って原さんはのどかな昼下がりに世田谷区の祖師谷公園に連れていってくれた。

事件当時、現場周辺はこの祖師谷公園の拡張計画区域内にあり、被害者宅も二〇〇一年三月に転居予定だったという。しかし事件発生から二十年近く経った今も犯人は見つからず、未解決事件として被害者宅だけが残されたままで、まわりの民家はほぼ移転している。

整備された公園の一角に、時が止まったようにポツンとたたずむ事件現場。すぐ近くの公園の遊具からは子供たちの遊ぶ声が聞こえてくる。陰惨な殺人現場と憩《いこ》いの場が隣り合わせる異様な空間が、近隣の住民にとって日常になっていることがさらに異様に思えた。

「すいませーん」

突然、原さんが声を出す。

「すいませーん」

立入禁止の黄色いテープのギリギリから、被害者宅の玄関前にたたずむ警察官に向かって呼びかけている。事件以来、被害者宅の前に簡易の交番が設置され、警察官が常駐しているのだ。

「おーい」

しかしいっこうに目を合わせない警察官。世田谷ののどかな昼下がりに、子供たちの声と身長一八〇センチのヒゲをたくわえた大男の声がこだまする。

「ダメだ、答えてくんねえ」

原さんは純粋に事件の進展があったかどうかを聞きたかったようだ。しかし、白昼に得体の知れない大男から規制線越しに大声で呼ばれる恐怖は、警察官といえどもたまったもんじゃないだろうなと察する。

「ごくろうさまー」

リアクションしてくれない警察官に対し、あきらめた原さんは最後に労《ねぎら》いの言葉をかけていた。

青空が広がる都会の公園で、子供たちと事件現場と警察官と大男が同じ時間を共有しているこの光景を、僕はなんと表現すればいいのかわからない。

昼下がりの公園の一角。

大《おお》神《か》楽《ぐら》集落（埼玉） 11月10日

原さんとの関東怪談ツアー初日、群馬県太田市での怪談ライブを終え、埼玉の原さんの実家に泊めてもらう。

朝起きると、原さんの友人の上《かみ》くんが車で迎えにきてくれた。

「上くんの家おもしれぇから見にいこうぜ」

上くんは近所に住んでいて、もともと祈祷師の家系だという。

仏壇には先祖代々の位牌が保管されており、一番古いものには約四百年前の年号が記されていた。

敷地内にはいつ建てられたのかわからないお稲荷様の小さな社があり、今でも知らない人が勝手に入り込んでお参りしていくらしい。

上くんのおばあさんが言うには、苗字の「上（かみ）」はもともと「神（かみ）」から来ている説があるとのこと。

近所の（といっても山村のため距離はけっこう離れているが）住民の苗字もほとんどが「上」で、直接の交流は今ではほぼないが、みな遠い親戚にあたり、昔はこの集落一帯が祈禱師の村だった可能性があるという。

ちなみに上くん自身は近所のローソンで働いている。

上くんの家に寄ったあと、秩父《ちちぶ》へ向かう。

この日は秩父で怪談ライブに出る。せっかく秩父へ行くなら、廃村を巡ろうという話で盛り上がる。

「秩父はやべえぞ。この前行ったときは崖だったからな。崖よじ登ってその先にボロボロの民家があんだよ。悍《おぞ》ましいんだよマジで」

崖をよじ登ってまで廃村を求める原さんもすごいが、上くんも上くんでよく秩父へ一人でツーリングに行くらしく、ありえない角度の坂道をバイクで上り、その先に謎の廃屋を見つけている。

車は二人の記憶をたどって、浦山ダム沿いに県道73号線を進んでいく。赤く塗装された浦山大橋を渡らずに、照明が一つもない真っ暗な山掴《やまつかみ》トンネルをくぐり抜け、原さんが登った崖を探す。

しかし途中で「落石のため通行止め」の看板にぶち当たり、あきらめる。続いて、上くんが上ったありえない角度の坂を目指し、ダムの最南端あたりまで進路変更。山道へ入り、車を停め探索する。

「あ、廃墟だ」

山道を登るにつれ、一軒、二軒、三軒と廃屋が姿を現す。

ガラスは割れ、土壁がはがれ、屋根が斜めに傾いている。

中をのぞくと木材と家財道具が入り乱れて足の踏み場もなさそうだ。

そんな主を失った、朽ちていくのみの家屋から、ふと視線を感じた。

目を凝らして見ると、割れた窓ガラスのすき間から七福神の恵比寿様と大黒様のレリーフがのぞいていた。

ここは「大神楽集落」であることがのちにわかった。現在も二世帯が生活を営んでいる。

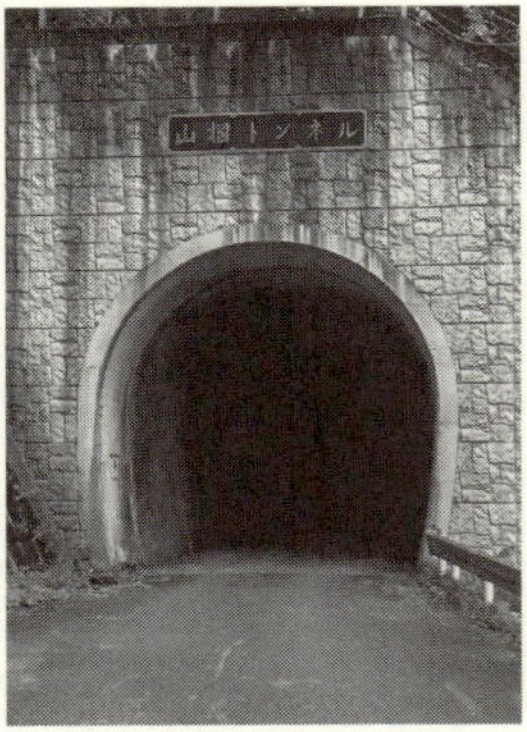
照明が一つもない真っ暗な
山摑トンネル。

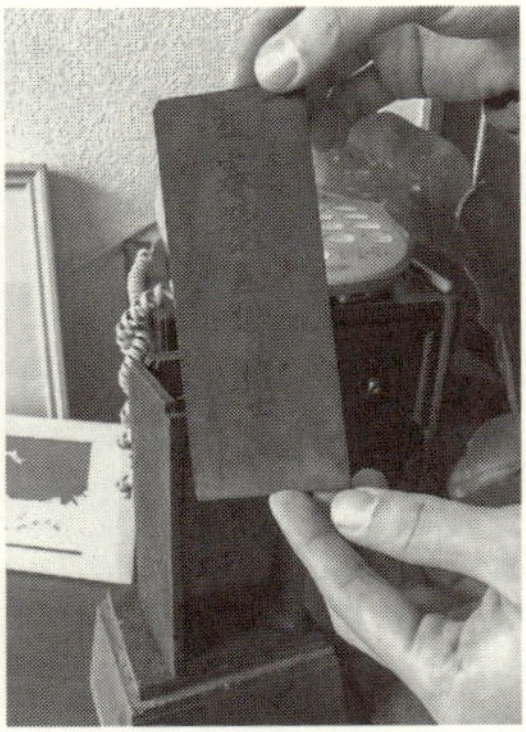
上くんの家に保管されている
先祖代々の位牌。

土壁がはがれた廃墟の前にたたずむ原さん。

武《ぶ》士《し》平《だいら》集落（埼玉）　11月10日

大神楽集落を抜けたその先に、ありえない角度の坂道を見つける。

「あ、ここっすね。たぶん」

上くんがつぶやく。本当にありえない角度の坂で、よくバイクで上ったなぁと感心してしまう。心臓破りとはまさにこのことだ。ゼェハァ言いながら長い坂を上って上って上りきったところに、たしかに民家があった。車もあった。あれ、人が住んでる?

「ワンワンワンワン!!」

突然、犬に吠えられる。しかし姿は見えない。姿は見えないが、鳴き声が鳴き声を呼び、山中に犬たちのアラーム音が響き渡る。これ以上の立ち入りを拒むかのように。僕らはしかたなく、せっかく上った坂道を引き返す。

この坂の向こうは、「武士平集落」だった。現在の居住者は一戸のみらしい。そう、この集落はかろうじて生きているのだ。

群馬の森（群馬）　11月16日

ザ・バンド・アパートの原昌和さんとの高崎での怪談ライブのあと、ライブハウスの人たちも一緒に「群馬の森」へ向かう。

群馬の森とは多くの緑に囲まれた都市公園で、園内には近代美術館や歴史博物館もある。噂では森の奥で自殺者の霊が出るとのことだが、そんなことよりもこの森には深い歴史がある。ここはかつて旧陸軍の火薬製造所だったのだ。

終戦時の規模は、敷地面積三十二万五千坪（東京ドームの約二十三個分）、約四千人が働いていたという。面積が異様に広いのは頻発した爆発事故を避けるため、工場と工場の間に事故の爆風を避けるための土塁と木が必要だったためらしく、敷地内にある謎の巨大な土管は、従業員が非常時に逃げ込むシェルターになっていたという。

現在は跡地の北側に原子力研究所が、南側に化学メーカーの研究所と工場がある。

原さんと僕らは森の深淵部に向かって遊歩道をぐんぐん進んでいった。途中、原さんが「疲れたよ」といって大きめの石に腰掛けようとしたのだが、「原さんちょっと待って!」と制す。原さんが腰かけようとした石には文字が彫られてあった。

〝ダイナマイト発祥の地〟

「やっべぇ、これ石碑じゃねぇか」

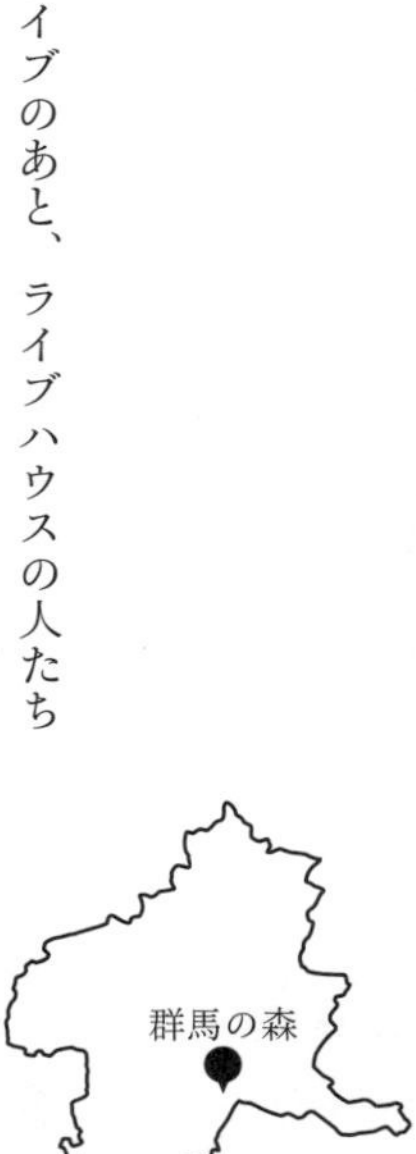

この地がダイナマイトを製造していた証明になる石碑だ。

その先には柵が張り巡らされ、不気味にたたずむ廃工場が見えた。残念ながらここから先は立入禁止のため中に入ることはできなかった。

鎮魂のために建てられているダイナマイト碑。

厳重に柵で閉ざされている廃工場。

●熊谷の犬舎跡（埼玉） 11月17日

高崎での怪談ライブの翌日は、埼玉県の熊谷で怪談ライブ。熊谷は最高気温四十一・一度を叩き出した〝日本一暑い街〟として有名だが、〝日本一恐ろしい事件〟といっても過言ではない「埼玉愛犬家連続殺人事件」の舞台でもある。

その事件は、熊谷でペットショップ「アフリカケンネル」を営むブリーダー夫婦がペット詐欺を働き、それが明るみに出る前に次々と愛犬家を殺していたというもので、映画『冷たい熱帯魚』のモデルにもなった。そのアフリカケンネルの犬舎兼オフィスが熊谷の郊外に今もまだあるというので行ってみた。

どこにでもある田園風景のなかに禍々《まがまが》しくそれはあった。廃墟と化したログハウス風のオフィスの屋根には、かつては大きな「アフリカケンネル」の文字が掲げられていたのであろう。今は看板の骨組だけが残っている。敷地内に建築資材が置かれているのは、これから何かが建てられるのか、それとも建設会社の資材置き場になっているのだろうか。大型犬や猛獣（ライオンも飼っていたらしい）を飼育していた檻や犬舎もそのまま放置され、シベリアンハスキーやアラスカンマラミュートのシールが貼られたまま二十数年が経っている。

事件が報道された当時、僕は関西の小学生だったため、大阪で起きた愛犬家連続殺人事件こそなんとなく覚えているものの、正直、この熊谷の事件の詳細についてはほとんど覚えていな

い。ただでさえ複雑な事件であるうえに、犯人が逮捕されたのが一九九五年の一月で、直後に阪神淡路大震災が発生、さらに三月には地下鉄サリン事件が起き、僕の記憶にはほとんど残っていなかった。しかし今回現地を訪れたことで、これは映画や小説の舞台ではなく、たしかにそこにあった事件として認識できた。

田園風景の中にいまだに禍々しい雰囲気で残されている現場。

●長崎ノ鼻（香川）　11月28日

香川県高松市のライブハウス「TOONICE」には年に三回ほど怪談ライブで呼んでもらえるのだが、この日は音楽のイベントだったので、松原タニシとしてではなく、虚無僧《こむそう》アイドル「恋村虚無《こいむらきょむ》子《こ》」として呼んでもらった。恋村虚無子（通称・虚無虚無）は虚無僧の天蓋《てんがい》を被ったアイドルで、僕が事故物件住みます芸人になる以前、芸人として迷走していた時代に作ったピンネタから生まれたキャラクターである。プロレスラー武藤敬司さんが別人格としてグレートムタというキャラクターを持っているように、僕の別人格として、音楽イベントに出演したりしている。

ライブ後の真夜中、屋島《やしま》という半島の「長崎ノ鼻」に連れていってもらった。

屋島は源平合戦の大きな舞台の一つである「屋島の戦い」の場所である。一ノ谷の戦いに敗れた平氏がここへ本拠地を移すが、源義経に奇襲をかけられ最後の決戦へと追い込まれることになる。

長崎ノ鼻はその屋島の最北端、まるで尖った鼻のように瀬戸内海に突き出ている。

ここは幕末に作られた砲台跡や長崎鼻古墳で知られ、かつ自殺の名所でもある。さまざまな歴史に自殺者の霊も混じって、心霊スポットとされている場所なのだ。

連れていってくれたのは香川県の野球マニア・かがーさんとその職場の後輩Iさん。Iさん

の車に乗って、イベントの手伝いで来てくれたにしねも含めて四人で午前一時、現地へ向かう。

十一月の海岸は風が吹きすさび、さすがに寒い。駐車場には自分たち以外にも車が一台停まっている。

「もしかして自殺者の……」

などと言いながらとりあえず砲台跡を目指す。

海岸はゴツゴツした岩場で、足を踏み外すと危険である。風に吹き飛ばされそうになりながら暗闇を慎重に進んでいると、真っ暗な海の中にポツンと光の玉が浮かんでいるのが見えた。

「もしかして火の玉……」

光を眺めていると、それは僕らがいる岩場までどんどん近づいてくる。そして火の玉の下から真っ黒い何かが海面にぬばぁっと現れる。

「うわぁ、海坊主！」

いや、タコ採りのオッサンだった。

長崎ノ鼻に残されている砲台跡。

●いわざらこざらの像（香川） 11月28日

香川県高松市に平池《へいけ》という溜池があり、そのほとりには乙女の像が立っている。

「家の近所にその像があるんですけど、建てられた由来がめちゃくちゃ酷いんですよ」

長崎ノ鼻でタコ採りのオッサンに遭遇したあと、車を運転してくれていたIさんが教えてくれたのがこの乙女の像にまつわる〝いわざらこざら伝説〟である。

――平安時代末期、平池の氾濫に困った村人たちのもとへ、雌山から「チキリ」という機織《はたお》りの道具を持った少女がやってきて、池を鎮めるためには人柱を埋めるといいと告げる。村人たちは人柱を誰にするか相談したが決まらず、お告げを伝えにきた少女を人柱にしてしまった。するとお告げ通り池の氾濫は止まったものの、堤の割れ目から水がちょろちょろと流れ出す。その音はまるで少女の声で「いわざらこざら」と言っているようだった。「いわざらこざら」とは「いわなければよかった、こなければよかった」という意味である。自分が犠牲になってしまうのなら、こんなことといわなければよかった、こんな場所に来なければよかった――

この話は、像のそばにある「いわざらこざらの由緒」と彫られた石碑に記されている内容だ。昔は少女を祀る祠が池の中の岩の上にあったが、のちに少女が降りてきたとされる雌山の上に

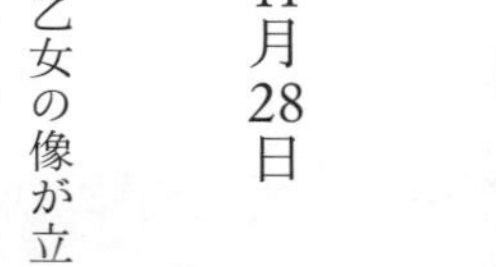

移設し、「ちきり大明神」としてあがめ、この地の鎮守だと伝えられたそうである。現在その場所は「縢神《ちきり》社」となっているが、今は雄山（平池のすぐそばにある山。法然寺がある）の上に鎮座しているとのこと。ややこしい。

真夜中に訪れた乙女の像は、暗闇の中、一つの照明に照らされて、まるで独白する演劇のワンシーンのようだった。右手を左手で包み込むように握りしめ、祈るように腕を折りたたんで右アゴに押し当てる、その体勢は、少し離れて見ると自らの首を絞めているようにも見えてゾッとした。

現在、約五十年間この平池のほとりに立ち続けた乙女の像は、老朽化により撤去され、二〇一八年、新たな姿「平成乙女の像」として新調された。

今は新しいものに建て替えられたいわざらこざらの像。

滕《ちきり》神社（香川）11月28日

乙女の像を確認したあと、滕神社へ向かう。

滕神社の案内板には、「乙女の像」の石碑の内容とは少し違う話が書かれてあった。

——平清盛から平池を築く難工事を命じられていた田口成良《たぐちしげよし》の枕元に、白衣垂髪《はくいすいはつ》の女神が現れ、「明日、白衣垂髪の乙女がチキリを持って通るので、その乙女を人柱として堤に埋めれば工事は成功する」と告げる。翌日、お告げの通りチキリを抱いた白衣垂髪の乙女が現われたので、捕えて人柱にした——

ここではお告げをしたのは「チキリを持った少女」ではなく、田口成良の枕元に現れた「白衣垂髪の女神」に変わり、人柱になったのは通りすがりの「チキリを持った少女」になっている。つまりお告げをした少女を人柱にしたのではなく、女神のお告げ通りに「チキリを持った少女」を人柱にしたとされているのだ。

案内板は「悲しく美しい人柱伝説」という題で始まり、「数多い伝説のなかで平池の物語は悲しくも美しい」という文で締めくくられている。「美しい」の部分はまったく理解できない。とにかく神様のお告げで人柱にしたということを強調したかったのだろうか。

そんな滕神社の境内を深夜に探索するものの、さほど大きな神社ではないのであっという間に一周してしまう。ただ、誰かに見られているような気配は感じていた。ふと視線を上げると、拝殿と隣の建物をつなぐ渡り廊下のような部分の窓から見える何十体もの日本人形と目が合った。

「チキリ」とは機織りの道具なので、滕神社では布で作られる人形祓《はら》いもやっている。拝殿から延びた渡り廊下の先は供養殿で、和歌山の淡嶋《あわしま》神社のように人形がずらっと並んでいた。博多人形、市松《いちまつ》人形、ミニーマウス、リカちゃん人形、和服を着たロシア人……ロシア人!?

〝チリンチリンチリン〟

ロシア人に気を取られていたそのとき、誰もいないはずの神社の入口から鈴の音が鳴った。

結局ロシア人は、和服を着た等身大の青い瞳のマネキンで、鈴の音の正体はわからない。

そのあと〝カーン、カーン〟という拍子木のような音も何回か聞こえたが、それも何なのかはわからなかった。時刻は午前三時である。

「悲しく美しい人柱伝説」の看板。

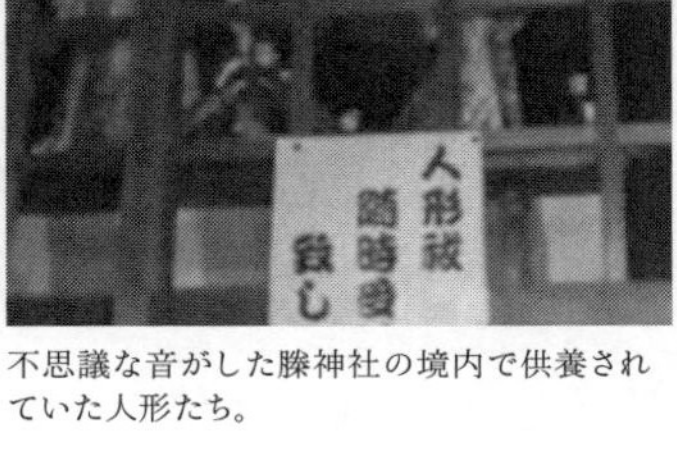

不思議な音がした滕神社の境内で供養されていた人形たち。

法《ほう》然《ねん》寺《じ》（香川）　11月28日

午前三時半に滕神社から下山。車で案内してくれていたIさんとかがーさんは次の日も朝から仕事なので、ここでお別れする。

「高松駅のほうまで送りますよ」

Iさんはそう言ってくれたが、僕はまだ行きたいところがあったので、にしねとともに車から降ろしてもらった。

「朝まで寒いやろから、これ持っていき」

かがーさんが、毛布を二枚貸してくれた。ありがたいが荷物が急に増えた。

いわざらこざらの像が立つ平池の反対側には雄山があり、池側からは山の側面にびっしりとおびただしい数の墓が見える。暗いのでむしろ墓しか見えない。この〝墓しか見えない山〟を僕は登ってみたくなった。この墓は法然寺の墓地だった。

法然寺は浄土宗の開祖・法然を偲ぶために、初代讃岐《さぬき》藩主かつ水戸黄門こと徳川光圀《みつくに》の兄である松平頼重《よりしげ》によって建てられた。松平家の菩提寺としても有名である。

僕とにしねは背中にリュック、右手に懐中電灯、左手に毛布を抱えながら、暗闇の午前四時に黙々と墓の山を登る。途中、ロールプレイングゲームで魔王の城に向かう道中にあるような、整然と並ぶ無数の石灯籠のそばを歩いたり、小さなお堂へ続くきれいな石段を歩いたりもした

が、それ以外はすべて墓である。にしねは引きこもり出身でもともと寡黙なので、その間、会話はいっさいない。

ようやく頂上にある松平家歴代墓所「般若台《はんにゃだい》」の入口にたどりつくと、門がふさがれ、これ以上先へは進めないとわかり、門の前でにしねと二人腰を下ろす。そういえばここに来る前にコンビニで買った春巻があったなあと思い、袋から出すと、油でベチャベチャで冷えきっていて、何ひとつ美味しくなかった。

いったん落ちついてしまうと、疲労と眠気を実感する。時刻は午前四時三十分。次第に体も冷えてきた。特に心霊体験のような収穫もなく、山を降りるのが非常に面倒くさい。

ああ、なんで車で高松駅まで送ってもらわなかったんだろう。

なんで「ここに残ります」なんて言ってしまったのか、なんでこんな山に来てしまったのか。

そんなこと、いわなければよかった、こんな場所、来なければよかった。

いわざらこざらいわざらこざらいわざらこざらいわざらこざら……

そんなこと考えていてもどうしようもないので、山を降りる。

墓と墓のすき間を、ひたすら降りる。

〝カン、カン〟

ストップ。足が止まる。乾いた金属音が僕たちが進む斜め右の方向から山中に響いた。フライパンをおたまで叩いたような音だ。誰かいる？　急に恐怖が押し寄せる。恐る恐る様子をうかがいながら少しその場から降りると、道が右と左に分かれた。

「たしか右から音が聞こえたよな」

「そうですね」

「行ってみる?」

「え! なんで行くんですか!?」

このとき、その日一番の大きなリアクションをにしねはした。

「いくしかないだろう」

僕は以前の高知県の星神社での体験から、〈恐怖には立ち向かう〉心を身につけていた。だからこの選択は自分としては当たり前だった。しかし、にしねはこのとき「この人は頭がおかしいんだ」と思ったそうだ。

その先の道は誰もいなかったし、怪しい痕跡もなかった。結局そのまま出口まで向かい、法然寺をあとにした。

「うわぁ!」

境内から出た瞬間、にしねが叫ぶ。

「今、パーンて音、鳴りましたよね」

僕にはまったく聞こえなかった。

寺の近くには仏生山公園があり、その東屋のベンチに二人で寝転がり、かがーさんから借りた毛布にくるまった。毛布のありがたみをここでやっと感じる。しかしほぼ十二月の明け方の冷え込みは予想以上に厳しく、ベンチから伝わる底冷えは、僕たちの体温を容赦なく下げた。

僕らはとうとうIさんに連絡をして、車で迎えにきてもらった。そして朝六時開店の「うどんバカ一代」であったかい釜バターうどんを食べてなんとか生き返った。

不思議な音がした“墓しか見えない山”。

夜明けの法然寺。

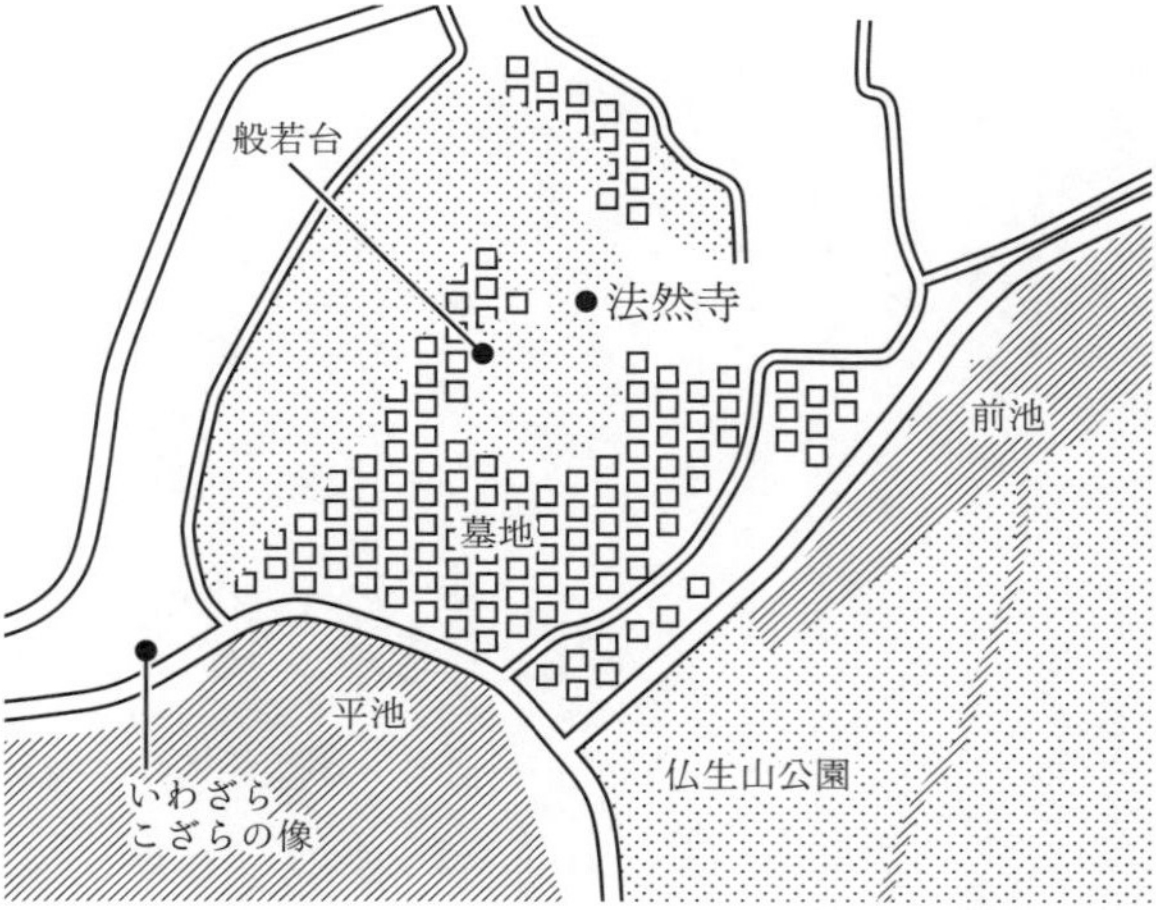

明《めい》舞《まい》センター

12月8日

僕の地元は兵庫県神戸市の一番西の端、舞子という地区だ。淡路島と本州をつなぐ世界最長の橋（橋全体の長さではなく、主塔と主塔の間だが）、明石海峡大橋がかかる街。舞子駅で降りるとすぐに巨大な橋が現れ、視界を圧迫する。

僕の実家は舞子坂の上にあり、二階の窓から淡路島も明石海峡大橋も瀬戸内海も全部見渡せる。よく子供の頃この景色の海から突然ゴジラが出現し、橋と街を破壊しながら家に近づいてくるというリアルな悪夢を見たものだ。

この舞子駅を含むJR神戸線はやたらと人身事故が多い。そのうえ舞子には、やたらと飛び降り自殺が多かった「明舞団地」が存在する。

明舞団地は、一九六四年に入居が開始された日本で最も古い中規模ニュータウンの一つ。その団地の入口には「明舞センター」というショッピングセンターがあり、このセンタービルも自殺が多いといわれていた。「明舞センター前」のバス停の横には、祠と由緒書の看板がある。看板には〈この地域一帯はもともと弥生時代の古墳がたくさんあって、その古墳を取り壊して団地を建てたら不思議な現象が続出したので、ここに祠を作って古墳石の一部を祀っている〉という由緒が書かれている。おそらく自殺を含め、不可解な現象がこの団地の住民にふりかかり続けたのだろう。

この日、久しぶりに地元に帰ってきた。目的は間もなく解体されてしまう明舞センターを最後にもう一度拝むためだ。

小学生の頃、よくここへカードダスを買いにきた。カードダスとは、ガチャガチャのようなボックスに二十円を入れると一枚カードが出てくるやつだ。当時はＳＤガンダムのカードダスが一部の小学生の間で流行っていた。僕はガンダムのストーリーなんてよくわかっていなかったが、手に入れたカードダスに描かれたガンダムを自由帳に写し、夢に出てくるゴジラと戦わせた。それが僕の幼い頃の記憶。僕にとって明舞センターは、ゴジラと戦うために必要な場所だったのだ。

二十五年ぶりくらいに訪れた明舞センターはロープが張られて立入禁止になっており、すっかり廃墟になりはてていた。オープン当初にはフィンガー5も来たとされる高度経済成長期を象徴するニュータウンのショッピンセンターが、僕のゴジラ対策本部が、なんとも寂しい姿であった。

由来書とともに祠と古墳石が置かれていた。

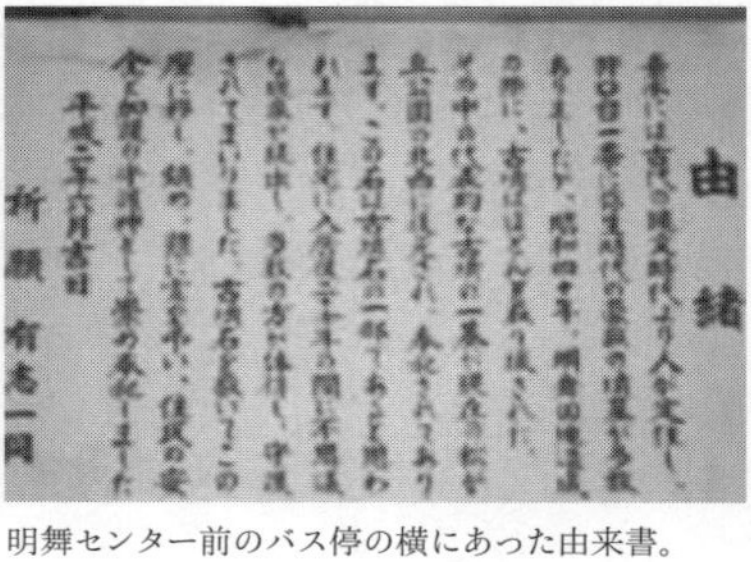

明舞センター前のバス停の横にあった由来書。

チョコビル（兵庫）　12月8日

深夜○時半、お菓子のチーズビットみたいなモニュメントのある松が丘公園を抜け、北へ向かう。ちなみにこの松が丘公園は松が丘古墳と呼ばれる横穴式の石室だけが保存されており、この古墳の石の一部が明舞センター前の祠の前に置かれている。

明舞団地はセンタービルをはじめ、自殺が多いといわれているが、なかでもチョコレートのように黒い外壁の十四階建高層住宅、通称「チョコビル」ではさまざまな噂がささやかれた。

たとえば、〈深夜にチョコビルの屋上もしくは最上階から見下ろすとこれまでに飛び降りた人たちの姿が見える〉〈深夜、階段で上るとなぜか四階から五階に上れない〉〈飛び降りた男がムクッと起き上がり、そのまま歩き去った〉など。

明舞団地の北側でそのチョコビルを探すものの、なかなか見つからない。高層マンションはあるのだが、チョコレート色ではないのだ。しかし、よくよく調べるとその意味がわかった。

チョコビルは、あまりに幽霊団地として地元で有名になりすぎて「チョコビル怖いチョコビル怖い」と恐れられたため、外壁を白に塗り替え、チョコビルであることを放棄したらしい。だから今はホワイトチョコビルになっている。

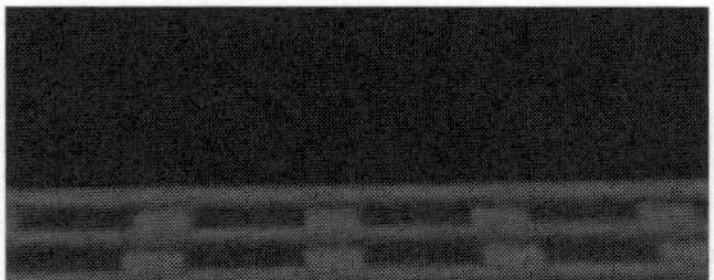
ホワイトチョコビルになっていた噂のビル。

狩《かり》口《ぐち》台（兵庫） 12月8日

深夜一時、明舞団地から実家へ帰るため、狩口台の矢元《やもと》台公園を通り抜ける。この公園は僕が小学生の頃よく少年野球の仲間たちと野球をした場所だ。なつかしい。

とにかく舞子には古墳が多い。明舞団地は由緒書にも記されている通り、古墳群をつぶして造成されたニュータウンだ。近隣は神陵《しんりょう》台・南多聞《たもん》台・狩口台・松が丘といった地名に囲まれているのだが、「台」とか「丘」がつくことから、新興住宅地であることがうかがえる。昭和三十年代以降、マイホーム時代の到来でどんどん都市周辺地域が開発され、〇〇台や〇〇丘などの名前をつけられた土地が住宅地として人気を博した。ただ、舞子を含む神戸市垂水《たるみ》区には古墳が多すぎた。

正しい由来は別にあるのかもしれないが、「神の陵（墓）の台」と書く「神陵台」なんて、まさにそのまんまである。「狩口台」という地名も、「口（人）を狩る台」ということで、昔は処刑場だったんじゃないかという噂がある。

ただし「狩口」という地名は、『日本書紀』に記されている伝説が由来であるといわれている。三韓征伐に成功した神功《じんぐう》皇后が皇子を出産したことを聞いた麛坂《かごさか》皇子と忍熊《おしくま》皇子は、異母弟が皇位を継承することを恐れ、明石から淡路島に軍を置いて凱旋する皇后を迎え撃つ計画を立てる。しかし二人の皇子が策謀の成功を占うため狩りをしたところ、麛坂皇子がイノシシに喰い

殺されたため、忍熊皇子は軍を率いて退却する。その狩場の入口であったことから「狩口」の名がついたという説がある。

ちなみに矢元台公園の「矢元」もこの狩りの伝説から来ているという。

処刑場に関しては、名前の由来には関係ないが、江戸時代、狩口台の南西に明石藩の畑山《はたやま》刑場が存在していた。そして狩口台にも「狩口台きつね塚古墳」という古墳がやっぱり存在する。

他にも近隣には、復元された縄文時代の竪穴式住居もある「大歳山《おおとしやま》古墳」（松竹芸能の養成所に実家から通っていた頃、ここでよくネタを作っていた）や、全長一九四メートルの兵庫県最大の前方後円墳「五色塚《ごしきづか》古墳」もあったりして、歴史的に見てもきっと何かがある地域なのだろう。

狩口台から母校である舞子中学校と西舞子小学校の正門前を通り、通学路を歩いて実家まで戻る。実家は舞子坂という急勾配な坂の上にあるのだが、子供の頃はあんなに長く感じた坂道が、久しぶりに上るとあっという間だ。ただ年をとって体力が落ちているのでしんどいのはしんどい。

深夜一時半、実家に着くと、父がまだ起きていた。

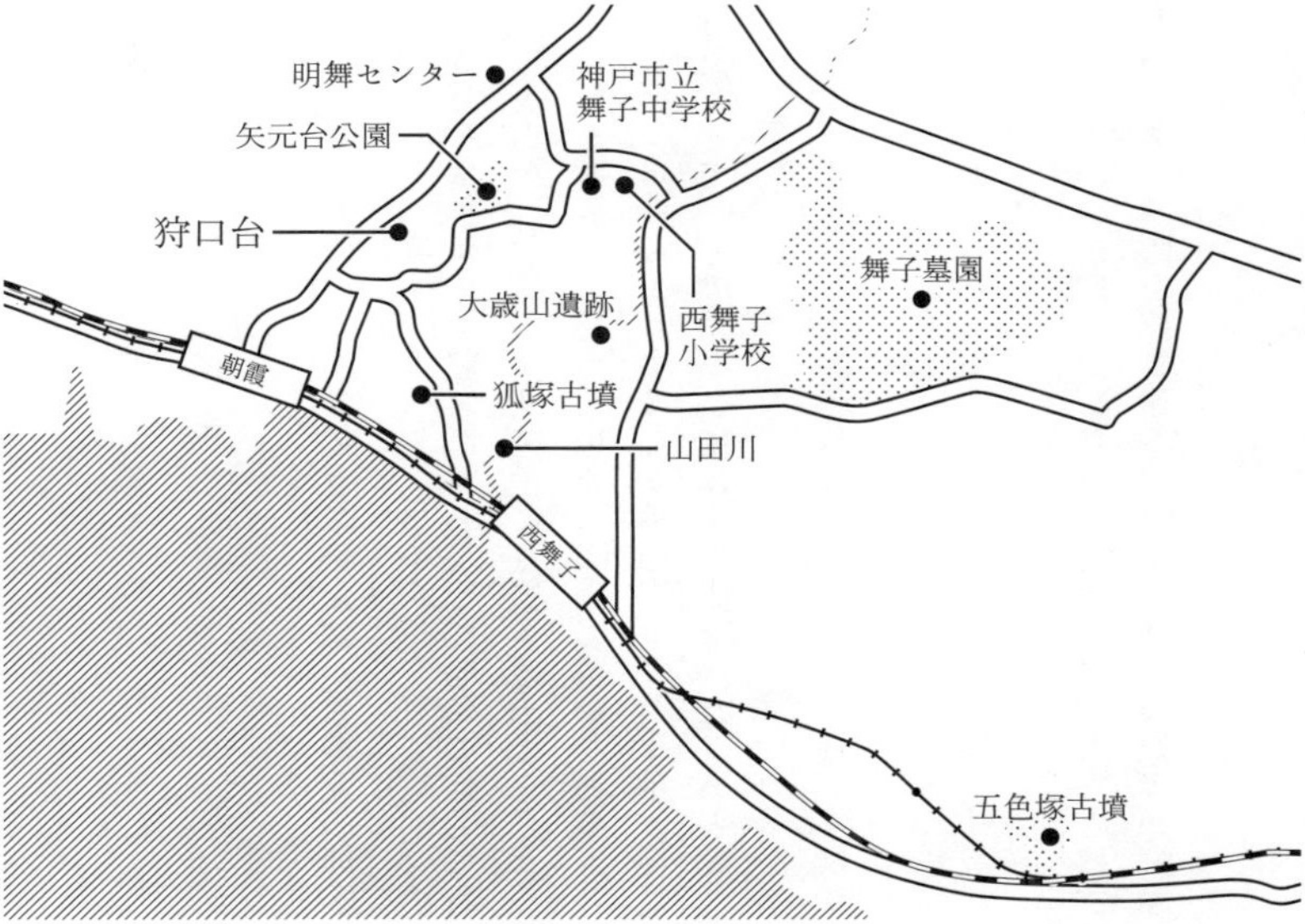
明舞センター
神戸市立
舞子中学校
矢元台公園
狩口台
舞子墓園
大歳山遺跡
西舞子
小学校
朝霞
狐塚古墳
山田川
西舞子
五色塚古墳

舞子墓園（兵庫）　12月8日

午前一時半、久々に家に帰った僕は、まだ起きていた父から地元の地図を渡され、午前二時半、舞子墓園へ向かった。

実家のすぐ近くにある舞子墓園は、心霊スポットとして地元で有名である。火の玉の目撃談や、午前二時に見にいくと血の涙を流すマリア像、変質者の出没など、そんな話を聞いていた子供の頃は、夜の舞子墓園を魔界だと思っていた。暗いし広いしお墓がいっぱいあるし。さらに首吊り自殺がよく起きた。近所のおばちゃんが朝のジョギング中に発見したり、犬の散歩中のおじいさんが見つけたりして、そのたびに噂はすぐ広まった。あと、エロ本がよく落ちていた。

実は高校生のときに一度、柔道部の試合撮影用のカメラを勝手に持ち出して、首吊りがあったといわれる場所を撮影しにいったことがある。そのときは突然カメラが故障してとても焦った。思えば昔から今とやっていることは変わらない。

父がくれた地図は、この周辺の古墳マップだ。実は舞子墓園ももとは古墳群なのだ。

古墳マップを手に初めて舞子墓園を探索する。今までは犬の散歩か野球の練習のためにしか来たことがなかった。

舞子古墳群だった霊園の中に現在残っているのは「石谷の石窟《いしたにのせっくつ》」と呼ばれるもので、墳丘の土が流れ、石室の巨大石が露出している。

改めて見る石谷の石窟は、とても大きかった。というかこのデカい石が古墳だったなんて知らなかったし、デカい石として意識して見たこともなかったから、妙な感動を覚えた。

今までとは違う見方で墓園を歩いていたら、気になる階段を見つける。その階段を上がっていくと、墓園から隔離された祠が見えた。祠はおびただしい数の幟《のぼり》に囲まれていた。中に入ると、突然幟は激しく揺れだした。パキパキパキと音も鳴り、何かに囲まれた気配がした。幟には「石谷大龍王」と書かれていた。良いことなのか悪いことなのかわからないが、これはきっと今、何かの力が働いてるんだな、と思った。

もともと墓（古墳）だった場所に家を建てるか、もともと墓（古墳）だった場所に墓を建てるか。どっちにしろ不思議な現象は起きるのだろう。僕は何故か清々しい気持ちになった。

父は現在、浄土真宗の僧侶であり、「釈要聞《しゃくようもん》」という法名を授かっている。もともとは敬虔なキリスト教徒だったのだが、ある日「光が見えた」と言って突然仏教に改宗するという〝逆・パウロの改宗〟をやってのけた。そのあとは浄土真宗を勉強し、僕が京都の龍谷大学（浄土真宗系の大学）を中退して松竹芸能の養成所に入ると同時に、定年退職したばかりの父がまさかの龍谷大学に入学した。そしてそのまま大学院に進み、卒業後修行をして免許を取得、本名の「松原要」の「要」に、地元舞子の海から「海」を取って法名を「要海《ようかい》」にしたところ、檀家さんから「妖怪は縁起が悪い」とクレームが入り、現在の要聞《ようもん》に落ちついた。

久しぶりに実家に帰省した僕は、真夜中の午前一時半に父が起きていることにビックリした。父は書斎で何かの資料に目を通していた。そんな父に、今まで聞いたこともなかった明舞センターの由緒書の話をしてみたら、仏間の押入れから謎の古地図を持ってきて、舞子の土地がいかに古墳まみれであるかを一時間熱弁された。そう、父は元キリスト教信者であり、現浄土真宗僧侶であり、超古墳マニアでもあったのだ。

　そして驚くべきことにその古墳マップ（古地図）には、実家のすぐそばにも小さい古墳が記されていた。

　そう、僕は事故物件住みます芸人である前に、古墳の上住みます少年だったのだ。

石谷大龍王の境内に入ってみると突然激しく幟が揺れ出した。

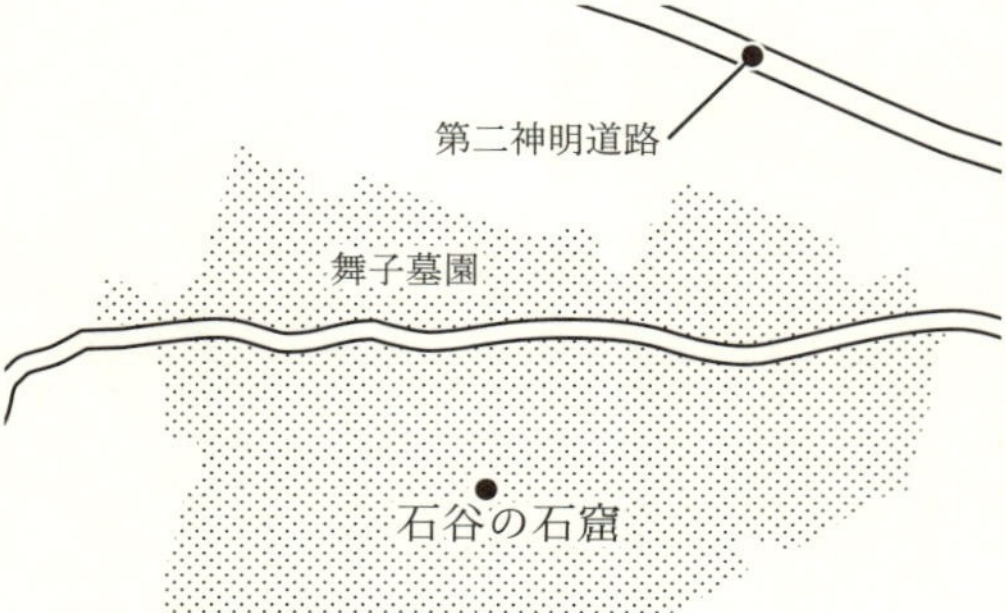

古墳の上住みます少年時代

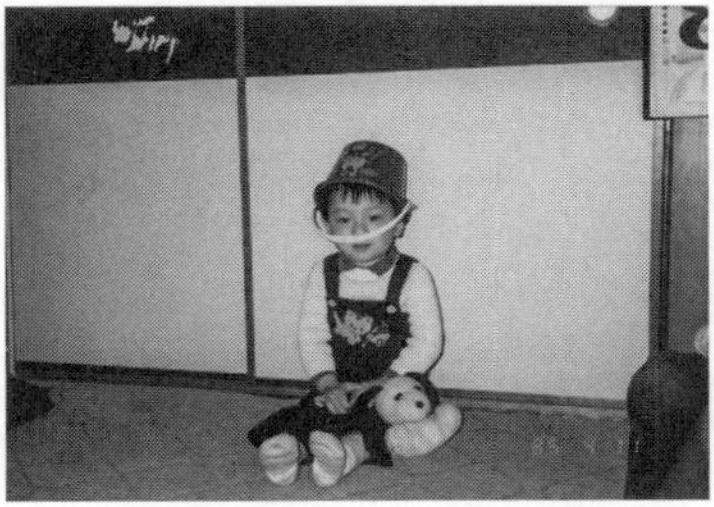
三歳。 穢れなき時代。

小学一年生。 硬筆の書き初め大会で入賞した。

冬休みにスキンヘッドにしてみた中学二年生。
座禅にハマッていた。

仏壇の前で親戚と。

吉良《きら》神社（高知）12月9日

深夜に地元の古墳巡りをした翌朝、明石海峡大橋の真下からエレベーターで橋の上のバス停「高速舞子」に昇り、朝一番の高速バスに乗って高知へ向かう。約三時間半バスに揺られ、到着したのはお昼前。そこからさらに高知駅から西へ国道56号線沿いにバスに揺られること一時間、僕は蓮池《はすいけ》という町に来た。

のどかな田園風景と住宅地が並ぶ、ありふれた田舎道が続く土地。インターネットで調べた住所を参考にすると、この町には吉良神社がある。

吉良神社へ行くのには理由があった。「七人ミサキ」のルーツを探るためだ。七人ミサキとは、常に七人で行動する怨霊で、彼らに出会った者は高熱に見舞われて死亡するといわれている。取り殺された者は新たなミサキのメンバーとなり、一番古いメンバーから成仏していくというシステムになっているので、七人ミサキの人数が七人から増減することはない。

その七人ミサキを祀る神社が、吉良神社である。吉良神社は長宗我部元親《ちょうそかべもとちか》の側近であった吉良親実《ちかざね》を祀っている。親実は長宗我部家の家督争いの混乱から切腹を命じられたのち、家来の七人衆とともに七人ミサキとして恐れられ、その魂を鎮めるために吉良神社が建てられたと伝えられる。

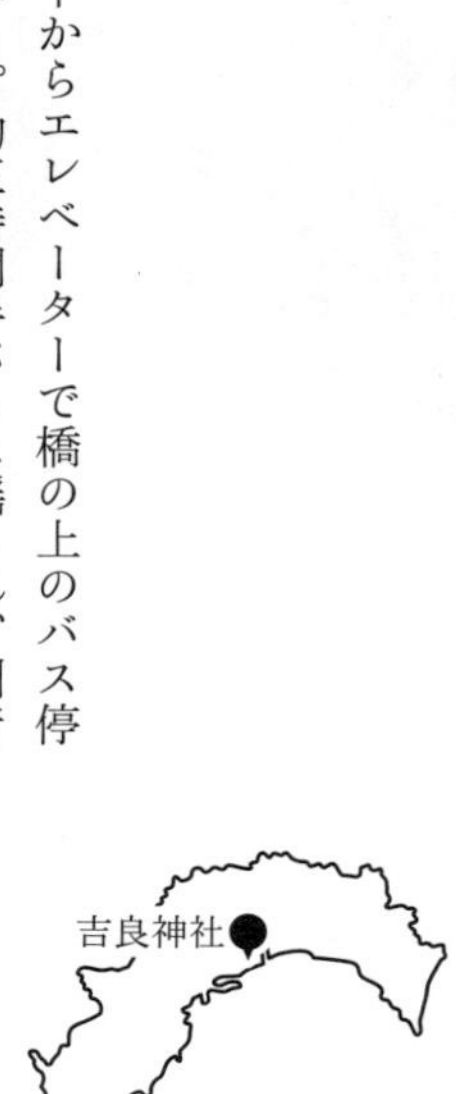

今夏、高知市のライブハウス「カオティックノイズ」の怪談ライブで僕が七人ミサキの話をし終えたと同時に、スピーカーから謎の声が爆音で鳴り響いた。

「ご用件は何ですか」

会場は騒然とし、七人ミサキが現れたのではないかと誰もが耳を疑った（音響スタッフのスマホの音声アシスタント機能が突然起動した。何故、起動したのかはわからない）。

それから三ヶ月後、再び高知に呼ばれた僕は、吉良神社を訪れることにした。夏の出来事以来、どうも七人ミサキは現代にも存在するのではないかと、好奇心に歯止めがきかなくなり、彼らのルーツを探らずにはいられなくなっていた。

今考えると「呼ばれた」のかもしれない。

到着したバス停の前には土佐市消防署がある。方角的にはこの奥が吉良神社だ。最初にグーグルマップを開いたときには行き先のルートはとぎれていたが、ダメもとで消防署のほうへ歩いてみた。進んでみると、消防署の敷地内へ続く道と、住宅地へと続く細い路地が見つかった。消防署に行ってもしかたないので、方角はズレてしまうが、住宅地へと続く道に入ると、突然目の前に鳥居が現れた。

額束《がくつか》には「吉良神社」の文字。間違いない、吉良神社だ。鳥居の奥は参道が続く。

参道といっても両隣は完全に民家である。その民家の間の道を進み、坂道を上ると、もう一つの鳥居が姿を現した。両脇にはまだらのシミと苔だらけの不気味な狛犬がたたずんでいる。奥にはあまりにも簡素な拝殿。参道の脇の草木はほとんど手入れがされていない。

なんだか思っていたイメージと全然違う。

いや、イメージではない、インターネットで検索したときに見た画像と、まったく違う。

ここは本当に吉良神社なのか？　吉良神社の情報をくれたKさんに鳥居越しの拝殿を撮った写真をスマホで送ってみる。すると返事が来た。

「これ何ですか？」

そう返してみた。

「吉良神社の写真なんですが、何故か別の場所に来てしまいまして」

「いや、ていうかこのモザイクはなんですか？」

Kさんから返事とともに送り返された画像は、僕が今さっき送った写真の鳥居の下半分がグチャグチャのモザイクがかかったようになっていた。送信履歴を見ると僕は普通に写真を送ることができているのだが、受信したKさんのスマホにはこのモザイク写真が送られてきたようだ。ますます意味がわからない。

僕は改めてスマホで「吉良神社」を画像検索する。

やはり、全然違う。「吉良神社　場所」で検索する。

……あれ？　高知県高知市春野町西分……

今来ているここは高知県土佐市蓮池である。家を出る際に検索したときには、たしかにこの蓮池の住所がヒットしたはずだ。しかし今、検索すると別の住所がヒットしてしまう。

吉良親実を祀った吉良神社は実は三つあった。

　春野の吉良神社

山ノ端《はな》の吉良神社

蓮池の吉良神社

春野の吉良神社は長宗我部元親が吉良親実の祟りを鎮めるために、親実の墓に木塚明神を祀ったといわれている神社である。境内社に「七塚明神」として、七人ミサキも祀っている。ネットで画像を見たのはこの神社である。

山ノ端の吉良神社は、若一王子宮に合祀され、吉良神社の祠の前には、自害した親実の首を洗った手水鉢《ちょうずばち》が「首洗い鉢」として置かれている。もともとは吉良親実が切腹を行った屋敷跡にあったものである。

そして僕が行った蓮池の吉良神社の裏にある城山公園が、蓮池城址だった。

蓮池城は長宗我部氏が奪い、吉良親実に与えた城である。そして改易された長宗我部氏に代わり山内一豊が入国した頃に廃城となる。

つまり、この神社は今は影も形もない城の、最後の城主を祀っているということだ。

この忘れ去られた神社にこそ、吉良親実の、七人ミサキの祟りがいまだ存在しているのかもしれない。そして、そのことを僕に気づいてほしかったのかもしれない。

Kさんに吉良神社の写真を送ると何故かモザイクになってしまった。

東《ひがし》山《やま》斎場（岡山）　12月9日

この日は岡山市奉還町にあるゲストハウス「ＫＡＭＰ」の怪談イベントに出演することになっていた。

前日の高知では、怪談イベント後にお客さんと写真を撮ったら何回撮り直しても画像が逆さまになるという謎の現象が起きていた。吉良神社の影響だろうか。

夜はＫＡＭＰに宿泊することになっていたので、予約しておいた二階の部屋にまず荷物を置かせてもらおうとお願いすると、スタッフの女性が首をかしげる。

「あれ、ちょっとすみません、おかしいなあ……」

受付のノートパソコンを見て何かを確認したあと、彼女はそう言って僕を残して二階へ行ってしまった。その直後、二階から小さな悲鳴が聞こえた。

「キャ！」

心配になって様子を見にいこうとすると、彼女が小走りで降りてきた。

「ちょっと変なことになってまして……」

彼女の話を聞くと、たしかに変なことになっていた。

パソコンを確認すると、何故か僕が泊まるはずの部屋に「ま」という一文字だけの宿泊客が泊まっていることになっていたので、どういうことだろうと部屋を確認しにいったところ、朝

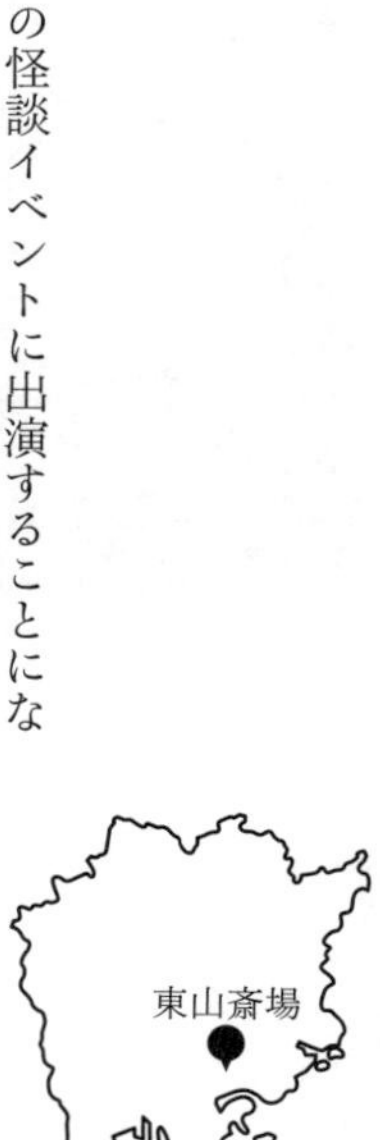

はきれいに整っていたはずのベッドのシーツがぐちゃぐちゃになっていたという。それで思わず悲鳴が漏れたそうだ。そりゃたしかに変だし怖い。

結局、別の部屋に変更してもらったが、内心「その部屋のほうがいいんだけどなあ、何か起こりそうだし」と僕は思っていた。


夕方、開場してお客さんもぞろぞろと入ってきだした。僕はカウンターの端っこに座っていたのだが、目の前に「気味の悪いマフィン」と書かれた紙が貼ってある。

「気味の悪いマフィンってどんなのですか？」

カウンターのスタッフのお姉さんに聞いた。

「今日の怪談イベントのために昨日真っ黒いマフィン作ったんですよ。フェイスブックでも告知したんですけど、こんなマフィンです」

そう言ってフェイスブックに公開したマフィンの画像を僕に見せようとしてくれたのだが、

「キャ！」

またしても〝キャ！〟である。

「えー、なんでだろ、なんでだろ」

お姉さんがフェイスブックにアップロードしたマフィンの画像は何故か全面真緑色に写っていた。奇《く》しくも画面上で、本当に気味の悪いマフィンになっていた。

その様子を目の前で見ていた隣に座るお客さんが声をあげる。

「えー！」

そのお客さんは自分もフェイスブックを開いて、ホラーマフィンのことを投稿しようとしたら、どのボタンを押しても「ああなあにあぬあねあねやあねやはあねやはたあねやはたああねやはたあかあねやはたあかやあねやはたあかやはあねや」という謎の文字が投稿欄に打ち込まれてしまうという。

もうわけがわからない。これも吉良神社の影響か。わからない。

怪談イベントは残念ながら無事になにごともなく終わり、打ち上げに参加したあと、午前二時頃から僕はレンタサイクルで地元の方に教えてもらった心霊スポット・東山斎場に向かった。

現地に着いた頃にはもう午前四時を過ぎていた。

出入り自由の廊下をひと通り歩き、いったん外に出て「骨上げ待機所」と書いてある部屋の前の喫煙所でタバコを吸った。ゴミ箱の中にあった紙をなにげなく拾い上げて広げてみると、そこには〝〇〇家〇〇時〇〇分、△△家△△時△△分〟といった、タイムスケジュールのようなものが書いてある。おそらく、骨が焼きあがる時間が記されているのだろう。当たり前だけど、毎日毎日、誰かがここで焼かれているんだな。

そんなことを考えていると、背後から〝ドンドン！〟と音が鳴った。骨上げ待機所の扉を誰かが叩いたのだ。午前四時、誰かなんているわけないので、僕は反射的にその場から逃げた。

スマホのどのボタンを押しても謎の
文字列が入力され……

マフィンの写真が何故か緑色でおおわれてしまった。

東山斎場の骨上げ待機所の中から
誰かが扉を叩く音がした。

東山霊園（岡山）　12月10日

不思議な音がした東山斎場から逃げた先は墓地だった。暗闇の中を自転車でやってきたから気づかなかったが、東山斎場はまわりが墓地で囲まれている。悪魔の城から脱出しても、そこは悪魔の島だった、みたいな感じだ。しかし、城より島のほうがマシ。直接、物理的にノック音攻撃してくる斎場よりも、安らかな墓地にいるほうが安全だと本能的に感じたので、僕はしばらくお墓に身を潜めた。午前五時。十二月の朝は暗い。墓地に閉じこもっても何も起きないので、散策してみる。この東山霊園にも数々の噂がある。

まず一つが「ひじかけばばあ」という下半身のない老婆の霊がヒジだけで這ってやってくるという噂だ。このおばあさんは生きたまま火葬され、ようやく棺桶から出たのはいいが下半身が燃えてなくなり、それでも道路の坂道まで這い出して息絶えたとのこと。それ以来、東山霊園へ夜中に訪れると、霊園に続く坂道をヒジだけで匍匐《ほふく》前進しながら老婆がすごいスピードで迫ってくるという。しかし残念ながら僕はひじかけばばあには会えなかった。

もう一つは、霊園の裏側の坂道にある電話ボックスから深夜二時に電話をかけ、もし相手が出たら、電話をかけたほうに不幸が訪れるという噂だ。しかし電話ボックスも見つからない。

そしてあと一つは、東山ホテルという廃ホテルがこの近くにあり、中に入ると霊を連れて帰ってしまうという噂だ。残念ながら廃ホテルはすでに解体されていた。

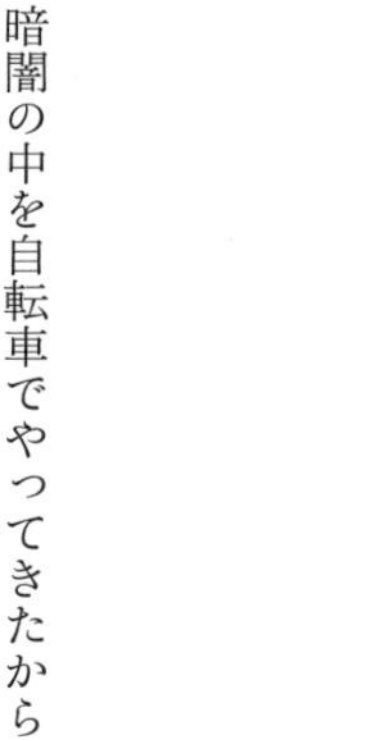

岡山縣《けん》護《ご》國《こく》神社（岡山） 12月10日

午前五時、東山霊園の北側にも心霊スポットがあることを、地元の方に教えてもらっていたので行ってみることにした。「東山」という地名の元にもなった操山《みさおやま》（この山が岡山城の東側にあるから「東山」という地名になっている）の麓に位置する岡山縣護國神社の正門付近に、店主が自殺したとされるラーメン屋の廃墟があるという。そしてこの護國神社も、写真に撮ると必ず何かが写り込むといわれてる。というか、東山は基本的に心霊写真が撮れる確率が全体的に高いらしい。

この長い長い東山霊園の下り坂を、もしかしたら何者かを自転車の後ろに乗せて、ブレーキいっぱい握りしめて、ゆっくりゆっくり下ったあと、明け方の東山の住宅地を北へ進む。

明け方といってもまだまだ空は暗く、突然現れた岡山電気軌道（通称：おかでん）の終着駅「東山・おかでんミュージアム駅停留場」に停まっているカラフルでかわいい路面電車にびっくりしつつもほっこりし、護國神社へ続く森へ入っていく。森の中の道はさらに暗くなり、自転車のカゴに懐中電灯を入れて照らしても、前がほぼ見えない。

「うわぁ！」

突然現れる近所の早起きじいさんのウォーキングに遭遇し、声を出してしまう。

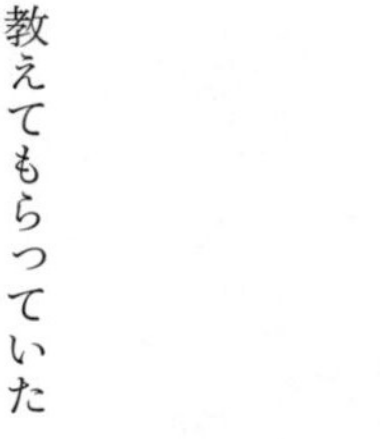

途中、暗闇にそびえ立つロケットみたいな塔があり、なんだろうと思って見にいくと、殉職した警察官の忠魂碑だった。さらに進むと今度は消防士の忠魂碑がある。そうか、護國神社というのは国家のために殉難《じゅんなん》した人を祀るための神社。つまり軍人だけでなく、警察官、消防士、自衛官などの公務殉職者も祀っているのだ。

神社の本殿にたどりついたときには、ようやく夜が明けようとしていた。でもまだ暗い。鳥居から本殿までの距離が長く、そして広く、周囲を森に囲まれた境内はなんとも言えない重厚な静けさだった。そのどっしりと地に足が着いたような空気感に、僕は近くのラーメン屋の廃墟のことをすっかり忘れてしまっていた。

重厚な静けさに包まれていた。

屯《どん》鶴《づる》峯《ぼう》（奈良）　12月31日

毎週土曜日に出演しているインターネット番組「おちゅーんLIVE！」の大晦日特番で、奈良県の心霊スポット「屯鶴峯」から年またぎカウントダウン中継をすることになった。

屯鶴峯は二上山噴火の噴出物が固まってできた凝灰岩《ぎょうかいがん》が、鶴が屯《たむろ》するように見えることから名づけられた奇岩群で、奈良県の天然記念物だ。

その地下には戦時中に人力で掘られた巨大な防空壕《ぼうくうごう》があり、「壁から壁へと消えていく作業着の男が現れる」という怪談が伝えられている。また、夜に行くと銃声がひんぱんに聞こえるという噂もある。

北野誠さんも以前、この屯鶴峯に検証に来ており、そのときは入口の階段を上っている間、太鼓のような音や、ラジオで誰かがしゃべっているような声が聞こえてきたそうだ。

夜十時、年越しまで二時間を切った状態で現地に到着。番組スタッフの下山さんに後方から強力な撮影用ライトで照らしてもらいつつ、階段を上る。

明るい。いや、明るすぎる。全然怖くない。一人で深夜に心霊スポットへ行くことに慣れはじめた僕にとっては、何か物足りない気がしていた。

階段を上りきると、強力なライトで照らされた足元は真っ白な岩だらけになる。なんだこの景色は。ただでさえ視界は良好なのに地面まで明るい。

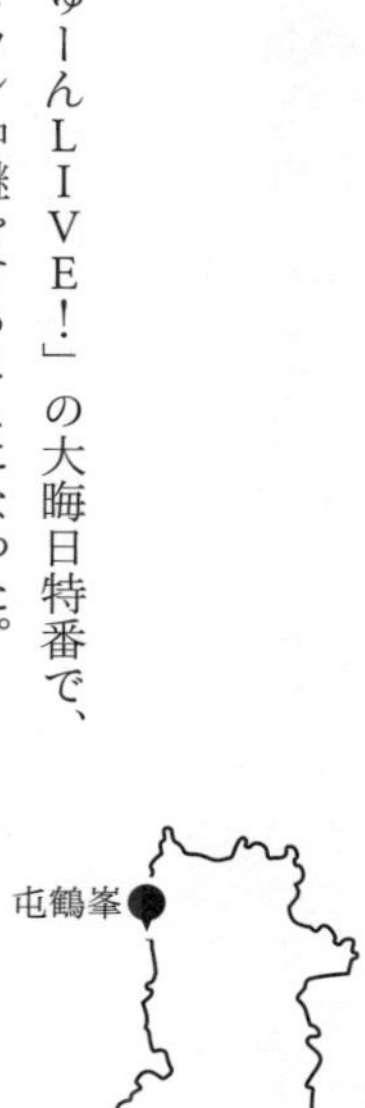

余裕をぶっこいてズンズン進んでいたら、白い岩の向こう側が真っ黒であることに気づく。白は地面、黒は闇、空間だ。すなわち黒の向こう側は崖である。あ、これ足を踏み外したら死ぬやつだ。急に歩くペースをゆるめる。強力なライトがあってよかったと思った。

白い岩のステージは凝灰岩だった。鶴がたむろする様に見える、その部分だ。まさに奇勝のいわれとなった場所を過ぎると、あとは山道が続く。

目指すは作業着の男が壁から壁へすり抜けるとされる防空壕である。この防空壕でカウントダウンができれば番組としてOKだ。しかしここから先で、迷子になってしまう。

山道には途中の木々に先人たちがつけてくれた赤いビニールテープの道標があるのだが、その通りに進んでいると錆びた鉄塔や、謎の鉄門、渡らなくていいはずの橋へたどりつき、事前に調べた防空壕へのルートから大きく外れてしまった。

電波も圏外なので、スマホで位置確認もできない。

まずい、カウントダウンに間に合わない。僕と下山さんはイチかバチか来た道を逆戻りした。途中道の脇から〝ガサガサ〟と音がする。

「うわぁー！」

叫ぶものの検証する時間がない。きっと動物だ。それよりも時間内に防空壕を探さないと。ゼエハァゼェハァ言いながら、凝灰岩の崖まで戻ってくる。

しんどい。

さあ、ここならスマホの電波が入る。改めてスマホでルートを検索しなおす。

そうか、間違ったビニールテープも存在するのか！　おのれ先人め！

なんとか防空壕への目印を見つけたときにはもう年越しまで残り三十分を切っていた。

間に合うか？　急げ、急げ、あと二十分、あと十分……あった！　防空壕！

そのものものしい姿はまさに魔界への入口を思わせる。まごうことなき防空壕だった。

普通に来たなら確実に怖いはずの防空壕。だけど今はそれよりも、姿を現してくれてありがとう防空壕！

即座にスタジオに中継をつなぐ準備をする下山さん。その間に内部を観察。どうやら中は水が浸食して奥へは入れないようだ。残念だがしかたがない。

それよりも、入口中央に鎮座するあの赤い球体は何だ？　ダースモールだ！　映画『スター・ウォーズ　エピソード1』に登場した最大の強敵、ダースモールの生首だ！　何故!?

「タニシさん、あと五分です、中継つなぎます」

いろんな感情が織り混ざりながら、なんとかギリギリカウントダウンの中継に間に合った。

「こちら屯鶴峯の防空壕前です…………」

…………………

…………………

……電波つながらず。

こうして僕の二〇一六年は幕を閉じる。

心霊スポットとして名高い、屯鶴峰の防空壕。

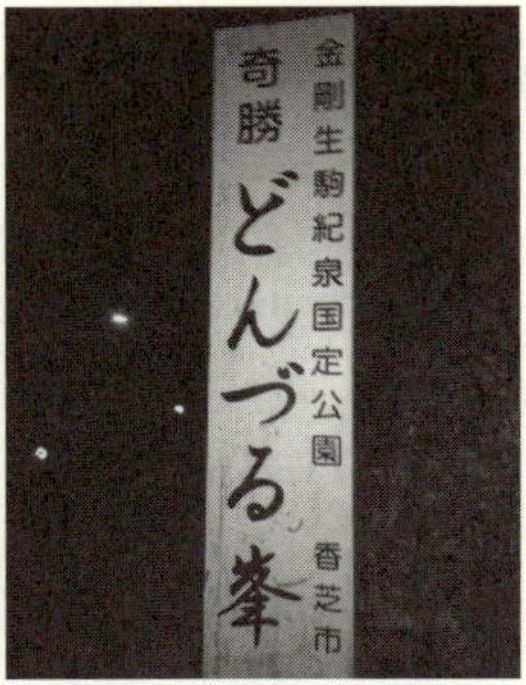

年越し番組の中継で行った屯鶴峰。

防空壕の入口中央にあったダースモール。

2017年春

安井金比羅宮《こんぴらぐう》（京都）　1月3日

二〇一七年の異界巡りは年明けの一月三日、京都から始まった。この日は京都府城陽市で珍しく怪談でないイベントが昼間にあり、夜、京都市に戻ってから、朝まで動画の生配信をしようと決めていた。

まず向かったのは京阪祇園四条駅から徒歩十分のところにある、京都最強の縁切り神社・安井金比羅宮。その縁切り効果は絶大で、願いを強引なまでに叶えてくれるということで人気だ。鳥居には「悪縁を切り良縁を結ぶ祈願所」と書かれており、縁切りだけでなく、縁結びのパワースポットでもある。

御祭神は日本三大怨霊で名高い崇徳《すとく》天皇。保元の乱で讃岐に流された崇徳天皇が讃岐の金刀比羅宮にこもって欲を断ち切ったことから、断ちものの祈願所として信仰されているという。

安井金比羅宮のメインは「縁切り縁結び碑」だ。もとの碑は絵馬の形をしているらしいが、願いごとが書かれた形代《かたしろ》の紙が大量に貼りつけられており、まるでモップのようなデカい犬（コモンドール）みたいである。願いを叶えるにはまず本殿参拝をしたあと、碑の表側から裏に穴を這いくぐって悪縁を絶ち、次に反対側からくぐって良縁を結び、最後に願いごとを書いた形代を貼るのが正式な方法だそうである。

この日はまだお正月ということもあり、午後九時でも参拝客の出入りは多かった。誰もいな

くなるタイミングを見はからい、僕もこの儀式にチャレンジする。ただ僕の場合、悪縁（憑いているとされる霊）を切ってしまうと、わざわざ事故物件に住んでいる意味がなくなってしまうので、「この生配信を見ている人たちそれぞれの悪縁が切れますように」と、身代わり縁切りとして形代に願いを書き、穴をくぐって貼りつけた。

最後に絵馬を見る。さすが最強縁切り神社。書かれてある内容もどぎつい。

〈性悪女の○○○○に天罰が下りますように〉

〈○○○○死ね！　○○○の従業員も全員死ね！　そして○○○倒産しろ！　もう俺にかかわるなよ！　特に○○、○○、○○、死ね！〉

〈死ね！　死ね○○○○　一日も早く　子供返せ〉

「死ね」が多すぎて、まるで「死ね死ね団のテーマ」みたいだ。

しかし、なんだか応援したくなるような絵馬もあった。

〈自立できていない自分と縁を切りたい〉

〈今の職場のままで、現在の月給と縁が切れて、大好きな旅行や服、外食が楽しめるくらい給料が上がりますように〉

〈すぐきれる自分とえんがきれますよーに〉

〈母が祖父から解放され、自分を愛し、幸せに生きていきますように〉

〈ＳＭＡＰ五人が幸せになれますように〉

パッと見ただけでも、人それぞれのさまざまな想いと念が、絵馬には記されていた。これらを見て僕は、大阪にもある悪縁切りの神社の宮司の言葉を思い出した。

「縁切りとは、縁を切りたいと願うあなた自身の想いを断ち切るということ」

僕なりに解釈すると、自分の頭を支配する「許せない」とか「消えてしまえ」という〝悪縁〟を断ち切れたときに、やっと心の平穏が訪れるということなのかなと。そのために必要とされるのが〝縁切り〟という儀式なのかな、なんてことを改めて考えてみた。

神社を出ると、すぐにラブホテルが現れた。無事悪縁を切れた人が、速攻で利用するために近くにあるのかもしれない。

「悪縁を切り良縁を結ぶ祈願所」と大きく書いてある鳥居。

伏《ふし》見《み》稲荷大社（京都）　1月4日

この日、安井金比羅宮を巡ったあと、本来ならば僕は貴船《きふね》神社に行くつもりだった。貴船神社とは全国屈指のパワースポットで、和泉式部にちなむ恋愛成就・縁結びのご利益で絶大な人気を誇る。それと同時に、呪いの藁《わら》人形でおなじみ〝丑《うし》の刻《こく》参り〟発祥の地でもある。縁切り最強の安井金比羅宮から、丑の刻参りの貴船神社へ。二〇一七年の初陣を飾るにふさわしい最恐の異界巡りを当初は決行するつもりだった。しかし、できなかった。理由は、「ひよった」からである。

安井金比羅宮を出たのが午後十時過ぎ。最終電車に乗って貴船神社へ向かうなら、十一時に京阪祇園四条駅を出発し、出町柳駅で叡山電鉄に乗り換え、貴船神社の最寄り駅である貴船口駅に着くのが十一時三十九分。そこからはタクシーなどあるはずもなく、着いてしまうといっさい後戻りできない。

僕はこのとき、最悪の状況を想像してしまった。もし丑の刻参りに遭遇してしまったら、釘を打つ者は僕を殺しにくるだろう。何故なら丑の刻参りという儀式は、行為を他人に見られると、参っていた人物に呪いがはね返ってくるといわれており、それを防ぐには目撃者を殺さねばならないと伝えられているのだ。万が一、釘を打つ者に追われてしまったら、車もなく移動手段のない僕は、夜明けまでこの〝京都の奥座敷〟といわれる地を一人でえんえん逃げ続けな

ければならない。こんなにも過酷な脱出ゲーム、どう考えても逃げ切れる自信がない。

安井金比羅宮から京阪祇園四条駅へ向かう道中、僕は悩みに悩んだ。……いや、それは嘘だ。この間、動画の生配信は止めていたので、誰にも見られていないにもかかわらず、僕は一人で「貴船神社に行くべきか、別の心霊スポットに行くべきか」を悩んでいるフリをしていた。本当は貴船神社に行く選択肢はもうすでになく、このように決断を遅らせることによって、まるでデート中の女子に終電を逃させるかのごとく、貴船神社への最終電車を逃させたのだ。悩んでいるフリは誰に対しての見栄なのか。それは間違いなく自分自身へのものだった。

こうして意図的に貴船神社への移動を不可能にした僕は、ブラブラと五条大橋にたどりつく。そして代わりに向かったのが「宜保愛子が入るのを躊躇した」といわれるトンネル、花山洞だ。実際に行ってみると何故か入口の照明がついたり消えたりするのが不思議だったくらいで、他には何も起きない。そのあとに、伏見稲荷大社へ行く。

京都・深草にある伏見稲荷大社は、全国に約三万社あるといわれる稲荷神社の総本宮。圧巻の千本鳥居の美しさが世界中の観光客からも大人気の、超有名パワースポットである。そして神隠しにあったり狐の面をかぶった女が現れたりと数々の怪奇現象をもたらす異界への入口でもある。

花山洞からタクシーに乗り、現地に着いた頃には日付が変わっていた。入口の大鳥居をくぐり、店じまいした正月の屋台を尻目に参道を歩くと、まず境内の入口を守護する高さ十五メートルのライトアップされた楼門と対面する。その圧倒的な存在感にただただ気圧される。楼門をくぐり、拝殿、本殿と進むと、その奥が千本鳥居だ。ほぼすき間なくびっしりと建てられた鳥居のトンネルをくぐり、奥社奉拝所に到着。そしてその先が、長かった。

伏見稲荷大社は「稲荷山」と呼ばれる霊山の中にある。山全体が神域なのだが、ここまではほんの序章に過ぎない。ここから先が、広大な稲荷山と自分との本当の戦いになる。

この先も鳥居のトンネルはえんえんと続いた。しばらく歩くと熊鷹社《くまたかしゃ》にたどりつく。お狐様の前のろうそくの炎が常に燃え続けている。真夜中に見ると完全に異世界だ。ちなみにこの熊鷹社のそばにある新池では、家出人や失跡者を探している人がこの池のほとりで手を打てば、こだまが返ってくる方角に手がかりを得られると伝えられているそうだ。

熊鷹社を過ぎると三ツ辻に出る。ここからさらに上へ、四ツ辻を目指す。これが長い、そして急勾配。だんだん鳥居への感動が薄れてくる。

トンネルを抜けて、突然夜景が見える場所に出る。プラネタリウムが逆さまになっているみたいでとてもきれいだった。少し上がると四ツ辻に着いた。四ツ辻にはベンチが置いてあり、最後のセーブポイント感がある。ひとまず腰を下ろし、ここへ来る前にコンビニで買ったおいなりさんをカバンから取り出す。〈おいなりさんを持って稲荷山を登ると、おいなりさんが消える〉という都市伝説があるのだが、消えてはいなかった。ただ、キンキンに冷えていたため、食べる気は起きなかった。

ひと休みして午前三時、稲荷山の頂上である一ノ峰を目指す。ロールプレイングゲームでたとえるなら、やっとここからがラスボスのダンジョンという感じだ。相変わらず続く鳥居のトンネルを歩き出して数分、数メートル先に青い服を着た男の人が歩いているのが見えた。自分以外にも真夜中に稲荷山を参拝する人がいたんだなと、少し安心したところ、男の人は僕の目の前でスッと鳥居と鳥居のすき間に入っていった。

あれ？　あのすき間に脇道でもあるのかなと、男の人が視界から消えた位置まで来てみると、そこにあったのは石灯籠だった。あ、幽霊だったかもしれない、とそのとき思った。そこに石灯籠がある以外、何もなかった。生配信の電波も何故かその瞬間から途切れてしまった。そのまましかたなく先へ進む。

それにしても参道を歩いていると、やたらと脇に小さな神社や小さな鳥居があることに気づく。これらは「お塚」と呼ばれるもので、約一万基もあるという。

稲荷山が独特なのは、この「お塚信仰」によるものなのだ。

稲荷山にはそもそも「神蹟《しんせき》」と呼ばれる聖なる場所が数カ所存在する。一説では太古の昔に神々が降臨された場所に祠や社を建てたのがはじまりだという。しかし応仁の乱で焼失して以降、再建はされず、その跡地が「神蹟」として残されている。そして現存する神蹟のまわりを膨大な数の「お塚」が取り囲んでいるのだ。

「お塚」とは個人が信仰している稲荷の神様の名前を石に刻み、プライベートな守護神として稲荷山に奉納して祀っている石塚群のこと。お塚の石には白狐大神、玉姫大神、眼力大神、脳天大神、運動大神などさまざまな神様の名前が記されている。なかには「豆ちゃん大神」や「金玉大神」なんてのも存在する。

一ノ峰にたどりつく前に七神蹟の一つである「長者社」に寄る。この長者社の御神体である「御劒石《みつるぎいし》」は別名・雷石とも呼ばれ、「異形の僧が霊力で雷を縛り付けた」とされている。異形の僧、かっこいい。

僕はひしめくお塚のすき間をぬって三メートルもの巨石である雷石のそばまで行き、手のひらをピタッとつけてパワーを授かる。その瞬間だけ通信の電波が復活し、一時的に生配信が再開される。

雷石の力か？　ほんと不思議。

異形の僧から力を授かり、午前四時、稲荷山頂上の一ノ峰に到達。所要時間約二時間。伏見稲荷は奥が深い。

異形の僧が霊力で雷を縛り付けた御劔石。

満《まん》池《ち》谷《だに》墓地（兵庫） 1月10日

関西人なら知らない人はいないはずの「十日戎《えびす》」は、毎年一月十日とその前後の三日間で行われ、えびす様に商売繁盛・家内安全を願うお祭りである。祭り自体が「えべっさん」と呼ばれ、親しまれている。特に大阪の今宮戎神社では「ほえかご〜ほえほえ〜」と言いながら芸人や役者や芸妓をかごに乗せて神社まで練り歩く「宝恵駕籠《ほえかご》行列」や、福娘による「商売繁盛で笹もってこい」のかけ声が境内に響く笹売りが有名だ。

そしてもう一つ有名なのが、えびす神社の総本社・西宮神社の「開門神事福男選び」だ。毎年一月十日午前六時、くじ引きで選ばれた約二〇〇人もの男たちが、表大門が開くと同時に二三〇メートル先の本殿を目指す。そして三着までにゴールした人間がその年の福男になるのだ。二〇一七年、僕は取材も兼ねてこの福男選びに挑戦しようと、前日の最終電車で西宮神社へ向かった。午前〇時から参加者を決めるくじ引きが行われるのだ。

くじ引き会場に着いたのは午後十一時五十五分。ギリギリ間に合ったかなと思ったら、なんと受付は午後十時開始で、くじが引けるのは先着一五〇〇名のため、とっくに受付終了になっていた。どうやら〝受付を済ませた人の抽選〟が〇時からということのようだ。これは、痛恨のミスだった。これから福男に挑戦するかもしれない人は、どうか肝に銘じてほしい。福男の受付は、前日の夜十時からですよ！　僕と同じあやまちを決してくりかえさないように。

結局この日は何の目的もないまま、始発まで西宮で過ごさなければならなくなった。しかし、よくよく考えてみたら福男に参加する人たちもこの時間はどうしているのだろう。遠方からの参加者はホテルでも取っているのだろうか。本当に神社のまわりには何もない。一月の寒空の下、僕は途方に暮れた。そして、思わず検索した「西宮　心霊スポット」。

見つかったのは、「満池谷墓地」だ。この墓地には右手をあげ、左手にボールを持ったおかっぱの少女の像があり、「手振り地蔵」もしくは「まりちゃんの像」、「節子の像」と呼ばれている。

「手振り地蔵」の由来は、夜中にこの少女の像を見ると手が動くという噂があるためで、「バイバイ」と左右に手をふっていたらセーフ、「おいでおいで」をしていたら帰り道に事故にあうといわれている。

「まりちゃんの像」のまりちゃんは通称で、ボールを追いかけて交通事故で亡くなった少女の魂を鎮めるために親が像を作って市に寄贈したといわれている。少女が雨の降る日にまりつきをして遊んでいたから事故にあったという噂から、おそらくまりちゃんと呼ばれているのではないだろうか。

「節子の像」と呼ばれているのは、『火垂《ほた》るの墓』に登場する少女、節子をモデルにしたという説からだ。物語の中で兄の清太と節子が居候していたおばさんの家を飛び出し、最後に二人が過ごした防空壕のある「ニテコ池」はこの墓地のすぐそばにある。

僕は『火垂るの墓』が好きだったので、「節子の像」として会いに行くことにした。節子、待っといてな。

満池谷墓地は西宮神社から北へ真っすぐ徒歩三十分の距離にある。福男選びの抽選会の様子をいちおう見届けたあと、真夜中の住宅地をひたすら墓地を目指して歩く。

午前二時、墓地の入口に到着。墓地はもう、正直怖くない。街灯の明かりも若干あり、完全な闇ではないのも心に余裕を持たせている。僕は懐中電灯一つで（もはや常備している）ぐいぐいと進む。

まず目にしたのは納骨所とされる墓石のピラミッド。この頂点に二つの石仏が並ぶ。その右側の石仏が、元祖〝手振り地蔵〟であるらしい。なるほど、たしかに節子の像は少女のブロンズ像なので、〝地蔵〟という表現には違和感がある。手をふる話はこの石仏と節子が混同されてできたものなのかもしれない。

奥へ進むと、異様に背の高い墓石が並ぶエリアに入る。これらは軍人墓地だ。異界らしい雰囲気はたしかにあった。

さらに進んで、墓地のロータリーになっている場所へ行く。ここに節子の像があるはずなのだが、像の土台らしきものはあれど、肝心の節子がいない。節子、どこ行ったんや。

改めて調べなおすと、節子の像は阪神淡路大震災のときに倒壊し、場所を変えて建てなおしたという。そうだったのか。節子、待っとけよ、もうすぐそっち行くからな。

この日は満月だった。墓地なのにやけに明るいなと思っていたが、園内に設置された数本の街灯の光以上に、煌々《こうこう》と照らす月明かりが暗闇の邪魔をしていたのだ。そのことに気づいたとき、ふと、満月をつかもうとするかのような大きな人影が見えた。なんだろうあの影は。そしてどこか見覚えのあるシルエット。そうだ、これはドラゴンボールだ。手のひらから〝気〟を溜めてこしらえた、大きなエネルギー弾を今まさに放出しようとしている、ドラゴンボールの戦闘シーンだ。もっと近づいてよく見てみる……せ、節子！

エネルギー弾を撃とうとしていたのはまぎれもない、節子の像だった。僕から見た角度だと、ちょうど節子が掲げている手のひらと満月がうまい具合に重なり、まるで節子の右手からエネルギー弾が飛び出す瞬間のように見えたのだ。

僕はその夜、節子と朝まで一緒に過ごした。

早朝の福男選びを報じるテレビに映った。

エネルギー弾を放出しているように
見えた節子の像。

白《しら》高《たか》大《おお》神《かみ》（奈良）　1月20日

白高大神はもともと弁財天を祀り「滝寺」「お滝」といわれた場所にある。その後、一時期、神社系の宗教団体の施設となっていたが、その活動も途絶え廃墟になった。現在は、稲川淳二さんも紹介したことがある、関西最恐心霊スポットとして有名だ。そこへ僕は華井とにしねと三人で向かった。

大阪から車を走らせること約一時間。着いたのは午前〇時過ぎ。真っ暗だ。田んぼのあぜ道を進むと鳥居があり、そこから先に神社がある。鳥居をくぐる直前、僕はあまりリサーチをしていなかったので、にしねにインターネットで調べるよう命じた。

「へぇー、もともと新興宗教の団体が使っていたらしいですわ」

にしねはさっそくスマホで検索し、情報を読み上げてくれた。鳥居をくぐると道がボロボロで、懐中電灯で照らさないと危ない。すぐ脇には池もある。

「にしね、スマホ見んでええから。足元にライト照らさな危ないわ」

にしねに声をかけ先へ進んでいくと、もう一つ鳥居があって社務所の廃墟がある。

「うわ！　廃墟出てきた」

僕と華井が顔を見合わせていると、にしねが流暢《りゅうちょう》にしゃべり出した。

「ここでね、教祖様の中井シゲノさんっていう人が、信者さんの悩み相談をずっと受けてて、

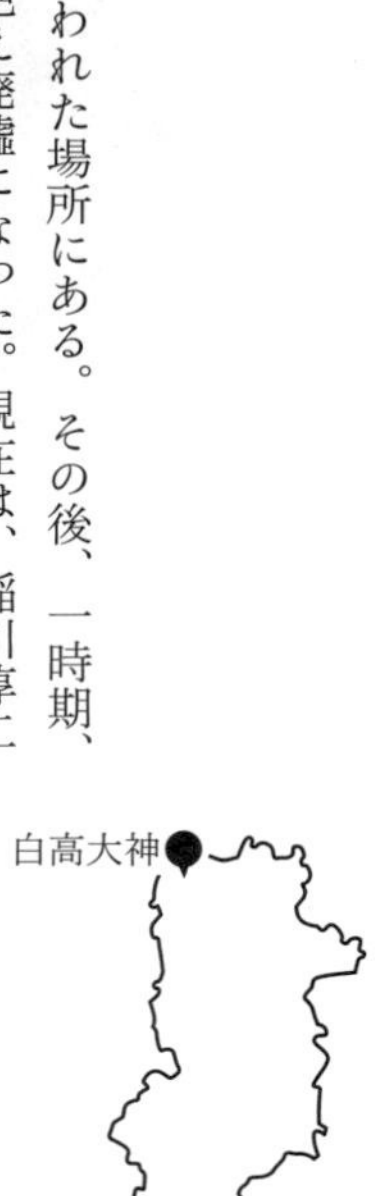

何でも言い当てて、神社さんの信頼を支えていたみたいですよ」

「にしね、なんでそんなことまで知ってんの?」

にしねはスマホを見ずにしゃべっている。おかしいなと思いながらも先へ進み、ボロボロの橋を渡ると防空壕があった。防空壕の中には鉄の棒で作られた「鎮魂」という文字がある。ここがおそらく御神体なのだろう。噂だとこの防空壕に入った十六歳の少女が、霊に憑依されて老婆が乗り移った状態になり、その後、行方不明になったとされている。僕たちはとりあえず写真を数枚撮って戻ることにした。道が狭いため、今度はにしねが先頭になって、ボロボロの橋を引き返す。そのままにしねについていくと、いつのまにか山奥に進んでいた。

「あれ? こんな道やったかな?」

にしねに聞いても何も答えてくれない。

「にしね、これで道あってるの?」

もう一度聞いても、にしねはずんずん進んでいく。

「絶対に間違ってるよな……」

そう華井に語りかけると、今度は華井が女の子の声が聞こえると言い出した。

「今、キャーッて聞こえましたよ確実に」

生配信を見ている視聴者も「聞こえた」「女の声だ」とコメントを書き込んでいる。僕には聞こえなかったが、どうやら僕以外には聞こえていたようだ。しかしその次の瞬間、

「ピュー」

口笛が聞こえてきた。口笛は僕にもたしかに聞こえた。

「にしねは聞こえた?」

そう言ってにしねを見たら、にしねが口笛を吹いていた。なんで?

「いや、なんとなくです」

明らかににしねの様子は変だった。女性の悲鳴が聞こえたあとだから、なおさら耳をすますはずだ。このタイミングで口笛を吹くのは意味がわからない。

「ヤバいからお前、先頭あかんわ」

にしねを真ん中にして、今度は僕が先頭になって戻ることにした。

そこから一時間ほど真っ暗な山道をさまよい、なんとか来た道を見つけ、やっと最初に見た鳥居までたどりつく。

午前三時半頃、その鳥居を出た瞬間、目の前の真っ暗だった田んぼが夜明けみたいに明るく見えた。目が慣れたのか、いや、それにしても明るすぎる。華井もつぶやく。

「僕もむちゃむちゃ明るく見えます。溝とか懐中電灯を照らさないとまったくわからなかったじゃないですか。でも今は明るいな……明るい……」

しかし生配信の画面は変わらず真っ暗である。配信を見ている視聴者たちも「何も明るくない」とコメントを書き込む。どうやら僕と華井の視界だけしか明るく見えないようだ。すぐさま背後からにしねがしゃべりだした。

「それは、あれですよ。中井シゲノさんはお子さんの足が目に入って視力を失ったらしいんですけど、ここで修行したら以前よりもいろいろ見えるようになったらしいんで、その効果があるんじゃないですかね」

午前五時、大阪に戻ったときにはまだ夜は明けていなかった。

その後も元引きこもりで普段寡黙なにしねは、白高大神の話題に触れたときだけ流暢にしゃべりだす。

午前〇時過ぎ。真っ暗な境内を進む。

「鎮魂」という文字が掲げられている御神体。

●雪樹海（山梨）　1月22日

冬の樹海で、今回は夜ではなく昼間に探索を敢行した。快晴の下、雪が積もった樹海はまたいつもとは違う神秘的な景色だった。メンバーは前回と同じ村田らむさん、ハニートラップ梅木さん、橋山メイデンに、案内役の樹海マニアHさんが加わって五人で臨む。

いつもの集合場所、遊歩道の入口である富岳風穴の駐車場には、前回来たときも停まっていた大阪ナンバーのワゴン車が端っこで雪に埋もれていた。もう何ヶ月も前からずっと停められていて、おそらく運転手はこの世にはもういないと思われる。

樹海の中はとても歩きにくい。溶岩が固まったあとに樹木が生えているため、ほとんど土がなく、地面は根っこがうねうねしている。以前何も考えずデッキシューズで探索に臨んだら、一日でボロボロになった。その経験を踏まえ、かつ冬に行くことを考慮に入れてアマゾンで購入した長靴をはいていった僕はひとり勝ち組になる。深い雪でも長靴はザクザク進めて、靴の中に雪が侵入することもない。調子に乗って僕はグングン進むものの、他のメンバーは普通の靴のためなかなか進めず、いったん探索は中断。らむさんが「ジャングルジム見に行きましょう」と言って、樹海マニアHさんに案内してもらう。

ジャングルジムは思っていたより何倍も巨大だった。樹海の片隅に突然そびえ立つ巨大ジャングルジム。その頂上は樹海の木々よりもさらに高い。何のために造られたかはわからないが、

おそらく何かを観測するための足場なのではないだろうか。

遊歩道の入口への帰り道、メイデンと梅木さんの姿がない。しばらくすると、後方から必死の形相で梅木さんが何かから逃げながらこちらへ向かって叫んでいる。

「みんな逃げてください！　メイデンが野糞したあとのケツをふいた紙を持って追っかけてきます！」

梅木さんの後方数メートル、何かの紙を握りしめたメイデンが梅木さんを追いかけているのが見えた。まったく状況がつかめない。メイデンが近づきながらこう叫ぶ。

「この紙、どこに捨てたらいいですかねー！」

彼の右手には褐色の何かがチラつく数枚のチリ紙が見えた。間違いない、うんこをふいた紙だ。奴はどこかで野糞をしていたのだ、なんて奴だ。とにかく危機迫る状況に僕も本能でその場から走り出した。らむさんも逃げるが、雪道のため足を滑らせる。Hさんも逃げるが、状況を把握しきれずあたふたしている。

そこからの記憶は定かではないが、どうやら僕が一番先にメイデンから逃げきれたようだ。ここでも長靴のおかげで勝ち組になることができた。

メイデンにいったい何が起きたのかというと、帰り道に急に便意をもよおし、いけないとは思いつつも我慢できずに遊歩道から少しそれた場所で脱糞し、ギリギリ持っていたチリ紙で尻をふくものの、自然を汚してはいけないと思ったらしく（人糞は自然に還るからよしとしたらしい）、ふいたチリ紙はゴミ箱に捨てなきゃということでゴミ箱の場所を聞こうと僕らを追いかけてきたそうだ。

結局富岳風穴の入口のゴミ箱に糞のついた紙を捨てていた。最後、悪夢のような樹海だった。そんな日でも、富士山はとてつもなくきれいだった。

いつ来ても停まっているワゴン車。

何のためにあるかわからない巨大ジャングルジム。

味園《みその》ビル（大阪）　1月26日

大阪難波千日前にそびえる味園ビル。二階のフロアには個性的なバーが乱立し、中でも松竹芸能養成所の同期であるぶっちょカシワギが経営する「ライブシアターなんば白鯨」では、開店当初からイベントをひんぱんにやらせてもらっている。その他、昔アルバイトをした「デジタルカフェ」や、関西のサブカルな人間が集まる「深夜喫茶銭ゲバ」などもよく通っている。

味園ビルには幽霊の噂が絶えない。深夜、二階の廊下を後ろ向きに歩く女の霊が現れたり、裏口の階段に顔面蒼白の男の生き霊がずっと座っていたり、宿泊施設になっている三階の奥の部屋はかつて撲殺事件があったため閉鎖されているという噂があったり、その部屋のすぐそばのトイレに入ると誰もいないはずなのにノックされたり……

この日、僕は味園ビル二階のなんば紅鶴で、心霊スポット探索の報告イベントを行い、そのあとにイベントの延長で味園ビルの怪しい場所から生配信することになった。

深夜一時、三階のフロアに上がり、事件があったとされる閉鎖された部屋を目指す。味園ビルの二階は廊下が「ロ」の字になっており、グルグルとまわることができるのだが、三階は左側の通路自体が両サイドから柵で封鎖されているために「コ」の字になっている。奥に進むにつれてフロアの照明がじょじょになくなり、突き当たりにある〝開かずの扉〟の角を曲がるともう真っ暗だ。

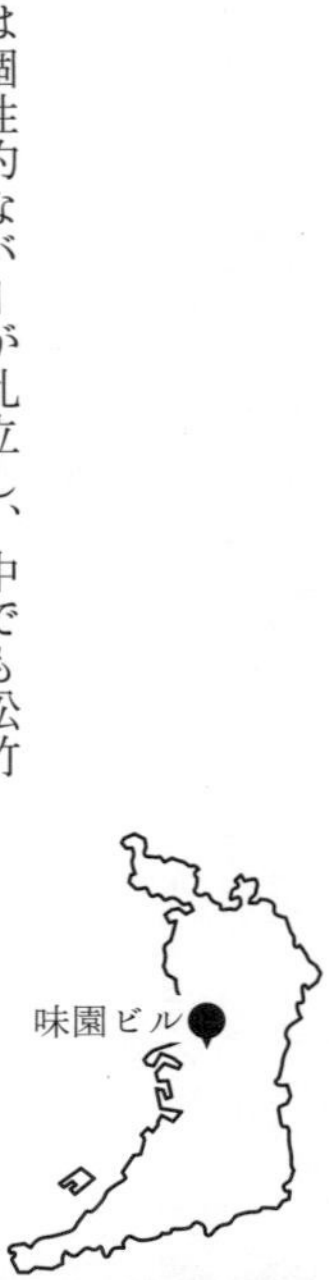

闇の中、スマホのライトだけをたよりに進み、さらに奥の角を曲がろうとすると、厳重な柵が現れてそれ以上先へは進めない。この奥に事件があった部屋があるのか……

柵の向こうに寂しく火災報知器の赤いランプがボヤ〜っと光っていた。

すると背後に何やら冷たい空気を感じ、後ろをふり返ると、誰も使っていないであろう灯りのつかないトイレがあった。ほこりがかぶる洗面所、穴の開いた天井、そしてトイレットペーパーのない個室。僕は吸い込まれるように個室に入り扉を閉め、生配信のカメラを回しながら何かが起きるのを待った。

すると、間もなくして何かがやってきた。

〃トン、トン、トン、トン、トン、トン、トン、トン〃

ノック？　水滴？

いや、どちらとも違うような気がする。ただ、音がやまない。

〃トン、トン、トン、トン……〃

どれくらい経っただろう。僕はしびれを切らして個室から脱出する。

すると、音はやんだ。

結局音の原因はわからない。なんだったんだろう。

トイレから出て、廊下の明るい場所へ戻ろうとすると、〃開かずの扉〃が突然開いた。そして中からメイド服のおばさんがスーッと出ていった。

びっくりした。たぶん、従業員なのだろう、メイド服のおばさん。

開かずの扉、開くのか……

誰もいないはずなのにノックされるトイレ。

柵でふさがれている廊下。

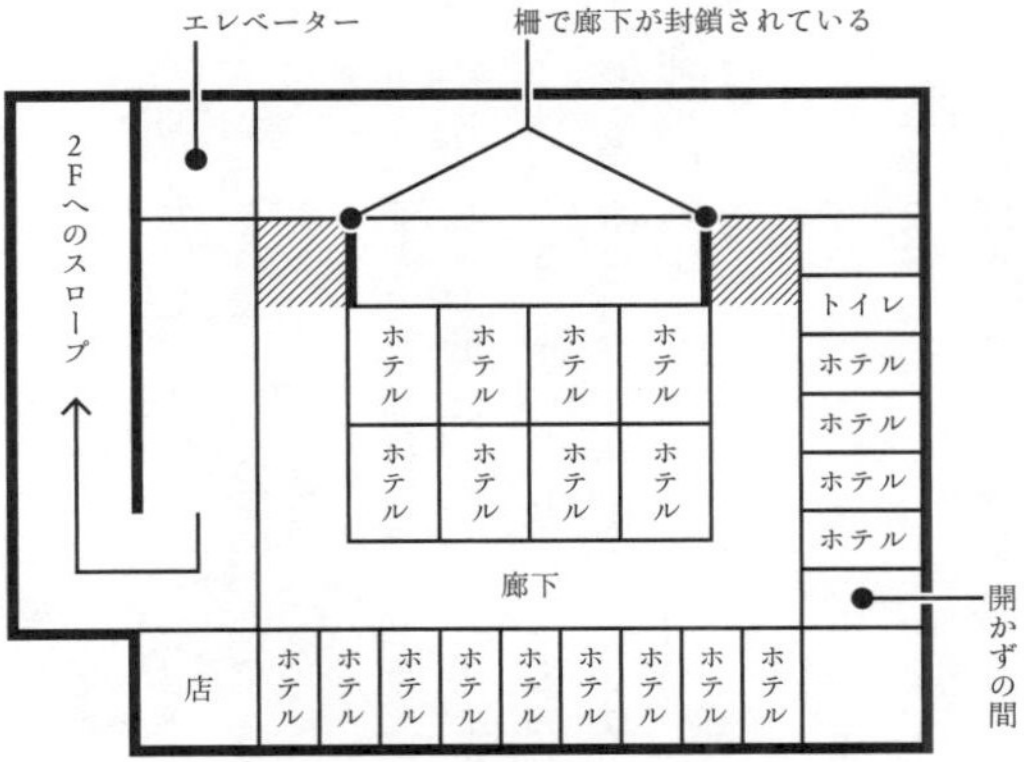

塩屋駅近くの国道（兵庫）　2月1日

僕の地元を走るJR神戸線は人身事故が異常に多く、数年前に鉄道会社が国土交通省に提出した数字にもそれが表れていた。偶然にも神戸線の「明石駅・朝霧駅・舞子駅・垂水駅・塩屋駅・須磨駅」の頭文字を続けて読むと「あ・あ・ま・た・し・す」となる。

この日、僕は三ノ宮でのイベントを終え、大阪に戻らず最終電車に乗って塩屋駅で降りた。二〇一六年、塩屋駅の近くの国道2号線で、白バイにスピード違反で追跡されていた男性のバイクが対向車線にはみ出し、別のバイクと衝突する事故が起きている。男性はその弾みで投げ出され、電柱を支えるワイヤーに突っ込み、上半身と下半身が真っ二つに切断され即死した。切断された上半身は国道沿いの山陽電鉄の線路上に落下し、電車は約一時間二十分運行を停止したという。

塩屋駅から徒歩で、事故から半年経った現場跡に向かってみた。国道2号線沿いの歩道を十分ほど歩くと、電柱の下に花束が供えられているのが見えた。間違いない、この電柱のワイヤーで体が切断されたのだろう。まわりにはシミのような痕跡と、それを囲むチョークの跡が薄く残っていた。僕は念のため事故現場の様子を記録するべく、スマホのカメラを花束に向けた。するとそのとき、後ろからイヤホンで耳をふさいだ大学生らしき男性が歩いてきた。終電後の

真夜中の国道、その場にいる人間は僕一人。しかも何やら事故現場らしき場所をカメラでバシャバシャ撮っている。歩行者からしたら僕の行動は不審者以外の何者でもないだろう。僕はスマホを突然しまうのもよけいに怪しまれるだろうと思い、とっさにスマホの画面を親指でスワイプし、「ポケモンGO」をしているふりをした。いかにも今、目の前にポケモンが現れて、モンスターボールを投げて捕まえようとしてますよアピールだ。真夜中に事故現場の写真を撮っているより、真夜中にポケモンを捕獲しようとしているほうが客観的に見てまだ不自然ではないだろうという判断だ。大学生はこちらなど見むきもせずに、「ポケモンGO」をしてるふりをしている僕の目の前を通り過ぎていく。よかった。どうやら怪しまれずに済んだようだ。しかしその二秒後、大学生は猛ダッシュでその場から走り出した。え？　と思う間もなく、全速力で僕の前から遠ざかっていった。そうか、やっぱり怖かったんだ……

深夜に塩屋駅から徒歩で家に帰る大学生なんて、地元の人間だろう。ここであった凄惨な事故に関してももちろん知っているはず。その事故現場で写真を撮っている、あるいは「ポケモンGO」をしてるやつなんて、やはりどちらにしても不審者には違いなかった。自分が不審者であることを自覚させられたまま、2号線沿いの歩道をてくてくと須磨方面へ向かった。

電柱の下に花束が供えられていた。

道路にはチョークで何かが描かれている。

須磨踏切（兵庫） 2月1日

須磨海岸を歩き、須磨駅に到着する。午前三時を過ぎていた。

須磨駅は須磨海水浴場に直結しており、駅を降りるとすぐに砂浜が広がる。夏は海水浴客でにぎわう超有名ナンパスポットである。

一九二八年、須磨地区は何故か自殺の名所となり、一年間の自殺者六十七人、自殺未遂者百二十七人という数字が公開されている（神戸市須磨区役所の公式サイト「須磨区の歴史」欄に掲載）。一九二六年に大阪毎日新聞の村嶋歸之が書いたルポルタージュにも、一ノ谷町の鉄橋や病院、境濱海水浴場（現在の須磨浦公園）や天神浜は投身自殺が多いため、自殺防止の札が置かれたとある。

須磨駅から隣の須磨海浜公園駅までの間にはいくつか踏切があるのだが、真夜中の踏切は青いライトで照らされて不気味だった。青い照明は気持ちを落ち着かせ自殺を思い留まらせる効果があるとされている。つまりその踏切で過去に飛び込み自殺が多発した証拠でもある。

初めに見つけた踏切では、青いライトの下に警備員が立っていた。まわりで工事をしている様子もないので、もしかしたら自殺者の見張りかもしれない。

もう一つの踏切は住宅地の細い路地の先にあった。右には一軒家、左にはお地蔵さんという視界の悪い場所。ここならたしかに線路内に侵入して、誰にも止められることなく思いを遂げ

ることができそうな気がした。だからこそ、もちろん青い照明も設置してある。線路内の歩道には何箇所かに黒いシミがあった。塩屋の事故現場で見たそれと似ている。僕は踏切の向こう側へ渡り、そのまま須磨海岸へ抜けた。

真夜中の波打ち際はとても静かだった。夏にはにぎわっている須磨海岸が、今は宇宙空間のように無だ。UFOでも現れるんじゃないかと黒い海を眺めていた。

〝カーンカーンカーンカーンカーンカーン〟

踏切が鳴り出した。午前四時、貨物列車がやってきたのだ。チャンスだ。死にたくなった人の最後の瞬間、そこから見える景色というのを僕は一度見てみたかった。

急いで踏切までダッシュする。

青い光と赤い光が同時に線路を照らし、黄色いバーが降りてくる。配色がきれいだ。ボーッとしてたら吸い込まれそうになる。だけど僕は吸い込まれない。死ぬつもりがないからだ。幽霊に手を引っ張られようが、手招きをされようが、僕はここに立っているよ。

〝ガタンガタン、ガタンガタン、ガタンガタン、ガタンガタン、ガタン……〟

目の前を貨物列車が通り過ぎる。近い。たしかにあちら側への一歩を踏み出しやすい場所なのかもしれない。そしてもう一つわかったことは、死んでたまるかということだった。

三日後、僕が踏切に立つ前に海を眺めていた場所で死体が発見された。めった刺しにされた他殺体が須磨海岸の海苔《のり》養殖場の網に引っかかっていたそうだ。死後一週間が経過しているとのこと。僕が眺めていた暗闇の先に、殺された人間の姿があったということだ。死は近くにあるが人間は簡単には死なない。死にたいと思ったり、病気になったり、殺されたりしない限り……

ブルーライトが設置されている須磨の踏切。

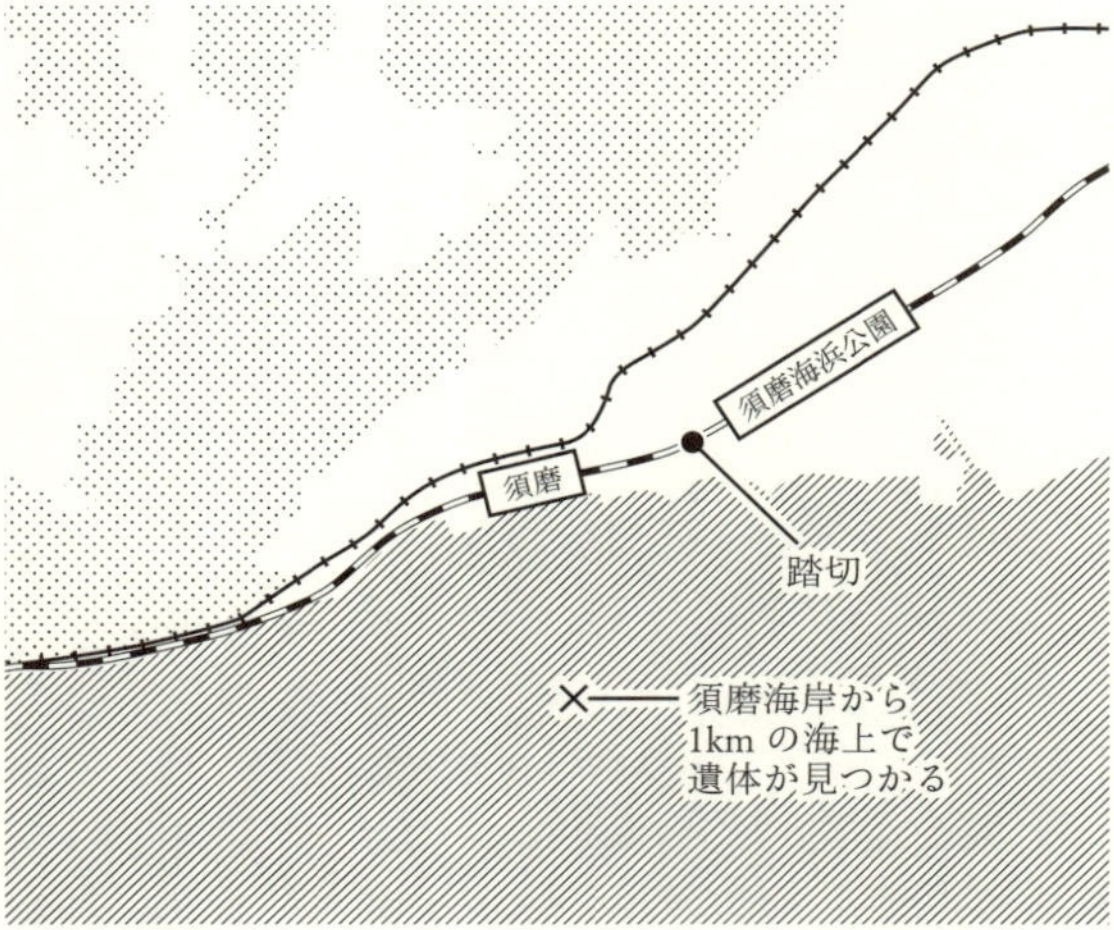

東《とう》谷《ごく》山《さん》（愛知）　2月8日

毎週火曜日は名古屋のＣＢＣラジオに出演している。交通費が支給されるので、ただラジオに出て大阪に帰るだけというのはなんだかもったいないと思っていた。高知の星神社以降、一人でも心霊スポットに行けるようになった僕は、せっかく仕事で名古屋にいるのだから、愛知県の心霊スポットにも泊まらなければという妙な義務感にかられていた。

この日、向かったのは東谷山だ。名古屋市街地の夜景が見渡せるデートスポットとして知られているが、それと同時に心霊スポットとしても有名だ。その理由は山頂にある神社の境内に、五寸釘が打ち込まれた木が何本も見つかっているといわれているからだ。いわゆる丑の刻参りである。

その他〈白いモヤモヤの霊に襲われた〉〈首のない胴体だけの人間が木々の間から何体もぶら下がっている〉といった目撃情報もある。さらには参道の途中の石灯籠からひょこっと現れて「危害は加えませぬ、危害は加えませぬ」と言いながらずっとついてくる、上半身だけのじいさんの霊〝無害ジジイ〟もいるらしい。とにかくこの東谷山にはさまざまな噂がある。

地下鉄新栄町駅からの最終電車に乗り、千種《ちくさ》駅でＪＲに乗り換え、高蔵寺《こうぞうじ》駅で降りる。三十分ほど歩き、午前一時、山の入口に到着。山道は当然のことながら明かりはなく真っ暗闇で、

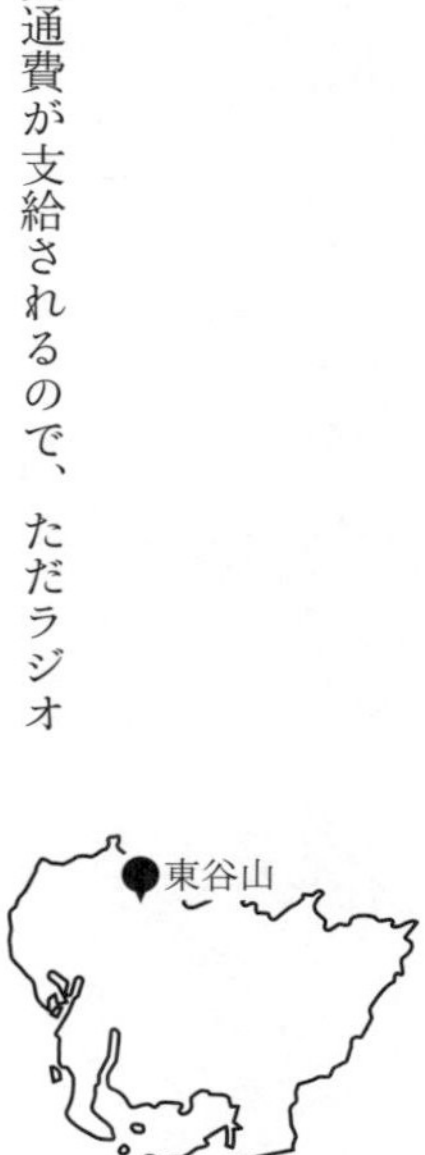

永遠に続くブラックホールのトンネルのように見えた。深夜の山登りは初めてで正直、足がすくんだ。幽霊や孤独に対する恐怖より〝山〟に対する恐怖が押し寄せてきた。

しかし、ここまで来て引き返すわけにはいかない。というより、引き返しても帰る場所がない。終電で現地に向かうのには、自分を追い込む意味もある。だから、行くしかないのである。僕は頭の中である言葉をリフレインさせてみた。

「いくしかないだろう！　河原崎辰也です」

河原崎辰也さんはCBCラジオで日曜日夕方から「河原崎辰也　いくしかないだろう！」という番組をやっているラジオパーソナリティー兼ミュージシャンだ。この人の「いくしかないだろう！　河原崎辰也です」というラジオジングルが、名古屋にいるとしょっちゅう耳に入ってくる。

「いくしかないだろう！　河原崎辰也です」

今度は実際に口に出して言ってみた。すると、まるで「アゲハ」という曲のミュージックビデオで歌詞が可視化されて斉藤和義の口から出て行く映像のように、〝いくしかないだろう〟という言葉と〝河原崎辰也〟の名前が文字となって暗闇に吸い込まれていった。そして、自然と恐怖がやわらいでいく。

すごい。この魔法の言葉を発すると、どんなに怖くても不思議と前に進めることがこのときわかった。僕はもはや楽しくすらなって、「いくしかないだろう」を連発しながら山を登っていった。

四十分ほど経って頂上に着いた。そこは尾張戸《おわりべ》神社の裏側だった。どうやら僕は裏道を通ってきたようで、来た道と反対側に参道らしき石段があった。

神社にはもちろん誰もいない。しばらく境内の木に五寸釘が刺さってないか探索していると、社務所の壁に謎の手形がついているのを発見した。触ってみるとその手形は泥でつけられているのがわかった。しかもまだ乾いていない。

ということは、手形をつけてからまだ時間が経っていないということだ。じゃあ、近くに誰かいる？　午前二時、丑の刻参りをするにはもってこいの時間だ。

恐る恐る、参道の石段を降りる。

〝パキパキ！〟

石段の前方右側から音がした。緊張が走る。

〝パキパキパキ……〟

まだ音が鳴っている。丑の刻参り？　動物？　無害ジジイ？

「おい！　誰や！」

音が止まる。

「無害ジジイか!?」

暗闇に語りかける。

〝パキパキパキパキ！〟

やばい、近づいてきた！　無害ジジイじゃない。無害ジジイなら上半身しかないからパキパキいわさへんはずや！　てことは動物？　いや、動物ならいっきに来るか、逃げていくはず。てことは人間？　丑の刻参り？

「いくしかないだ……」

〝パキパキパキパキパキパキ！〟

いや無理。全然行けない。これは引くしかないだろう。

僕は神社に逃げた。

そのあと、神社の拝殿の照明の下に転がっていたモップを手に取り、丑の刻参りの人間が襲いかかってきたときにどう戦うかのシミュレーションを二十分やった。丑の刻参りをしている人間は、人に目撃されると呪いが自分にはね返ってくるので目撃者を殺しに来る。殺されるのは嫌だ。

しかしここにずっといるわけにもいかない。来た道を戻るか？

いや、それだと本当に逃げたことになる。逃げちゃダメだ逃げちゃダメだ……

その昔、〝鬼島津〟と恐れられた歴戦の猛将の島津義弘は、関ヶ原の戦いで味方である西軍の敗北が決まったあと、東軍のド真ん中をぶった切るように通るという捨て身の撤退「島津の退き口」を敢行した。そして彼は生きのびた。

そうだ、正面突破しかない。

今度こそ、「いくしかないだろう！　河原崎辰也です！」

僕は無我夢中で石段を駆け下りた。ただただ足元だけを見て、追いかけられても追いつかれないように、黙々と必死で駆け下りた。そのときの記憶はほぼない。

気がつけば鳥居が目の前にあった。反対側の登山口にたどりついたのだ。

四十分かかって登った山を、十分足らずで駆け下りた。僕は、生きのびた。

この石段の左側に何者かがいた。

社務所の壁に泥でつけられた手形。
まだ乾いていなかった。

清《きよ》滝《たき》トンネル（京都）　2月11日

この日、京都は雪が積もっていた。僕は華井とにしねを連れて深夜、清滝トンネルに向かった。華井の車はノーマルタイヤだったので、目的地に着くまでがまず怖かった。

清滝トンネルは京都、いや関西でナンバーワンといっても過言ではない、超有名心霊スポットである。とにかくいわくがありすぎて覚えきれないほどだ。

①トンネルに着いたときに信号が青だったら幽霊に招かれているのでトンネルに入ってはいけない。いったん赤になるのを待ち、再び青になってから進むしかない。
②トンネルを迂回した先にある峠の真下を向いたミラーを見ると自分の死ぬときの姿が写る。もしくは写ってなかったら近いうちに死ぬ。
③行きと帰りでトンネルの長さが違う。
④トンネル走行中に白い服を来た女性がボンネットに落ちてくる。
⑤トンネル内で車を停めて灯りを消し、クラクションを鳴らすと怪異現象が起きる。
⑥女性の悲鳴、お経が聞こえてくる。
⑦車のボンネットやガラスに手形がつく。

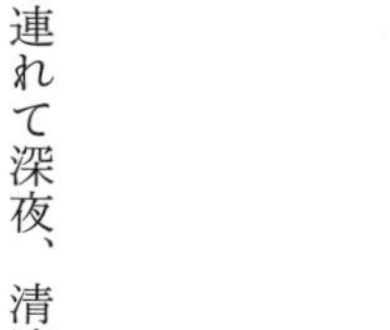

他にもおばあさんが追いかけてきたり、作業員の霊が出たり、「帰れ、帰らなかったら殺す」と言われたり、いろいろあるみたいだが、とりあえずこの七つの噂を検証してみることにした。

まず①だが、僕らは幽霊に会いに行っているので、むしろ招かれなければいけない。だからちょうど信号が青のタイミングでトンネルに入ることを心がけた。もし手前で赤になった場合はUターンしてやり直そうと思っていたが、たまたまこの日はトンネルを発見したと同時に信号が青になったので、そのまま車でトンネルに入った。全長は五〇〇メートルほどで、幅は狭く車一台しか通れない。赤い照明はほの暗く、雰囲気はたしかにある。真ん中を過ぎたあたりにカーブがあり、それを曲がると出口が見えた。とりあえずなにごともなくトンネルを抜ける。抜けたところに少し広いスペースがあったのでひとまずそこに車を停めた。

次に②を検証する。トンネルの横に峠へ続く道があり、その先にある真下を向いたミラーを見にいく。しかし、雪のため車でこの道を上るのはあまりに危険すぎる。車を降り、歩いて確かめにいくことにした。

吹雪の中、滑らないように歩みを進めていると、にしねの姿が見当たらないことに気づく。後ろをふり返ると、後方でやたらとモタモタしている。どうやら靴底がツルツル過ぎて雪道を前に進めないようだ。彼の靴は六百円だという。いったいどこに売っているのかそんな靴。僕らは峠を目指すのをあきらめた。

続いて③を検証する。今度は三人で歩いてトンネルを通り、どれくらい時間がかかるかを測る。もちろん、その間にも怪異が起きてもいいように、ちょうど青信号の状態で入れるようトンネルの前をぐるぐる回りながら歩き続け、青になったタイミングでトンネルに入る。

特に何も起きなかったが、入口から出口までは徒歩で七分かかることがわかった。

そしてここからがメインイベントである。
④⑤を同時に検証する。今度は逆戻りに一人ずつトンネルに入り、それぞれ真ん中でクラクション代わりに音を鳴らす。華井は得意の口笛、にしねは寄席でよくやっている「おでこピアニカ」（おでこでピアニカを弾くという芸。得意な曲は「男はつらいよ」「上を向いて歩こう」）、僕は親父が浄土真宗の僧侶なのでお経を唱える。これによって女が上から落ちてきたらラッキーだし、何か怪異が起きてくれたらOK。女の悲鳴や、逆にお経が聞こえてきたら⑥の検証にもなる。さらに音を鳴らしたあとはそのまま出口まで進み、それぞれのトンネルを抜けた所要時間も測って③の結果も判明する。まさに一石五鳥。
トップバッターは華井。トンネル内は電波が届かないので僕は入口から撮影して生配信する。ちょうどトンネルの真ん中に到達するであろう四分後に、華井の口笛が聞こえてくるはずだ。しかし……まったく聞こえない。口笛の音はこちらまでは届かないか。

続いて、にしねがトンネルに入る。約四分後、ピアニカの「上を向いて歩こう」がトンネル内にこだまする。

〝キャッキャッキャッキャッ〟

演奏終了後、トンネルの入口で待つ僕には笑い声らしきものが聞こえてきた。にしねが先に行った華井としゃべっているのだろうか？

最後は僕がトンネルへ入る。真ん中まで行って南無阿弥陀仏を唱え、出口へ向かう。入ってから出るまで約八分。トンネルの長さは変わっていない。出口には華井とにしねが待ちかまえていた。にしねは顔が引きつっていた。

「ピアニカを吹いたあと、トンネルの中から子供の笑い声がいっせいに聞こえてきたんです」

にしねはあまりの恐怖で出口までダッシュしたようだった。やはりあの「キャッキャッ」は怪異現象だったのか。ちなみに上から落ちてくる女は誰も見なかった。

最後に⑦を確かめる。停めてある車を見てみると、手形らしき跡は確認できなかった。

最後に⑤をちゃんと車で試してみることにした。でも単に試すのではおもしろくないので僕は策を練った。

まず華井とにしねが車に乗り、トンネルの真ん中まで行って灯りを消す。そのあと僕がトンネルに入り（信号が青のタイミングで）、入ってすぐの地点でお経を読み、それが聞こえたらにしねがピアニカを吹く。僕はピアニカが聞こえたら、真ん中まで行き車に乗る。そして最後クラクションを鳴らして怪異現象を待つ。


まず華井とにしねを乗せた車が信号青のタイミングでトンネルに入った。それを確認したあと、僕は信号が青になったタイミングで、トンネルに近づいた。

〝パーパーパーパーパーパーパ〜、パーーパパーパーパーパ〜〟

あれ？　にしねの「上を向いて歩こう」がもう聞こえてきた。おかしい。僕が入口でお経を唱えてからピアニカで返すという約束だったはずなのに。

そのとき、トンネルの手前右側に張られている崖転落防止のロープがピアニカの音に合わせて激しく揺れ出した。風もないし、トンネルとロープは直接つながっているわけではない。それなのに明らかに超高速でビヨーンと揺れている。
〝パパーパパーパーパーパパ～〟
ピアニカの音が止むと、ロープはピタッと止まった。
僕はトンネルに入り、車中のにしねに何故ピアニカを吹いたのかたずねた。
「え、お経が聞こえてきたから約束通りピアニカ吹いただけですけど」
僕はお経を唱えていない。彼らには何が聞こえていたのか。
最後にクラクションを鳴らして、何もないことを確認してからトンネルを出た。
検証の結果、僕たちはたしかに怪異を体験した。

トンネルに到着したとき信号が青だと、幽霊に招かれているので不思議な現象が起きるといわれている。

トンネルの中から不思議な音が聞こえてきた。

深泥池《みどろがいけ》（京都）　2月11日

午前二時半に化野《あだしの》を出発し、深泥池に向かう。深泥池といえばタクシー怪談である。特に有名なのは池の近くでタクシーが客を乗せると、その客がいつの間にかいなくなり、シートが水浸しになっているというものだ。逆に、京都市内から深泥池へ向かい、着いたら客がいなくなっている、という話もある。これらの話のパターンは全国各地に広がり、そこから派生してさまざまなタクシー怪談が生まれた。深泥池はまさにタクシー怪談の発祥の地とも言える。また、名前の通り池の底に泥が厚く積もっていることから、池に入ると二度と出られないという噂があり、そのため入水自殺が後を絶たないともいわれる。

午前三時、深泥池に到着。にしねは清滝で取り憑かれたのか、ただのおネムなのか、目を覚まさない。僕と華井は車を降り、雪が積もる遊歩道を散策した。しかしすぐに後悔する。深泥池には柵がない。しかも足元は雪で滑る。一歩、また一歩進むたびに足が池に吸い込まれそうになる。左側が池、右側が山なので、なるべく山側にへばりつきながら進む。しかし、どこまでが山でどこからが池なのかわからない道に出る。雪が境目をなくしている。僕らは撤退した。

引き返して数分後、鳥なのかカエルなのか、何なのかわからない鳴き声が池の方から聞こえてきた。

〝ヒョー、ヒョー……〟

そのすぐあと、足を地面に引っこ抜かれる感覚に襲われた。

〃ズボ!〃

溝に足を突っ込んだのだ。よかった。池じゃなくてよかった。

車に戻った頃には二人とも雪まみれで真っ白だった。あとでネットで確認したところ、僕らが引き返した地点のその先は行き止まりで、もしそのまま進んでいたら池に突っ込んでいた。

それにしても途中で聞こえた鳴き声は何だったのだろう。深泥池は十数万年の歴史があると考えられ、氷河期からの生き残りの種など珍しい動植物が生息しているため、「深泥池生物群集」として国の天然記念物に指定されている。そこにはトラツグミの姿も確認されている。トラツグミとは全長三十センチほどの夜に鳴く鳥で、その鳴き声があまりにも寂しげで不気味なことから「幽霊鳥」「地獄鳥」とも呼ばれている。また、独特な鳴き声は古くから伝説の怪物「鵺《ぬえ》」のものとして恐れられていたという。僕が聞いた鳴き声はトラツグミだったのか。

これ以上進んでいたら池に落ちていた。

ミイラ山（東京）　2月14日

高円寺での怪談イベントのあと、ザ・バンド・アパートの原昌和さんにミイラ山を案内してもらう。

原さんは仲間とミイラ山に登ったときに全員で「オォ――」という謎の音を聞き、友人の一人は頂上にある宗教団体の施設でバケモノを目撃している。

ミイラ山は青梅丘陵ハイキングコースの途中にあり、頂上には仏舎利塔《ぶっしゃりとう》がある。

「でっけえ巻きグソがあるんだよ」

原さんにはその仏舎利塔が当時はでっけえ巻きグソに見えたそうだ。

これは「太陽整髪塔」と呼ばれ、「太陽整髪教団」という宗教団体が建てた仏舎利塔である。

そもそもこの地には曹洞宗の始祖の一人といえる唐時代の高名な禅僧・石頭希遷《せきとうきせん》（無際大師《むさいだいし》）の即身仏が祀られていた。何故中国の禅宗の偉い人の即身仏が青梅の山にあったのかというと、辛亥革命で湖南省の南寺が焼かれた際に日本に運び出され、一九三〇年にこの場所に安置されたからだ。

一時は石頭和尚を祀る修験道の寺が作られ、多くの行者が集まったが、戦時中に軍の結核病棟として本堂が使われ、戦後に廃寺となる。

その後、個人が保管していた即身仏は、一九六一年に日本ミイラ研究グループに引き取られ、一九七五年に鶴見の曹洞宗大本山總持寺に移されている。

こうした経緯からこの山は「ミイラ山」と呼ばれているのだろう。

深夜一時、青梅駅で下車して徒歩で現地に向かう。山の入口まで約二十分で到着。ここから山道に入っていくのだが、以前、原さんたちが来たときはこの山道の脇から「ヲォ――」という謎の音がえんえん聞こえていたそうだ。十五分ほど山を登ると、暗闇の中から薄っすらと仏舎利塔が姿を現した。

恐る恐る近づいていくと、仏舎利塔の真ん中が黄金に光っているのが見えた。金の観音像だった。

「俺らが来たときにはこんなのなかったのにな……」

原さんが言うには昔は観音像ではなくて鉄格子があったという。その鉄格子の向こう側に賽銭箱があり、その奥に扉があったそうだ。つまりはこの数年の間に観音像が新たに設置されたことになる。教団は現在もまだ存在しているのか？

原さんは当時、賽銭箱に小銭を入れ、鉄格子の外から柏手《かしわで》を打ってみたそうだ。すると、柏手の音がパ――ンと仏舎利塔の中へ響き渡ったという。次に奥の扉に向かって「おーい」と声を発してみると、今度はその声が仏舎利塔の中で反響してえんえんとやまず、だんだん音程が低くなって、しまいには「ヲォ――」という轟音になったそうだ。その音は、山を登っていたときに聞こえていた音とそっくりだったという。

仏舎利塔の中はおそらく空洞になっており、音がその中でぐるぐる回って反響するような造りになっているのかもしれない。その話を聞いて、僕も観音像の横から扉に向かって叫んでみた。

「お――い」

たしかに反響する。しかしえんえんとは続かない。今度は少し長めに叫んでみた。

「お―――い」

やはり反響は消えていった。

原さんが聞いた音は何だったんだろう?

仏舎利塔の手前には石碑があった。

中国の傑僧無際大師
渡来の聖地ミイラの山

もう一つの石碑には太陽整髪教団の教祖夫婦の肖像のブロンズレリーフが埋め込まれていた。

「俺の友だちが見たバケモノは、この顔をお面にしたでっかい四つん這いの何かが塔のまわりをグルグル回ってる姿なんだよ」

原さんのミイラ山での体験談は本当に怖いから、みんなにも聞いてもらいたい。

ミイラ山の由来が書かれている石碑。

不思議な反響が発生する仏舎利塔。

事故物件さんぽ（大阪） 2月18日

僕は十年くらいおにぎり配達のバイトをやっている。そのバイトが終わった深夜二時、事故物件公示サイト「大島てる」を見ながら大阪ミナミ界隈の事故物件密集地帯を歩いて、動画を生配信することにした。

「大島てる」は事故物件をみんなでマッピングしていく投稿型サイトで、投稿された場所は地図上に火の玉のマークがつく。もちろん人口が多い場所はそのぶん死亡率も高く、繁華街などは地方に比べて火の玉の数が多い。それでも、なんでこんなに集中するの？　という地域があり、実際に歩きながら見て回ると、「こんな近くで関係のない人たちが何人も死んでいるのか」と実感できた。

まず行ってみたのはミナミの繁華街から少し離れた地区のとあるマンション。「大島てる」で見ると、このマンションだけで二つ火の玉がついている。つまり二テルだ。「大島てる」代表の大島てる氏が言うには「火の玉の単位は〝テル〟。その数は死者数ではなく、いわくのついた物件の数である。何人死んでいてもそれが同一の物件であれば〝一テル〟である」とのこと。

一階火事でホステスの親の仕事中　幼い姉妹二名死亡

マンション五階の一室押入れで二十代男性首吊り自殺
五階同室で因果関係のない他の入居者女性二十代が首吊り自殺

このマンションでは一階の一室で二人、五階の一室で二人の計四人が亡くなっている。もちろん他にも亡くなっている人はいるだろうが、「大島てる」に掲載されているのはこの四人。しかし事故物件の数は二部屋なので、二テルだ。ちなみに「大島てる」では二〇〇五年より古い情報は随時削除されている。

次に、そこから南へ徒歩二分のマンション。一階が小売店になっているのだが、「大島てる」を表示。

一階で無理心中

過去の報道を調べてみると、このマンションの一階に住む母親が六歳の長男と四歳の長女を両脇に抱え、三人とも血を流した状態で発見されたとのこと。長男は死亡、母親と長女は病院で治療中。その後どうなったかは不明。母親が無理心中を図ったと見られている。

次の物件へは東へ進んで一つ目の角を曲がって南へ。徒歩二分。この筋は事故物件がびっくりするくらい連なっている。まずは近くのビジネスホテルだ。

●外国人女性飛び降り自殺

物件の階数はわからない。飛び降りなので屋上からだろうか。
その隣のビルにも火の玉がついている。

●二階にて殺人事件発生

詳細はわからない。そして火の玉はもう一つある。

●首吊り自殺

階数は不明だ。このビルは二テルだ。さらに隣のマンションに行ってみた。

●硫化水素による自殺

この並びは三つの建物で飛び降り、殺人、首吊り、硫化水素と四種類の死に方が実行されている。硫化水素のマンションの、道を挟んで向かい側を見てみると空き地になっていた。しかし大島てるには火の玉がついている。

火災による死亡

つまり火事になって建物ごと取り壊されたあとだった。

その空き地の北側にある三階建一軒家は、

浴室にバラバラ遺体 殺人事件

まさに悪魔の通りである。この通りだけで両側五棟で計六テルだ。いったいどうなってるんだこの土地は。

ここからは少し歩いて、〈住人ではないが物件見学を装い窓から飛び降りた人がいる〉という「住む前に死んだ部屋」や、「大島てる」には〈刺殺〉とだけ書かれているが全国ニュースにもなったホストによる二十代女性めった刺し殺人のマンションを見たあと、小さな自転車屋の事故物件を確認する。

男性店主、将来を悲観して首吊り自殺

「大島てる」で見つけたときには正直目を疑った。

この自転車屋は、僕がバイトの帰りに自転車の空気をいつも入れてもらっていた店だ。くわえタバコのおじさんは、無愛想に空気を入れたあと、おまけで古くなったパーツを取り替えてくれたりした。

ここ数年、僕は自転車に乗ることもなかったので気づかなかったが、久しぶりに行った自転車屋はたしかにシャッターが閉まったまましばらく開けられた様子がなかった。最近、近くに大手の自転車販売店ができたこともあり、商売が難しくなっていたのかもしれない。自転車の空気を入れるときにしか用事がないので人生で数回しかかかわってないけれど、その人がもうこの世にはいないことを「大島てる」で知ることになるとは思わなかった。

よく利用していた自転車屋。

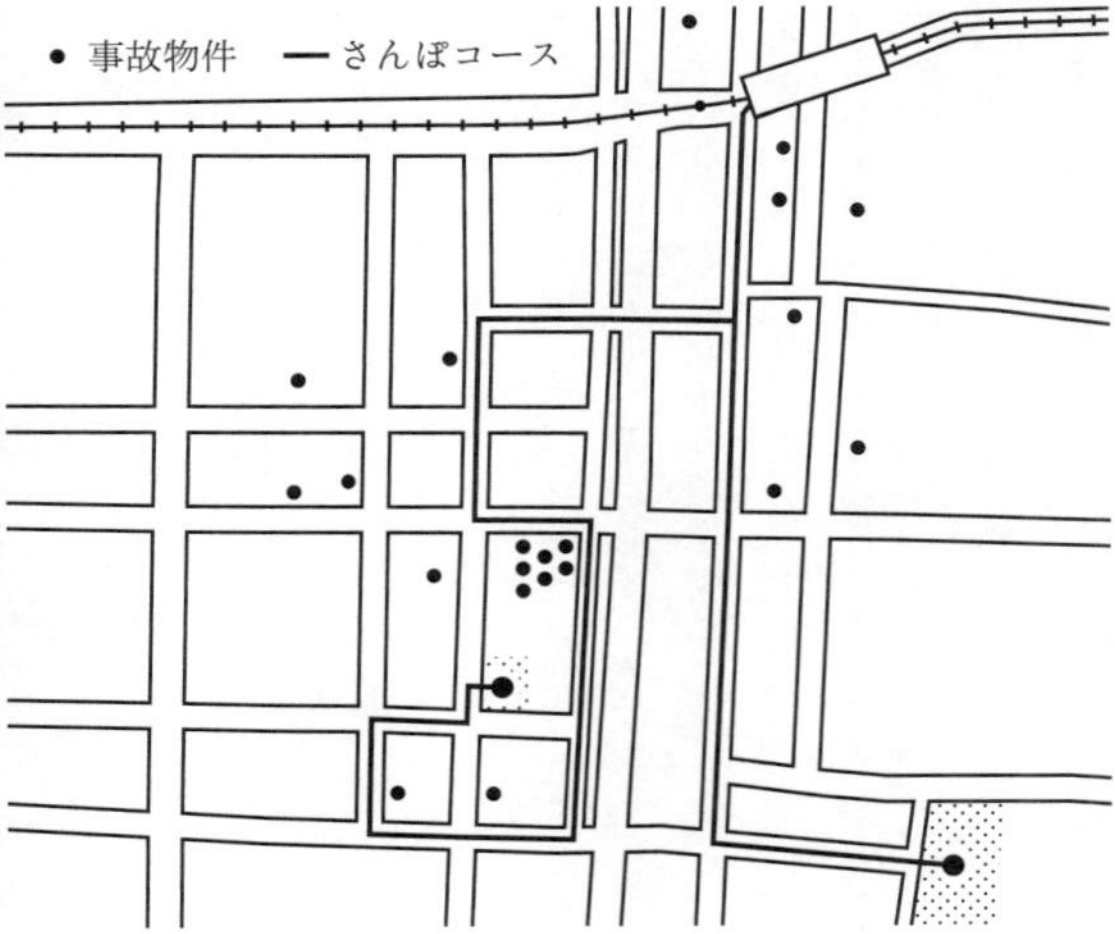

●雑貨屋のあったビル（大阪）　2月18日

大阪ミナミ界隈の事故物件さんぽの最後は、凶悪事件の現場だった。

一九九四年、十人の男女の少年グループが大阪、愛知、岐阜で四人をリンチで死亡させた。わずか十一日間で起きた連続殺人事件で、主犯格三人には死刑が確定している。

少年たちは道ですれ違った相手に因縁をつけて自分たちのたまり場や堤防に連れ出し、集団で暴行して三人を殺害、さらにはグループの仲間の一人も殺害した。

陰惨かつ犯人グループが未成年だったというセンセーショナルな事件であるにもかかわらず（であるからなのか）、当時、あまり大きく報道されなかった。


僕は一時期、大阪千日前の味園ビルのバーでアルバイトをしていたのだが、そのときのお客さんにこう教えられた。

「タニシくん、〇〇っていう雑貨屋あるでしょ。その上、強烈な事故物件よ」

僕がよく買い物をしていた雑貨屋が入っている大阪市中央区のビルの二階の部屋が、このリンチ殺人の最初の事件の現場だった。

「あたし、この事件の犯人と当時知り合いやってん。若い頃クラブとかディスコによく遊びに行ってたから、彼らをよく見かけたの。でも怖かったからグループとは距離を置いててんけど、

『俺は人を殺したことがある』って言ってたから、事件が発覚したときはゾッとしたわ」

その話をしてくれた女性は、よく犯人グループに「仲間に入れ」と誘われていたという。

裁判で少年たちは、犯行に反対していたグループの仲間の二人の少女の殺害も計画していたと証言している。もし彼女が彼らに近づきすぎていたら、今、味園ビルに呑みに来ることもなかったかもしれないなと思った。現場や当事者を身近に感じて初めて全貌を知りたいと思うようになる事件は多い。

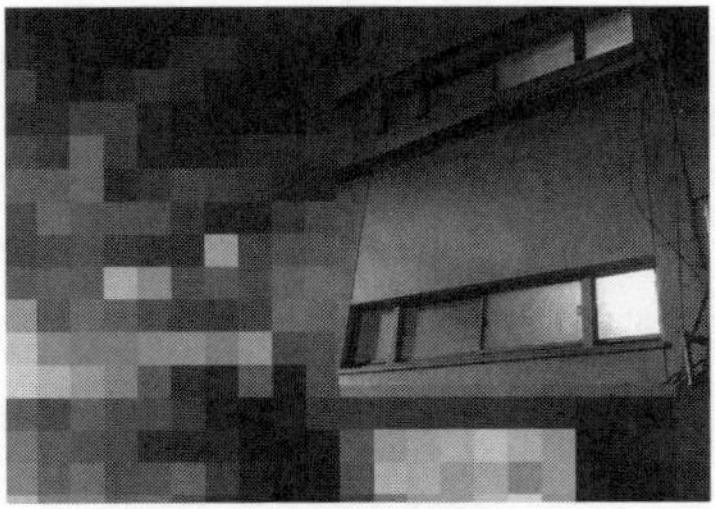
事件現場の下の雑貨屋で、よくコントの小道具を買っていた。

●首吊り廃墟（大阪） 2月18日

事故物件さんぽを終えたあとの明け方五時、僕はそのまま南へ歩き、新世界を目指す。

大阪浪速区新世界は通天閣がシンボルの串カツの街だ。通天閣からさらに南にまっすぐ歩くと「世界の大温泉スパワールド」が見えてくる。その手前左側、大阪国技館跡の外壁の向こう側に「首吊り廃墟」と呼ばれる焼けただれた建物がある。

この場所で三体の白骨死体が見つかり、初めに見つかった死体が屋上で首を吊ってぶら下がった状態で発見されたという噂があることから「首吊り廃墟」といわれている。

以前、僕は夏の明け方に接近を試みたことがあった。そのときはフェンスの手前にバリケードが置かれていたのだが、その内側に入って猫にエサを与えているオバさんがいた。オバさんのまわりには何十匹の猫が群がっている。オバさんが入っているなら、バリケードの向こう側くらいは入っていいのかなぁと思い近づくとオバさんに話しかけられた。

「兄ちゃん朝早くからご苦労さんやねぇ。どっから来たんや。最近はあれやなぁ、外国人多くなったなぁ」

こっちが返事するよりも先に次の話題が押し寄せてくる。

「おばちゃんこの子ら（猫）にエサをやらなあかんから毎日大変やわ」

ダメだ。まるでマシンガンのように会話の切れ目がない。僕は適当に「そうですかぁ～」と

言いながらバリケードをまたごうとすると突然の一喝。

「またぐなよ！」

まるで電流爆破マッチを要求しに新日本プロレスのリングサイドまで来た大仁田厚に対して、長州力が発したあの名セリフを思い出させる言葉。まさか猫にエサをやっているオバさんから喰らうとは思わなかった。そしてそのあと驚きの光景を目にする。

「お前たち、行けぇ〜！」

オバさんの号令に合わせて、何十匹の猫がこちらへ向かってきた。それと同時にどこから現れたのか、何十羽の鳩が上空から舞い降りる。

〝ニャニャニャニャニャニャニャー！〟

〝バタバタバタバタバタバタバタッ！〟

僕はあまりの恐怖に逃げるしかなかった。こんなことが現実にあっていいのか？「猫使いババア、生けるタニシを走らす」である。


あの日以来この場所には近づかないと心に決めていたが、どうしてもこの日、オバさんに会いたくなって来てしまった。あの日見た奇跡がどうしても忘れられないのだ。

首吊り廃墟は相変わらず外壁の向こう側にあった。しかし低いバリケードはオレンジのトラ柄の高いガードフェンスに変わっていた。そして、猫使いババアの姿はそこにはなかった。

真夜中の首吊り廃墟を眺めながら猫使いババアに想いを馳せた。すると、ガードフェンスのすき間から一匹の猫が姿を現し、通天閣のほうへ消えていった。

ガードフェンスから現れた一匹の猫。

商店街の抜け道から見た首吊り廃墟。

前田公園（愛知）　2月22日

毎週火曜日はラジオ出演のため名古屋にいる。名古屋にいる日は可能な限り名古屋ならではの「異界」を巡ろうと決意し、二週間前に東谷山に行ったばかりだが、この日も目的地に向かった。

向かう先は豊田市にある前田公園だ。前田さんという地元のお金持ちが作ったものらしい。園内にはたくさんの石灯籠、石仏、慰霊塔らしきものが混在しており、「R堂」と呼ばれる前田さんを偲ぶ建物が中心にある。このお堂には地下室があり、大量のタバコが供えられているという。噂ではここへ来たらタバコを供えないと呪われてしまうのだとか。

いつものように最終電車に乗って、前田公園の最寄駅、名鉄平手橋駅で降りた。十五分ほど歩いたところに公園の入口を発見する。街灯はいっさいなく、公園は闇そのものだ。

スマホで生配信しながら中へ進むと正面の広くて長い石段と、石灯籠が並ぶ二つの道が現れる。石灯籠の道を進んでいくと結局もう一つの石段が現れ、上りきるといきなりR堂に遭遇してしまった。独特な顔の狛犬にあいさつして、さっそく中に入らせてもらおうと思った瞬間、お堂の中から音がした。

〝コーン〟

これは招かれているのか、拒まれているのか。いくしかないだろう。

扉を開けると足元に鉄板が敷かれている。おそらくこの下が地下室なのだろう。

左側にはぐにゃぐにゃの裸の女性が何体も重なったピカソのような絵と、ハンチング帽をかぶったおじさんの肖像画が飾られている。前田さんが描いたのだろうか。肖像画の人物はたぶん前田さんだと思う。絵の手前には『原色日本の美術』という本が二十冊くらい並べられ、反対側の右側手前には『土木工学』という古い本が数冊倒れていた。土木関係で財をなした前田さんの趣味が絵を描くことだったのかな。右側の奥は花が生けられた花瓶と位牌らしきものが並べてある。正面には中国の偉い人っぽい銅像が三体、その前にそれぞれ鏡餅が供えられている。

やはり鉄板が気になる。素手で持ち上げようとするが、なかなか重い。手が痛い。荷物を置いて手袋を装着し、なんとかこじ開ける。噂通り地下室がある。立てかけられただけの不安定なハシゴを使ってR堂の地下室に降りてみた。

懐中電灯で照らした室内は真っ白で音が不気味に反響する。両端に二体の銅像、正面に供養塔と大量のタバコが供えられた祭壇があった。ハシゴの裏には燃えかけの紙が落ちている。紙には文字が書かれていた。

〝おかえりなさい、つかれたでしょ〟

その紙を見たあと急に左腕に痛みが走り出す。理由はわからないが、何かが起きていることには違いなかった。とりあえず僕は、タバコを供えようと思った。それが儀式として正しいのか間違っているのかわからないけれど、僕は仏様の代わりに吸わせてもらいますという気持ちで、自分のタバコに火をつけた。すると、その様子を生配信で見ている視聴者からコメントが書き込まれる。

「火をつけてはいけない」

「今すぐ仏様に謝りなさい」

「霊が怒っている」

批判的な意見とは裏腹に、タバコを一吸いするたびにこの場のただならぬ空気がどんどん浄化されていくような感覚を味わった。そしてタバコを消し、吸い殻と新品のタバコを祭壇に供えると、左腕の痛みがすーっと消えた。

R堂の噂をインターネットを調べたときに、「心霊スポットに行って呪われてみる」という検証企画で、地下室にお供えされた大量の吸い殻を全部きれいに片付けてみたが何も起きなかったという内容のブログを見つけた。しかし、そのブログが書かれてから約二年が経過した今、R堂の地下室には再び大量のタバコが供えられている。やはりここではタバコをお供えすることが供養になるのだろう。前田さんはヘビースモーカーだったのかもしれない。

僕はここへ霊を挑発して呪われるために来ているわけではない。敬意を払ってお邪魔させてもらっている気持ちだ。それで目の前に幽霊が現れてくれたらうれしいし、呪われてしまったらそれはそれでいい。

勝手な噂ばかりがささやかれる場所に実際に行ってみて、本当に何かが起きるのか、怪異とされるものの謎を自分の目で確かめないと気がすまないだけなのだが、そういう自分の興味や信念のために、故人や故人を偲ぶ誰かの思いを踏みにじってはいけない。敬意を払いながら真実を明らかにする、ちょうどいいところを僕は今も探している。

R堂の外に出たのは深夜二時くらい。公園の暗闇から三つの光と話し声が聞こえてきた。大学生らしき青年が三人で肝試しにやってきたのだ。

まずい。

このままだと彼らはR堂に向かってくる。暗闇の中、一人でR堂の前に立っている僕なんて、彼らにとって間違いなく幽霊にしか見えないだろう。僕は驚かせてはいけないと思い、懐中電灯の光をチラチラさせて声をかけた。

「こんばんはー」

それはそれで彼らにしてみたら怖いかもしれないが。それにしても何故だろう、彼らはいっこうにこちらに気づいていない様子だ。

「真っ暗だ」

「こえー」

三人はテンション高く声をかけあいながら近づいてくる。おかしい。他に灯りもない静かな前田公園で僕の声と懐中電灯の光に気づかないわけがない。そして彼らは僕の手前で進路を変え、何事もなかったかのように去っていった。

もしかして、僕の姿が見えていないのか?

後日、僕はこの体験を本に書いたのだが、それを読んだ方からメッセージをもらった。

〈タニシさんのR堂での体験を興味深く読ませていただきました。実は、私も同じような体験があります。私の場合は同行者が見えなくなってしまった、というものでした。タバコをお供えして手を合わせていたら、隣にいた同行者の姿が見えなくなってしまったんです。先に出たんか？　と思ったんですが、足音も気配もなくて。怖くて記憶が凝縮されているのですが、後にきちんと見えるようになりました。本人は特に何も変化なかったそうです。なかなか信じてもらえない話だったので、タニシさんの体験談を読んでちょっと自信がつきました〉

ということは、僕もあのとき姿を消してしまっていたのだろうか。この不可思議な現象を、少なくとも二人は体験していることになる。もしかしたら他にもR堂で透明人間になった経験のある人がいるかもしれない。

透明人間になったあと、僕が前田公園でどう過ごしたかというと、寒さのせいもあり、尿意を我慢しきれなくなって必死でトイレを探していた。しかし公園内にトイレはなかなか見つからず、その代わり首の取れた石像ばかりが見つかり、それについての恐怖よりも漏らしてしまう恐怖の方が強く、やっとのことで公園の端っこにトイレを見つけたときには言いようのない感動に包まれた。だが、放尿によって体内の温かい水分を奪われた僕はさらに寒さに耐えきれなくなり、結局R堂に戻って中で暖をとり、始発まで仮眠させてもらった。その間、堂内ではパタパタと謎の音がえんえんと聞こえていた。

現在、R堂は立入禁止になっている。

謎のメモ。

R堂の中にあった地下へ続くハシゴ。

ビーナスブリッジ（兵庫） 3月1日

この日は三ノ宮で怪談イベントを終えたあと、華井に車で迎えにきてもらい、神戸出身の漫才師・コンチェルト池水にビーナスブリッジを案内してもらうことになった。

ビーナスブリッジは神戸の夜景を見下ろせる、関西を代表するデートスポットであると同時に、地元では有名な心霊スポットでもある。ループ橋になっているところにせり出した木の下に長い髪の女が立っている姿がよく目撃されるらしい。あと北野誠さんの怪談にも出てくるが、ビーナスブリッジのそばにある再度山《ふたたびさん》ドライブウェイでは〝パンッ、パンッ〟と音を立ててフロントガラスに手形がつくそうである。

午前○時半、ビーナスブリッジ横の駐車場に車を停め、展望台に向かう。階段を上りはじめると、アナウンスが大音量で鳴り響く。

「ピーンポーンパーンポーン、駐車場で車上荒らしが多発しております、貴重品を置いたまま離れないようご注意ください、ピーンポーンパーンポーン」

おそらくセンサーが感知して鳴るシステムなのだろうが、その音が大きすぎるため僕らは階段を上るのに躊躇《ちゅうちょ》する。思い切って階段を駆け上がったが、やはりアナウンスは鳴り響き、そのあとも誰も通っていないのに鳴り続けていた。怖いしうるさい。

展望台に着くと、夜景が尋常じゃないほどにきれいだった。そして愛を誓った南京錠がモニ

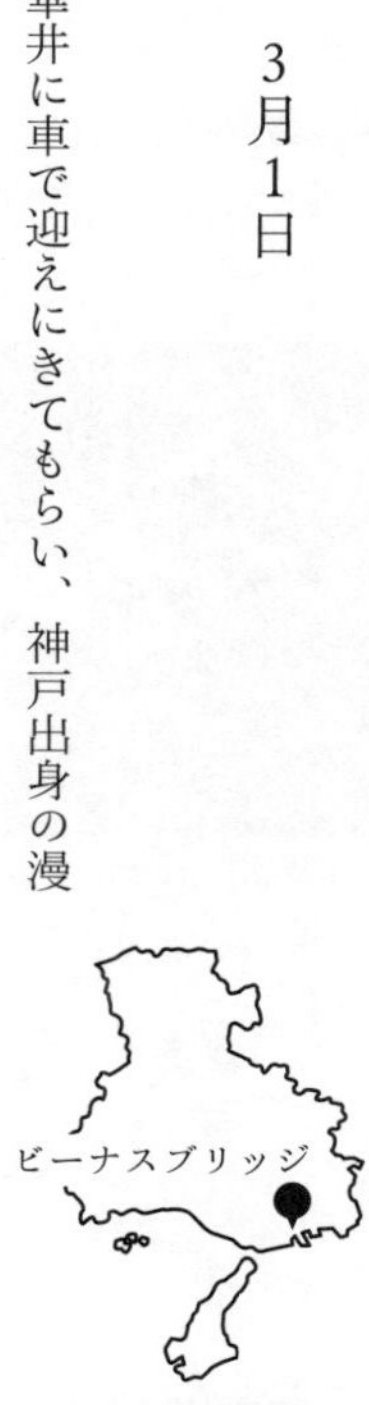

ユメントにびっしりと掛けられていた。

それにしても何故か恋人の聖地は心霊スポットとされることが多い。嫉妬のせいも少しはあるんじゃないかと思う。リア充どもめ、おまえらの思い出の場所なんて、心霊スポットにしてやる！　みたいな。ただ、逆のパターンもある。心霊スポットや自殺の名所になってしまったから、恋人の聖地であることを全面的に押し出してイメージアップを図ろう、みたいな。和歌山の三段壁なんてそんな印象である。

展望台では華井が撮った写真に緑の光が写り込んだ。しかしたぶんゴーストだろう。ゴーストといっても幽霊のことではない。太陽など強い光源にカメラを向けるとレンズ内で反射して玉のような光やオーロラのような光が写り込むことがあるのだが、それをカメラ用語でゴーストと呼ぶそうだ。特に広角レンズを搭載しているスマホで撮影するとより写り込みやすいらしい。なんでもかんでも心霊写真にしてしまってはキリがない。

橋をひと通り歩いていると、さっきまで僕らがいた展望台に人影が見えた。まさか幽霊？　と思ったが、あとから来たカップルだった。カップルはすぐに帰っていった。なんか申し訳ない。

僕の左側に謎の緑の光が写り込んでいる。

●七《なな》曲《まが》り（兵庫）　3月1日

天井に謎のシミが浮き出してくるといわれている兵庫トンネルに寄ったあと、池水の地元である垂水へ。第二神明道路の名谷インターチェンジから名谷町交差点まで行き、垂水墓地を目指すのだが、そこからはけっこうなクネクネの上り坂が続く。地元で「七曲り」と呼ばれる事故多発危険地帯である。

七曲りは、名谷町交差点から福田中学校の南側を経て次の信号あたりまでを指すが、長さ約一キロの間に急カーブが連続している。地元の福田中学校出身の池水によると、ここも心霊の噂があるという。

「福中に通ってるときは、夜に七曲りを通ると、黒いハートが出てきてそれが追いかけてくるとか、福中前の崖に落武者が出てくるとか、ずっと噂はありましたね」

黒いハートは意味不明だが、落武者の出現の前に落武者のような見た目の運転手・華井は、クネクネと続くカーブをいともたやすくクリアしていく。さすが二十年間で四回しか切符を切られたことのない男である。

ちなみにこの地域の自動車教習所は、この七曲りで路上教習を行なっているという。垂水区民は七曲りで運転技術を鍛えられているのだ。

「七曲りのカーブは、僕が数える限り六回だったと思います。七回曲がってなくても、何回も

曲がる道のことを〝七曲り〟っていうそうです。噂では七回曲がってしまうと悪いことが起きるっていうのも、聞いたことがあります」

池水の母校を通り過ぎ、七曲りを通過。カーブは残念ながら七回もなかったので、悪いことは起きないだろう。

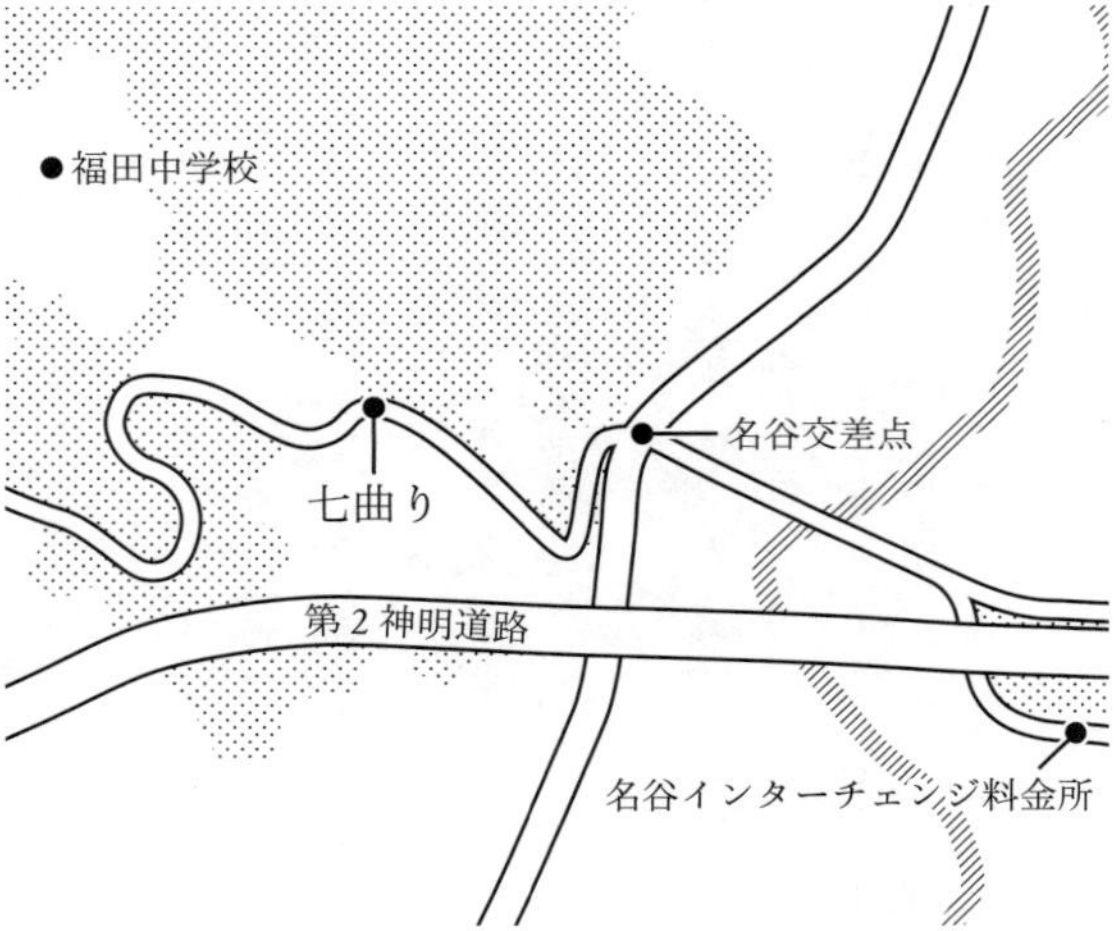

垂《たる》水《み》墓地（兵庫）　3月1日

この夜、最後に向かったのは池水の実家の近くにある垂水墓地だ。

神戸国際大学付属高校へ続く、細くて暗い一本道の途中に垂水墓地はあるのだが、この細道は街灯がほとんどなく、あまりにも暗い。火の玉もよく目撃されているらしい。

ちょうど午前二時に垂水墓地に到着した。

「あー、怖いですね、ほんまに怖いです、ここ。昼間でも通れないですもん」

子供の頃からこの道を通るのを避け続けた池水が本音を漏らす。実際、僕も子供の頃に車で通った記憶がかすかにあるのだが、幽霊もそうだけど、痴漢や変質者が現れるからここは危ないと親から言われたような気がする。今考えると、こんな幽霊が出そうな場所に潜んでいる変質者たちの度胸や勇気はどうかしてると思う。彼らは幽霊を怖いと思わなかったのだろうか。

道は片方に金網フェンスが張り巡らされ、その向こうはゴルフ場になっている。そしてもう片方はガードレールでその向こうが墓地だ。途中、ガードレールの間に細い階段があったので降りてみたら、思っていた以上に広大な墓地が広がっていた。

ひと通り墓石の横を歩いたあと細道に戻ると、その手前に六地蔵と墓石の集合体が見えた。おそらく無縁仏なのではないだろうか。このあたりが一番火の玉の目撃例が多いという。ここはちょうどT字路になっていて、奥に進むと行き止まり、左に曲がると神戸国際大学付属高校

へと続く。僕らは細道を引き返した。

途中、カーブミラーが光るのが見えた。僕たちが来た方向から車のヘッドライトが反射したのだ。道幅は車が一台しか通れない。僕らはカーブミラーの下でゴルフ場側に身を寄せ、道を開けた。すると今度は反対側からパトカーがやってきた。

「え!?」

深夜二時にこんな真っ暗な墓地を男三人で生配信してるなんて職務質問されないわけがない。すぐにスマホをポケットに隠し、なるべく怪しまれないように平静を装う。すると目の前をパトカーは通り過ぎていった。よかった、見過ごしてもらえた。別に悪いことをしているわけではないし。

「あれ?」

そういえば後ろから車が来ていたはず。道は車一台しか通れないような狭さだ。このままだと後ろから来ている車と前から来たパトカーがごっつんこである。しかしパトカーは、そのまま闇へ吸い込まれていった。

反対側の車はどこへ消えた?

ミラーに反射していた光は僕らの後方二十メートルあたりにあったはずである。パトカーのあとを追うように僕らは道を引き返してみたが、そこには静寂と暗闇以外は何もなかった。

対向車が消えた!?　車が一台しか通れない細い道。

火の玉目撃談が多いといわれているT字路。

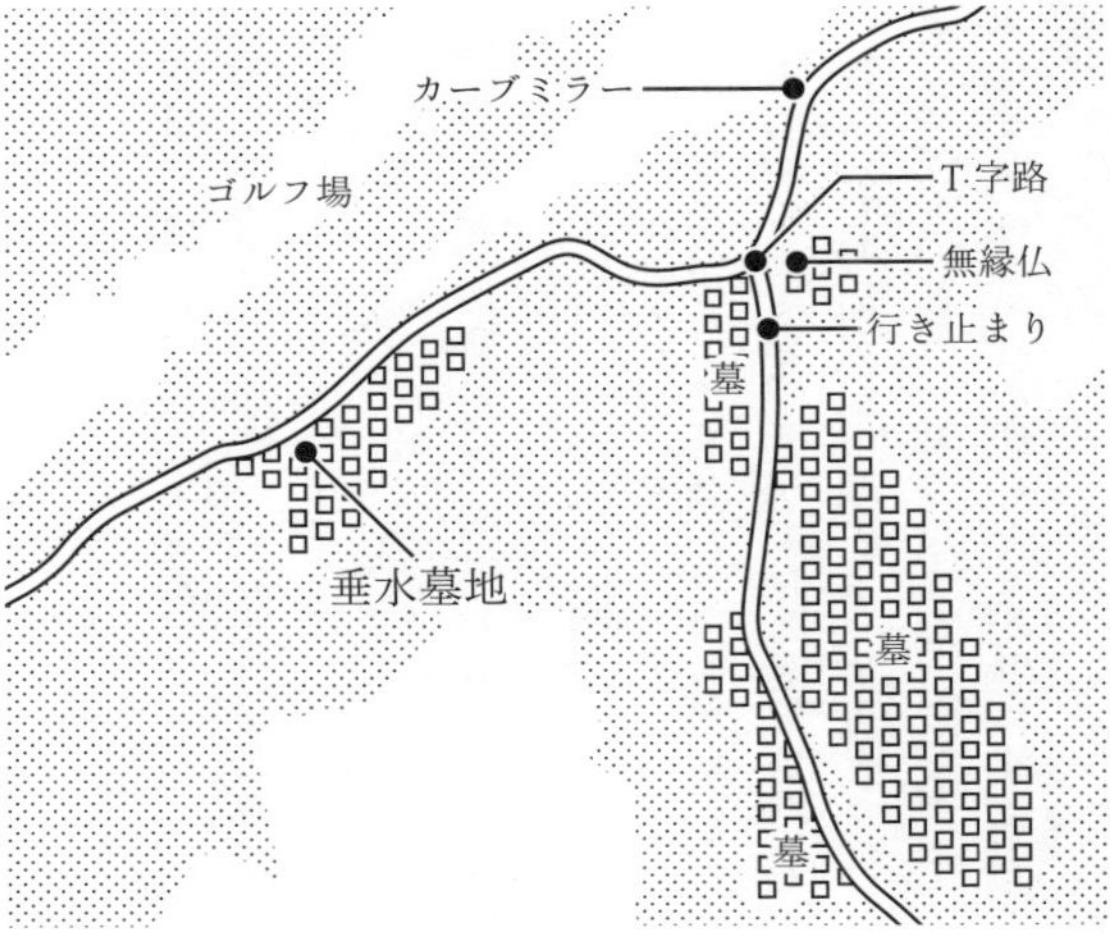

枚《ひら》岡《おか》廃神社（大阪） 3月6日

枚岡神社にはクリスマスに一度だけ行ったことがある。「お笑い神事」と呼ばれる、注連縄《しめ》掛《かけ》神事が開催されていて、それは参拝客も神職も全員で二十分間「アッハッハッー」と笑い続ける奇妙なお祭りだった。近年では十二月二十三日に行われているようだ。

とても大きく地元では有名な神社である。しかし神社近くの踏切と、神社の横の梅林でよく自殺者が目撃されているらしい。

この夜、僕が向かったのはこの枚岡神社のさらに奥にある廃神社だ。以前、ライターの村田らむさんも取材しており、この廃神社までの道のりの途中にある徳成寺《とくじょうじ》という極彩色の謎の寺が、韓国人住職がＤＩＹで建てたものであることを突き止めていた。廃神社も行ってみたいが、その寺も行ってみたい。そして行くなら夜だ。

午前〇時、近鉄枚岡駅で下車し、動画を生配信しながらまずは飛び込み自殺が多いとされる踏切へ行く。その手前のコンクリートの壁に、人の顔のシミが浮き出ているともいわれている。このことを教えてくれた方から送られた写真では、たしかに女性の顔のように見えた。しかも同じ場所でも、撮った時期や明るさが変わると女の顔も変わり、若く見えたり老婆のように見えたりして不思議だった。しかしいざ現場に来てみると、気味の悪いシミが壁に浮き出てはいるが、それが顔のようには見えない。何故写真だとそう見えるのか不思議である。

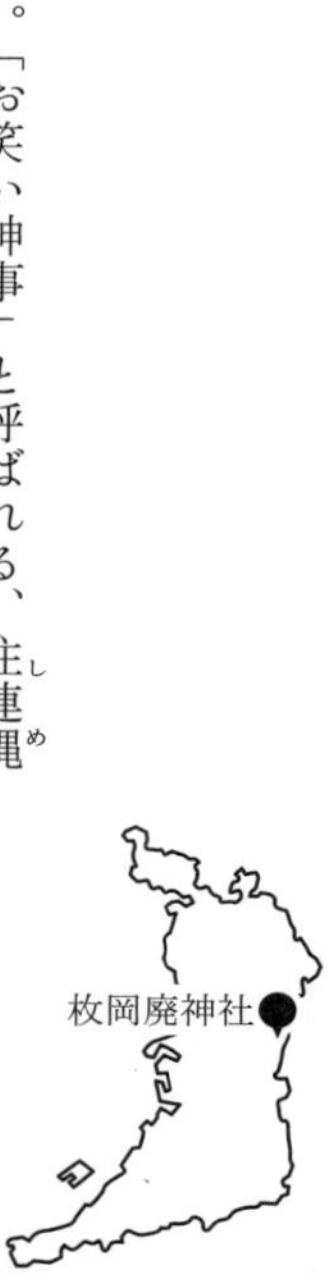

次に首吊り自殺があったといわれる梅林へ向かう。梅林の入口には楠木正行《くすのきまさつら》の首を洗ったとされる井戸があるのだが、その向こう側にあるはずの梅林はすでに存在せず、伐採されて芝生とベンチに変わっていた。元梅林を山側へ登っていくと枚岡神社の裏側の山道へと続いていた。しばらく真っ暗闇のよくある山道を歩いていると、突然、石の鳥居が姿を現した。その先にはピンクと緑とオレンジ色で書かれた「法の光を」という文字と、緑で書かれた「南無阿彌陀佛」のブロック塀がある。学園祭のような色彩だ。そしてなんだかわからない寄せ集めのような石仏群、口紅を塗った役行者《えんのぎょうじゃ》、誰かが置き忘れた武者兜《かぶと》などが並んでいる。ダイヤル式の古い電話まで祀られており、そのコードは石仏と石仏のすき間に入り込んでいて、どこにつながっているのかわからない。冥界からの電話が鳴るのだろうか。

穴だらけの鉄板の橋を渡るとバラック小屋が見えた。徳成寺だ。ライトを照らすと独特のパーティーカラーの「倶會一處《くえいっしょ》」と「南無阿彌陀佛」の文字が飛び込んでくる。とにかくカラフルだ。

このあたりで通信の電波も弱くなり、生配信が止まったり再開したりをくり返す。お寺には誰もいないようだったが、中には百式（「機動戦士Zガンダム」に登場するモビルスーツ）のように金ピカな仏像や、エヴァ初号機のような紫と緑の不動明王が鎮座していた。寺の外にはエメラルドグリーンの仏像や、ラピュタのロボット兵のように苔と蔦におおわれた仏像、それらの石仏の上でドングリをむさぼるリス（の置物）など、絶対に自分では思いつかないセンスがあふれている。しかし電波が弱くて生配信できない状態が続いていたため、長居せずに先へ進む。

徳成寺より上はどんどん道が険しくなっていく。やがて山道は小川と合流し、沢を登っていくことになる。

そして、ようやく開けた場所までたどりついたかと思った瞬間、耳元で音が鳴る。

〝ガサガサガサガサ〟

何か大きな物体が僕の真横で動いたのだ。さすがにビビって大声をあげてしまった。するとすぐさま唸り声が響く。

〝ウウウウウウウアアアアアアア！〟

これは幽霊ではない。おそらく獣だ。そういえばここまで来る道中にあいつの看板を見た。そうだ、イノシシだ！

僕はとっさにその場から離れ、安全な場所を探した。背後を守らなければ。

ちょうどその頃、ＮＨＫ大河ドラマ『真田丸』にハマっていた僕は、主人公・真田信繁の父親・真田昌幸が「背水の陣」について語っていたのを思い出した。背水の陣とは、川を背にすることで退路をなくし、みなを必死にさせる策ではなく、「川を背にすると敵は背後に回り込めず包囲されない、そのぶん前方の敵に集中できる」という策なのだ。

僕は目の前にあった廃材の山を背にし、背水の陣ならぬ「廃材の陣」を敷いた。そして数メートル先の茂みに潜む見えないイノシシと対峙する。

〝ウウウウウ……〟

イノシシVS.タニシ。僕はこのとき正直、死も覚悟していた。ただ、どうせ死ぬなら、その瞬間はせめてその様子を生配信中であってくれよと。その願いは天に通じたのか、電波も多少入るようになり、生配信を見ている視聴者たちも心配してイノシシへの対処法をみんな調べてコメントを書き込んでくれた。その中に「大声で歌を歌えばイノシシは離れていくはず」というものがあった。イノシシとタニシ、対峙したまま一時間が経とうとしていた。僕は〈歌を歌いながら山を降りる〉という決断をする。

♪でいご〜の花が咲き、風〜を呼び嵐が来た〜〜

何故この山奥で「島唄」なのかは自分でもわからない。ただ、自然とこの歌が僕の口からあふれ出た。

♪ウージの森で、あなたと出会い
ウージの下で、千代にさよなら〜〜

サビの部分でもう僕は走り出していた。ザ・ブームの宮沢和史の声に似せた僕の歌声は風に乗り、山にこだまする。それに呼応してバタバタバタと羽ばたいていく鳥とともに、海を渡るのではなく山を降りる。島唄よ、風に乗り、山の下まで届けておくれ、私の涙じゃなくて命……

無我夢中で山を降りた。この緊張感は二月の東谷山以来だ。しかし僕はなんとかこの危機を「島唄で」乗り越えた。

後から気づいたことがある。イノシシと対峙していたときに僕が背にしていた廃材こそ、目的地である枚岡廃神社だった。神社はすでに倒壊し、廃材になっていた。「廃材の陣」は、「廃神社の陣」だったのだ。

それともう一つ。廃神社の奥には水がチョロチョロと流れる音がしていた。実はそこは「鎮魂の滝」と呼ばれる場所で、廃神社は「神津嶽鎮魂瀧八大龍王」と呼ばれた建物が崩れた跡だったようだ。偶然かもしれないが「島唄」という曲にも鎮魂の意味が込められている。もしかするとこの場所が僕に「島唄」を歌わせてくれたのかもしれない。考え過ぎかもしれないけど。

誰かが置き忘れた武者兜。

イノシシと対峙したのは廃神社の跡地だった。

●内海トンネル（愛知）　3月13日

ライターの村田らむさんと「心霊スポットに二人で行って記事をネット媒体に売り込みましょう」という話が盛り上がり、実現したのがこの日だった。もうすでに行きつくされている関東や関西の心霊スポットより、あまり有名ではない場所がいいということで、愛知県に決まった。ちょうど僕はこの日、大島てるさんとの名古屋の事故物件イベントに出演したので、そのあと、らむさんと合流して名古屋駅から最終電車の名鉄に乗り込み目的地へ向かう。

今回選んだ知多半島は愛知県の西部にあり、伊勢湾と三河湾に囲まれている。らむさんが言うには「愛知県を左向きの猫に見立てた場合、前足が知多半島で、後ろ足が渥美半島」だそうだ。知多半島には有名な心霊スポットが数カ所あるが、まずは廃トンネルの内海トンネルに行く。

到着したのは名鉄知多新線の終着駅である内海駅。僕らは駅に着くまでガラガラの車両でウトウトしていたのだが、内海駅に着いた頃には僕とらむさんのまわりを五、六人の若い女性が囲んでいた。僕の隣には会社員風の女性、らむさんの隣には清楚系女子大生、正面にはゴスロリファッションのバンギャ、キャバ嬢、スポーツ女子。「なんじゃこの状況は?」と思いつつ半分寝ぼけていたので、「ここは極楽浄土なんだ。僕とらむさんはあの世への最終電車に乗り込んでしまったんだな……」と納得したが、「あ、ちがう、降りなきゃ」と下車するために席

を立ったときには女子たちはもういなくなっていた。改札を出てからも人っ子一人いない。しかし、らむさんもしっかりと女の子たちに囲まれていた状況を覚えていて、二人で「あれなんだったんでしょうね」と首を傾げた。ちなみにそのあと始発で帰るまで人間とは一人もすれ違っていない。本当に異世界に迷い込んでいた可能性はなきにしもあらずだ。

内海駅からまず西へひたすら歩く。内海トンネルは美浜町の小野浦の山の中にある。噂ではトンネル建設時に土砂崩れが起きて作業員が生き埋めになり、遺体を搬出することもできず今でも埋まっているという。真実かどうかは定かではない。

歩きはじめて約四十分。

「あ、ここだ」

らむさんが山道で突然立ち止まる。トンネルだ。普通に歩いていたら見逃すような場所である。トンネルの手前に小さな木の板が建てられており、〈内海トンネル（私有地）一九二八年昭和三年　内海かじや荘の先々代　林喜助氏が私費にて海岸へ下る歩道として建造〉と書かれていた。トンネルは金網が張られており中には入れない。らむさんが本格的なカメラでパシャパシャとトンネルを撮る。

「じゃあ軍人墓地行きましょか」

幽霊はたぶん出ない。僕もそんな気がした。

金網でふさがれた内海トンネル。

たぬき寺（愛知）　3月13日

内海トンネルから次に向かう軍人墓地までは徒歩で約二時間かかる。そりゃそうである。内海駅から内海トンネルまで四十分、内海駅から軍人墓地までは一時間ちょっと、軍人墓地は内海トンネルとは反対側にあるので、あわせて約二時間。この単純な計算を僕らは甘く見すぎていた。そしてよせばいいものを、わざわざ山側のルートをとってしまう。えんえん、真夜中のハイキングである。

途中、山中に船を見つける。船？　完全に船だ。名前は「すみけん丸」。角田健一さんか誰かの船なのだろうか。それにしてもこんな山奥に船があるなんて、いったいどうやってここまですみけん丸を運んだのだろう。

さらに進むと鉄パイプとプレハブ屋根でちょっとした秘密基地のようなものが作られていた。その秘密基地の下にドラム缶があり、なんだろうとのぞき込もうとしたら、どこから張られているのかピアノ線に頭を引っかける。危ない！　もし勢いよくのぞき込んでいたら首をピアノ線に引っかけてちょん切られるところであった。何のための罠だ！

そのあと山を降りたのが午前二時半。

さらに平地を一時間歩いて午前三時半、ようやく目的地に着く。僕たちの目的は約百体のリアル過ぎる軍人像がひしめく軍人墓地なのだが、軍人墓地は中之院という寺の境内にある。こ

こは地元の方々からは「たぬき寺」と呼ばれている。その理由はたぬきの置物が入口にたくさんあるからだそうだ。中に入ると、たしかにたぬきがわんさか出迎えてくれる。門をくぐって小さな庭園を進むと、やはりたぬきが散りばめられている。そしてその先の光景を見て、僕とらむさんは今日一番の感動を味わった。

圧巻の軍人像である。ライトに照らされた約百体の軍人たちは、幽霊の大群のようだ。不気味すぎて感動しかない。

「おおぉ」

軍人像の横にある看板の説明を読むと、これらは昭和十二年の上海上陸作戦で戦死した兵士たちの像であるという。それぞれの遺族がコンクリート像作家の浅野祥雲に依頼して作られたそうだ。もともとは名古屋市千種区月ヶ丘にあったが、平成七年にこちらへ移転してきたとのこと。とにかく一人一人の顔がすべて違っており、なんとも言えぬ表情が疲れきった僕たちの身体にグッと染み込んだ。たしかに写真を元に作られたのだろう。上半身から下が地面に埋まっている像がいくつもあったのだが、たぶんそれはバストショットの写真をもとに作られたからだ。しかしここまで精巧に作られたコンクリート像はほぼ初めて見た。そのおかげでこの軍人像一体一体にそれぞれの人生があって、それぞれの家族がいたんだなぁと、当たり前のことを感じてしまった。

午前四時、ここから地獄の行軍が始まる。たぬき寺から内海駅まで約一時間半。いや、あまりにも歩みが遅くなっていたので二時間半、僕とらむさんは朝焼けの知多半島海岸線を無言のままトボトボと歩いた。止まると寒い、だから歩く。それだけを考えて歩き続けた。

たぬき寺の入口。

何故か山奥にあった船「すみけん丸」。

約百体の軍人像がひしめく墓地。

道了堂跡（東京）　3月16日

JR中央線高尾行の最終電車に乗り八王子駅で降りる。この日は久しぶりに、僕が二軒目に住んだ事故物件をルームシェアした後輩のゆんぼだんぷ・カシューナッツと再会した。さらに樹海で一夜を共にしたハニートラップ梅木さん、橋山メイデンも合流し、四人で東京で最もメジャーな心霊スポットの一つ、道了堂跡へ向かう。

ここは今までいろんなテレビ番組で特集され、すでに何人ものタレントや素人が探索を試みている。だから今さら僕が行く必要もないのだが、実際自分が行ってみるとどう感じるのか、何が起きるのかに興味が湧いた。今回は、心霊スポットソムリエという肩書きを持っている梅木さんに、入口で説明してもらう。

「この道了堂跡は、その昔、堂守をしている老婆が強盗に殺されまして、さらにはですね、ある教員が教え子の女子大生と不倫の末このあたりに殺して棄てたという話もありまして、そしてまだ他にもあるんですよ。これがかなり怖いんですけど、先に進んでいくとお地蔵さんが並んでるっていうんです。稲川淳二さんの怪談によると、その中の首なし地蔵に触ると死ぬといわれており、実際に触ってしまったADが事故にあっています」

さすが心霊スポットソムリエ。一度に聞きたい情報を全部まとめてくれた。

道了堂跡へ行くには何通りかのルートがあるのだが、この日は山道を通って向かう。途中、

別荘のような一軒家の前あたりでメイデンが言い出す。

「気分が悪いです」

彼はメタル芸人と自称し、ついさっきまで「ヒィヤァー！」とか「メター――ル！」とか言ってたくせに突然のテンション低下である。彼と行動をよく共にする梅木さんは少し焦りだす。

「メイデンが今までこんなこと言い出したことがない」

たしかに僕も彼とは短いつき合いではあるが元気な印象しかない。メイデンのテンションが低いまま、やがてお地蔵さんにたどりつく。

首がない地蔵はなかったが、おそらく首なし地蔵だったであろう地蔵に新たな首がつけられた地蔵があった。首より上だけが明らかに新しいので、完全に違和感がある。僕らはその元首なし地蔵前で寝袋を広げ、樹海以来久しぶりに一泊を試みた。しかし全員まったく寝る気配がないので、ネットでその様子を生配信しながら怪談を始める。梅木さんが自分の家族の一人が変な死に方をしているという話をし終えたとき、遠くの方から甲高い悲鳴が聞こえた。

「キャ――――」

そのときメイデンも語りだした。

「僕も変な死に方してる人を四人見てます」

駅前で投身自殺した人、駅のホームから飛び込み自殺した人、くも膜下出血で死んでいた同居人の同期芸人、そして首吊り自殺をした自分の父親の話を立て続けにした。あまりの話の重さに、先ほどの不思議な悲鳴のことはかき消されてしまった。自分の話の反応がよかったと思ったのか、メイデンはそのあと元気を取り戻した。

岩崎御《おん》嶽《たけ》山《さん》（愛知）　3月22日

「タニシさん、岩崎御嶽山おもしろいですよ」

名古屋CBCラジオで共演している佐藤実絵子さんは、ケーブルテレビの番組ロケで東海地域の江戸時代の名所を回っているので、変わった場所を見つけたらいつも僕に教えてくれる。

岩崎御嶽山は頂上に御嶽社がある信仰の山である。そしてさらに特徴的なのは、浅野祥雲作の多種多様なコンクリート像が山のあちこちにあることだ。祥雲氏の作品といえば、十日ほど前にらむさんと行った軍人墓地の軍人像はじめ、関ヶ原ウォーランド、桃太郎神社、五色園などのユニークなコンクリート像が、マニアたちから熱烈な支持を得ている。

今回は初めての試みで、深夜高速バスに乗って目的地まで行ってみた。栄のバスターミナル・オアシス21から名古屋〜高針行に乗り、岩崎御嶽口で降りる。着いたのは深夜一時。ここから単身、御嶽山へ突入する。

結論から言うと、ナメていた。

とにかく広い。そしてキリがない。像&石碑、多すぎ。何を見たらいいのかわからない。何を意味しているのかわからない。何を感じればいいのかわからない。神も仏も弘法大師も狐も天狗も不動明王もじっちゃんばっちゃんも水子も猿田彦も毘沙門天も、何から何まであっちゃこっちゃあって情報量が多すぎる。

僕は頭が混乱して、穴不動に避難する。それは「お助け穴不動」と書かれた幟のある小さな白い洞窟で、ここに入るとあったかい。先月、前田公園でR堂に避難したように、岩崎御嶽山では穴不動で寒さをしのいだ。

ここはどうやら僕にはレベルが高過ぎるようだ。しかし、冒険心をくすぐられることは間違いない。そんな中、唯一僕の心を刺激するものを見つけた。小さなとぐろを巻いた岩の小山に地蔵が段々に引っついて、その頂上にも明らかに斜めになってる地蔵が不安定にそびえ立つ。僕はそれを「ピサの地蔵」と名づけた。

午前五時、山を降りたときにはもう夜は明けはじめていた。もうすぐ春だ。

寒さをしのがせてもらったお助け穴不動。

ピサの地蔵。

野間トンネル（大阪）　3月23日

華井の車に乗って深夜、二人で野間トンネルへ向かった。タクシーの運転手は何故かここを通るのをやたらと嫌がる。噂では白い服を着た女性の霊が出るらしい。

深夜一時、野間トンネル手前で車を降りると、電光掲示板に気温が表示されていた。1℃。全然まだ春じゃなかった。しかしトンネル内はそんなに暗いわけではなく、距離も短いので、あまり嫌な雰囲気はしない。

ただ、トンネル手前の山の斜面に車が棄てられているのが気になる。車体はいったいどうやってここに棄てたのか、という高さにある。こんなとき、樹海を歩くために買った長靴が役に立つ。この日は長靴装着で来ていたので、恐れることなくズンズン斜面を上っていくことができ、廃車の中をのぞき込むことに成功。車内には土が入り込み、草が生えていて、だいぶ月日が経っているようだった。

そうしてる間に、肝試しに来た若者グループが野間トンネルにやってきた。真夜中、崖のような斜面から降りてくる僕を見て叫んだ。

「うわぁー！」

驚かせてごめんなさい。

●能勢妙見山（大阪）　3月23日

野間トンネルを通り抜け、しおき場を探すことにした。しおき場とは戦国時代の処刑場跡といわれ、心霊スポットとしても有名である。

しかしなかなか見つからない。ヒントは〈ガードレールが切れた場所〉〈黄色いテープ〉らしいのだが、見つからないまま結局Uターン。そのまま、日蓮宗の霊場として名高い能勢妙見山の方向へ行ってしまう。完全にしおき場からはどんどん離れていってしまった。

この夜も動画を生配信しながら進んでいたのだが、視聴者がコメントを書き込んで情報をくれた。

「能勢妙見山手前の駐車場は、お面をかぶった巡礼の集団の霊が目撃されている」

そこで華井と二人、代わりばんこに駐車場前の電話ボックスで撮影会をする。お面をかぶった集団には出くわさなかったが、ガラスに反射した僕の姿が、電話ボックスに入っている華井と重なって絶妙な心霊写真っぽい写真は撮れた。だからなんなんだ、ではあるのだが。

野間トンネル。

トンネル手前の山の斜面に棄てられている車をチェック。

華井を撮ったら反射して心霊写真みたいになった。

迷ってしまい到着した能勢妙見山。

●妙見山しおき場（大阪）3月23日

午前三時、しおき場を探しに野間トンネルに戻ってきた。戻ってきたはいいものの、はたして何往復しただろう。野間トンネルは結局三、四回くぐり抜けた。しおき場へ行く目印の〈ガードレールが切れた場所〉を間違えてただの崖を降りそうになったり、廃墟なのか廃墟じゃないのかわからない一軒家の前まで行ってしまったり、結局四度目の正直でやっとしおき場を見つける。

戦国時代の処刑場といわれている目的地のしおき場は、簡素な吹きさらしの小屋に、「史跡しおき場」と書かれた角材が転がり、奥には供養塔が建てられている。

奇妙なことといえば、空気の重さと冷たさと、華井が聞いた女の悲鳴、僕が感じた胸を突き刺すような痛み、あとこの場で撮った僕の写真が妙に艶《なまめ》かしく写ってることだ。僕は写真の中で完全に女の顔になっていた。

帰りにもう一度、廃墟なのか廃墟じゃないのかわからない一軒家に寄ってみた。すると家の中から演歌がもれ聞こえる。夜中の四時である。

怖くなった僕と華井は車でその場を立ち去ることにした。

〝カコン！〟

帰り道、完全に油断していた車内で、石を投げられたような音が鳴った。窓は締め切ってい

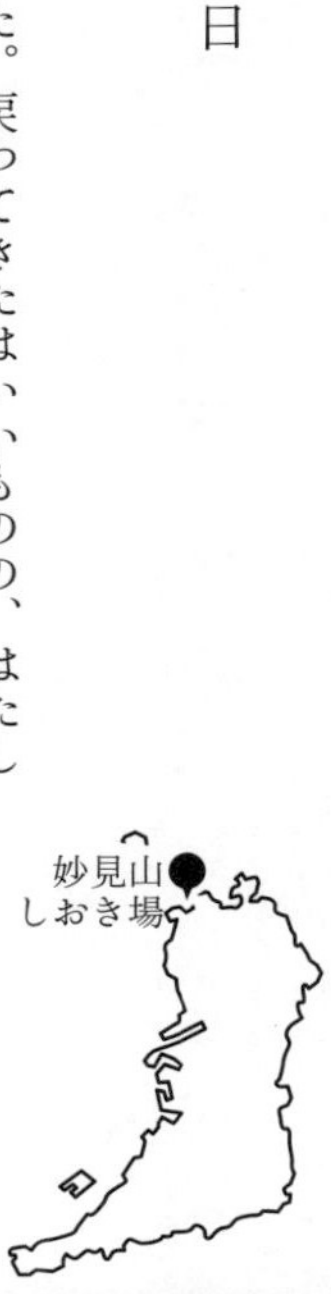

る。
一つ一つの出来事は地味かもしれないが、確実に何かが起きていた。

やっと到着したしおき場跡。

何故か女の子のように写った写真。

午前四時、演歌が聞こえてきた謎の廃墟。

東《ひがし》片《かた》端《は》のクスノキ（愛知）　3月29日

この日も名古屋での昼のラジオ出演が終わってから、深夜に愛知県の怖い噂のあるスポットを巡ろうとしていたのだが、終電まで休憩しようと入った漫画喫茶で寝すごしてしまい、目を覚ましたのが深夜一時半。これは電車に乗れないやということで、名古屋の栄から徒歩で行ける手軽な心霊スポットを回る計画に変更する。

まずは栄駅から歩いて二十分、東片端交差点から北へ少し行った国道41号線の道路上に生えるクスノキを見に行く。

これは「東片端のクスノキ」と呼ばれ、車は木を避けるようにして走っている。

こういう木は大阪にもある。僕が事故物件に住む前に住んでいた、事故物件じゃない家の近所、谷町七丁目の交差点を東に進むと、道路の真ん中に大きなクスノキがそびえている。これは「楠木大神」という御神木で、根元には鳥居と祠があり、中に蛇が祀られている。もともとは地元の寺の境内にあったそうだが、戦時中の道路拡張によってこの状態になったという。ちなみに「枝を切った工事関係者が急死した」なんて噂があるという。

名古屋の東片端のクスノキも、〈道路拡張のために伐採に関わった人間が次々に亡くなっ

た〉という噂があるみたいだが、実際は戦時中に焼かれることもなく生き残ったことから御神木のように祀られ、地元の人々の努力で伐採をまぬがれているのだという。つまり全然祟りのある木ではなかったみたいだ。

そばまで近づいてみると注連縄が巻かれ、お神酒がお供えされていた。

祀られていた東片端のクスノキ。

尼ヶ坂（愛知） 3月29日

東片端のクスノキから徒歩二十分、尼ヶ坂公園に到着したのは午前三時半。ジュウオウジャーの合体ロボのような狛犬と、武者ガンダムのような鬼瓦が公園の入口で出迎えてくれた。尼ヶ坂公園を過ぎて東に少し歩くと名鉄瀬戸線の尼ヶ坂駅の入口があり、その正面から延びているのが心霊スポットと噂されている尼ヶ坂である。

尼ヶ坂は普通に整備された道路で、歩道橋もかかっていて街灯もそこそこ明るい。ただ、歴史を知っているとなんとなく陰鬱な雰囲気を感じ取ってしまう。

「尼ケ坂」という名前は、ある娘の悲しい話が由来になっているという。この坂の近くに住んでいた娘が武家の青年と愛し合い身籠ったが、身分違いで無理やり別れさせられる。娘は尼になって子供と二人で暮らすものの青年のことが忘れられずに気が狂い、この坂の杉の木で首を吊って自殺したとのこと。また、江戸時代末期、ここでたくさんの人が辻斬りの犠牲になったと伝えられている。当時ここは杉の木がおおいかぶさる暗い坂道だったそうなので、闇夜に突然襲われる恐怖はたまったもんじゃなかっただろう。

さらに、自殺した娘の子供は近所の家に引き取られたが母を探してさまよい、尼ケ坂の北東にある小さな坂で死んでしまう。その坂は「坊ヶ坂」と名づけられ現在も残っている。ぽっかり胸に穴が空いたみたいな気分になる話だ。かなしいな。

坊ヶ坂（愛知）　3月29日

身分違いの恋を禁じられ自殺した母を探してさまよった男の子が死んだ場所「坊ヶ坂」は、その母が自殺した尼ヶ坂から片山神社を挟んで一本東の筋にある。

午前四時に行ってみると、尼ヶ坂とは比べものにならないくらい細くて暗くて不気味。変質者も幽霊も同時に出そうな嫌な感じだ。この坂の入口で何故かスマホからの生配信が何回も止まる。それは不思議だった。ただ、坂を上ってみるととても短い。もっと長ければ絶対何か出るのに……と少々残念な気持ちになってしまった。

坊ヶ坂から片山神社を通って尼ヶ坂公園まで戻り、その西にある地蔵院に入る。この地蔵は、尼ヶ坂の辻斬りの犠牲者のために祀られたものである。

深夜というか明け方にもかかわらず中は開けられており、電気もついていて、しっかり暖かかった。もう春とはいえ、この時期の明け方はまだまだ冷え込む。おかげで体力を回復させていただいた。

細くて寂しい坊ヶ坂。

津守斎場（大阪）　4月1日

僕が芸人になって一年目の二十一歳の頃、大阪の住之江区北加賀屋という場所で一人暮らしを始めた。北加賀屋の交差点を北へ進むと津守という地域に入るのだが、なんだか津守に行ったらいつも空が暗くなるような、そんな気がしていた。

あれから十数年経って、昔ながらの煙突のある津守斎場という民営の古い火葬場が、「めがね橋」と呼ばれる橋の下の住宅地に存在することを知った。

おにぎり配達のバイトが深夜二時過ぎに終わり、雨が降っていたけれど、僕はこの古い火葬場を見に行った。

思った通りとても味のある、いい感じの火葬場であった。

まわりは高層マンションも少し建っており、火葬場の煙突よりもマンションのほうが高い。現在はどうやって煙突の煙の対策をしているのかはわからないが、実際に見に行ってみて十数年前の謎が解けたような気がした。僕が見た津守の空は、もしかしたら津守斎場の煙突の煙だったのかもしれない。

味のある斎場。

めがね橋（大阪）　4月1日

めがね橋は正式名称を千本松大橋という。木津川にかかり、大正区と西成区南津守をつなぐでっかいメガネみたいな橋である。

僕は二十一歳の頃、原付バイクでこのめがね橋を渡り、大正区側に降りたあと工場地帯に迷い込んで、突然現れた野犬に囲まれる絶体絶命のピンチを、シルクハットをかぶったおじいさんに助けられ、ステッキで野犬を追い払ってもらった、という漫画みたいな思い出がある。

実はこのめがね橋、まあまあ有名な自殺スポットである。幽霊の目撃談もたくさんささやかれている場所だ。津守斎場を見たあとに十数年ぶりに渡ってみることにした。

頂上まで眼鏡のようなループをぐるぐる回り、橋までたどりついてみると、あのとき気づかなかった南京錠が金網にかけられていることに気づく。

南京錠には「永遠」と書かれていた。

永遠に愛を誓うということなのか、それともあの世で永遠に一緒にいようということなのか。

僕も記念にめがね橋に自分のめがねをかけて写真を撮ってみた。

それから数日後、知人から連絡があった。

「めがね橋で先日、また人が飛び降りたみたいです」

久々に訪れためがね橋。

永遠。

ニャロメの塔（三重）　4月5日

名古屋でのラジオ出演が終わり、近鉄電車に乗って三重県の宇治山田駅で下車。午前〇時、満開の夜桜に半月がまぶしく光る夜、僕はニャロメの塔へ向かった。ニャロメの塔とは、虎尾山の頂上にある明治聖代戦役記念碑のことである。誰かにニャロメを落書きされたことから「ニャロメの塔」と呼ばれるようになった。

ここでは数年前に高校生同士の嘱託殺人事件が起きたが、実は昔から心霊スポットと噂されている。

事件が起きた当時、殺人現場が人気ライトノベルの舞台であったことから、いくつかのメディアで事件と作品の関連性が報道された。亡くなった生徒が作品のファンだったかどうかわからないが、当事者や地域の人々、作品のファンにとってもやりきれない事件だったろう。

虎尾山は密集した住宅地から入ることになるので、入口を探すのは難しかった。実際、山そのものが大きいわけではないが、塔までの道は狭いうえにそれなりに険しい。しかし電球がいくつか垂れ下がっているので、その通りに進めば山頂にたどりつく。

少し高い位置まで行くと景色はとてもいい。そしてさらに進むとニャロメの塔がドーンとそびえ立つ。暗闇で見るとなかなかの迫力だ。僕は裏へまわり、お供え物を見た。衣類ケースとクリアケースには、それぞれ友人が置いたのか作品のファンが置いたのかは定かではないが、

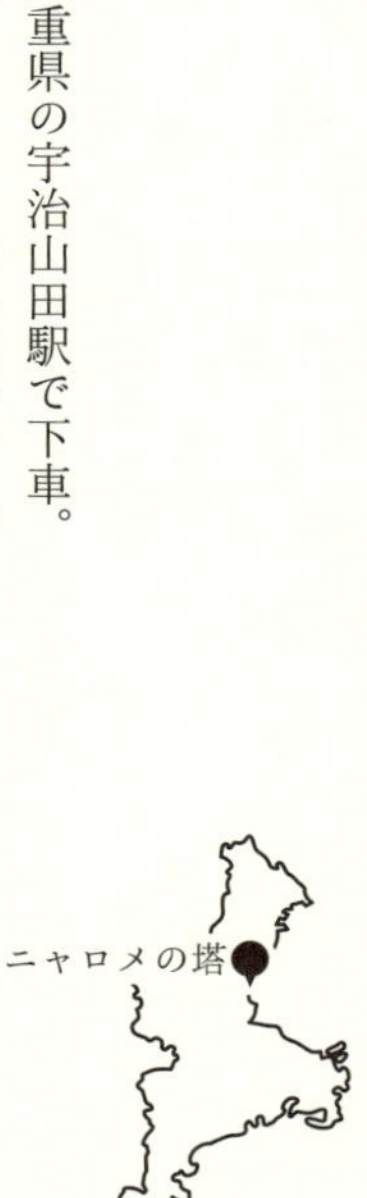

そのライトノベルのグッズがたくさん入っていた。

虎尾山を降り、おかげ横丁まで歩く。

午前五時、赤福本店の開店の瞬間を生で見て、この日一番乗りで出来立ての赤福を食べて帰る。

暗闇の中にそびえたつニャロメの塔。

午前五時、開店直後一番乗りで食べた赤福。

●大泉緑地（大阪）　4月8日

珍しくにしねと二人きりで大泉緑地へ行く。華井がいないので車が使えないため、地下鉄の終電に乗って新金岡駅で降りる。

大泉緑地にはこんな噂がある。

・犬を連れたおじいさんの霊が池に現れる
・アスレチックの広場にスーツを着たサラリーマンが現れる
・噴水近くの林で首を吊ってる黒い影が見える

まずはにしねと入口すぐの噴水広場へ。午前○時半、噴水前で動画の生配信を始めると、噴水の向こう側からじーっとこちらを見つめる人影が見えた。その人影はいっさい動かない。まさか、首吊りの黒い影か？　サラリーマンか？

そして、その人影の前を当たり前にサラリーマンが通り過ぎていった。

え、見えてないの？　あの人影はいったい……

映像は黒い影をしっかり捉えている。勇気を出してその人影に近づいてみると、キャップをかぶってタンクトップを着たゴリラの銅像だった。まぎらわしいゴリラめ！

次に池へ行く。

犬を連れたおじいさんの霊はいるのか。犬を連れた生きているおじいさんなら、いた。

あれ？　もしかして犬を連れたおじいさんの霊の噂って、生きているおじいさんが幽霊ってことにされている可能性もあるんじゃないか？　そもそも池の前の広場には昼間にはよく愛犬家たちが集まってくるようだし。

そうしているうちに雨が降ってきた。僕らは雨をしのぐために東屋に避難する。しばらく雨があがるのを待っていると、遠くの方から何やら声が聞こえてくる。笑っているような泣いているような……これももしかすると心霊現象か？

雨が弱くなったので、声がする方へ近づいてみる。すると、また別の東屋で、数人が円になって何かの儀式を行っている。恐る恐る近づくと……ラップバトルをしていた。数人が輪になって即興でラップをする「サイファー」というやつだ。どうやら大泉緑地では深夜に未来のヒップホッパーたちが集まってサイファーする場所でもあるようだ。

結局幽霊には会えず。いや、ちょっと待てよ。

最初にゴリラの銅像の前を通り過ぎたサラリーマンは終電後の深夜○時になんでわざわざ公園の奥へ歩いていったんだろう。しかもアスレチック広場の方向へ。もしかしてゴリラが見えていなかったあのサラリーマンが幽霊だったのかもしれない。

サラリーマンかと思ったら……

●真田山陸軍墓地（大阪）　4月15日

おにぎり配達のバイトが終わった深夜二時半、ミナミの宗右衛門町から徒歩で谷町方面に向かってみた。枝を切った人が急死したなどの噂がある谷町七丁目の楠木大神を通り過ぎ、近松門左衛門の墓を見て、鎌を木に打ちつける悪縁切りの鎌八幡の前まで行けば、そのすぐ先が真田山公園だ。三光神社で真田幸村像と真田の抜け穴を見て石段を上ると、目の前が目的地の真田山陸軍墓地である。

ここは陸軍墓地の中で最も古い歴史を持っており、幽霊の目撃談も多くささやかれている場所である。第二次世界大戦までの墓碑が五〇〇〇基以上並び、約八二〇〇の遺骨が収蔵された納骨堂がある。規模もすごい。墓碑の形は細長い四角柱で、それらがズラ――ッとまるで隊列を組んでいるような様が圧巻である。その一基一基が風化が進み、歴史の深さを感じさせる。

墓地の端にある三光神社のそばには空堀地蔵尊がある。この敷地内で唯一屋根のある小屋だ。横には「朝おき地蔵尊」と彫られた碑があり、中をのぞくと立派なお地蔵さんが置……うわぁ！　死体!!

いや、お地蔵さんに寄り添って熟睡するホームレスだった。びっくりした。

大阪城（大阪） 4月16日

身近にあるあまりにも有名な場所というのは意外と地元住民は詳しくなかったりすることが多い。中でも誰もが知ってる大阪城なんて、実はまだまだ知らないことだらけだ。

まず、大阪城も心霊スポットであることが意外だったりする。

たとえば城内に淀殿の霊が現れる噂。淀殿とは豊臣秀吉の側室で、最後まで大阪城の中で援軍を待ちながら戦い抜いたあと、落城すると共に自害したとされている。しかし、その遺体を誰も目にしていないという逸話がある。現在では、城内のいたるところで淀殿と思われる和装の女性が目撃されているという。

そして大阪城は自殺の名所でもある。大阪城公園の木々は、実は毎年多くの人が首吊りをして揺れているそうで、夜中に遊びにいくと首吊りをした幽霊が見えるとか。

さらに大阪城公園では、謎の黒い三角形のようなものが縦横無尽に移動しているのが目撃されている。ある人は、その三角形がフタを通過して排水溝に吸い込まれていくのを見たとか。

このようにまだまだ知らない大阪城はいっぱいある。首吊りの霊はどこにでもよくある話なので、淀殿と黒い三角形を探しに夜中の大阪城を探索する。

深夜三時、黒い三角形は手がかりがないので偶然出くわすことを期待しつつ、まずは淀殿が現れそうな場所「豊臣秀頼・淀殿ら自刃の地」碑を探しにいく。

真夜中の大阪城というのも初めてだ。深夜三時ともなればジョギングしているランナーもおらず、ほぼ人とはすれ違わないので、まるで大阪城を貸し切ったような気分になれる。見える景色も昼とは違う重厚感があっていい。

自刃の地は天守閣の北側にあった。とてもひっそりとあり、なんだかとても寂しく見えた。しかしそれよりもはるかに寂しく見えたのが、自刃の地の碑を探しているときにたまたま見つけた無縁佛回向供養塔である。薄暗い天守閣の北側の一角に、ぼんやりとろうそくの火が灯り続けている様子が、寂しいを通り越して別世界に見えた。しかし逆に言えば火を絶やさないように誰かが灯し続けている場所でもあるのだ。

夜が明け、空が明るくなってもなお、無縁佛回向供養塔だけは薄暗く、そして寂しい光を放ち続けていた。

帰り道、もう完全に朝になっているにもかかわらず、コンコンと釘を打つような音が聞こえた。まさか、大阪城で丑の刻参り?

キツツキだった。キツツキを見るのも生まれて初めてだった。

ひと晩中ろうそくが灯されていた供養塔。

根香寺《ねごろじ》(香川) 4月27日

高松・高知怪談ライブツアーの前日、華井の車で高松まで前乗りする。僕、華井、にしねのいつもの三人で香川県最恐といわれている根香寺に向かった。

この根香寺は高松の怪談師・恐怖新聞健太郎さんの怪談に登場する。

もともと心霊スポットとして名高い場所ではあるのだが、ここ数年の間にこの地へ肝試しに来た若者グループの車が帰り道で大事故にあう事件が二回も起きている。どちらも「何かに追いかけられた」形跡が残っているという。

日付が変わる前に大阪を出発し、根香寺に着いたのは午前三時。駐車場に車を停め、僕たち三人はまず門番のように根香寺の門前に立ちはだかる牛鬼と対峙する。

牛鬼はどう猛な性格で、毒を吐き、人を食い殺すことを好む妖怪だ。頭が牛で首から下は鬼の胴体を持つといわれるが、根香寺の牛鬼は体がモモンガみたいで、ピンポンの球にマジックで点を描いたようなシンプソンズみたいな目をしている。そんな牛鬼と記念撮影して、寺の入口ではでっかい草鞋と記念撮影。境内に入り、本堂までの薄暗い参道を歩き、大きい鐘を見て、大きい御神木を見て、本堂を見て、帰りは牛鬼に追いかけられることもなく、早朝に「うどんバカ一代」の釜バターうどんを食べて、そのまま華井は大阪へ帰っていった。僕たちを高松まで送り届けるためだけに車を出してくれた年上の後輩。本当にいいやつ。

根香寺の大きな御神木。

毒を吐き人を食い殺す牛鬼。

早朝、うどんバカ一代で釜バターうどんを食べる。

●春野の吉良神社（高知）　4月28日

高松・高知怪談ライブツアー初日の高松でのイベント終了後、出演者、スタッフ、お客さんで僕の誕生日を祝ってもらう。ありがとうございます。

そしてこの日、僕はこの人たちにも誕生日を祝ってもらうつもりでいた。それは、七人ミサキだ。

昨年十二月、僕は七人ミサキのルーツである吉良神社へ行った。しかしそのときに行った吉良神社は本来行こうとしていた場所とは違っていた。しかも間違えたことで、僕はさらにもう一つ吉良神社があることを知った。つまり吉良神社は三つあるのだ。

この三十五歳の誕生日に、僕は三つすべての吉良神社を巡り、因縁の七人ミサキに絶対に会ってやると心に誓った。出会ってしまうと必ず魂を抜かれてしまう、会うとアウトの七人ミサキに、この命を賭けて会いに行くのだ。

僕とにしねと、怪談イベントで共演した田中俊行さん、車を出してくれるかがーさんとIさんの五人で三つの吉良神社を回り、僕とにしねと田中さんがそれぞれの吉良神社に一人で朝まで過ごして何かが起きるのかを確かめるという計画を立てた。

どの吉良神社に七人ミサキが現れるかわからないので、とりこぼしのないように、にしねと

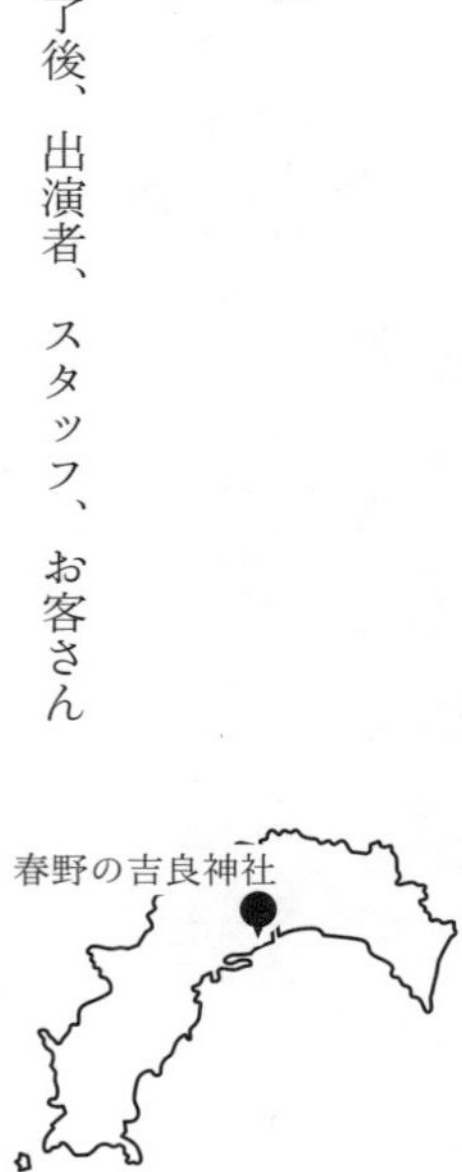

田中さんにも犠牲になってもらう。

出発前に、僕は高松にあるケーキ屋に頼んで、自分のバースデーケーキのハート型のチョコレートに「HappyBirthday タニシさん 七人ミサキより」と文字を入れてもらい、自分で購入。そのケーキは一つ目の吉良神社（春野）にある七人ミサキの塚の前でいただく予定だ。

ルートとしては、まず一つ目の吉良神社（春野）までIさんの車で行き、全員降りて七人ミサキの塚の前でケーキを食べて、にしね一人にその場に残ってもらい、四人は車へ戻る。次に二つ目の吉良神社（蓮池）まで行き、四人で降りて僕だけ残る。最後に三つ目の吉良神社（山ノ端）で田中さんだけ残ってもらい、夜が明けたらIさんとかがIさんは一つ目の吉良神社から順ににしね、僕を回収して最終的に田中さんの待つ三つ目の吉良神社で全員集合。これで全員が三つの吉良神社に行くことができ、僕とにしねと田中さんが一人きりでそれぞれの吉良神社で朝まで過ごすことができるのだ。

午前二時、一つ目の春野の吉良神社に到着。何故か神社の前にカニが大量発生していた。本殿まで行くとこれまた何故か、注連縄がちぎれていてダランと垂れていた。その本殿から誰かの声と物音がしたのを僕と田中さんははっきりと聞いたのだが、中には人がいる気配などなかった。もう七人ミサキは来ているかもしれない。そんな期待と不安を感じながら、パーティーグッズの三角帽子を七人ミサキの塚の前に七つ並べた。ケーキのお礼を言って、ハッピーバースデーの歌を歌い、ろうそくの火を吹き消してケーキをみんなで食べる。そしてにしねをそこへ置き去りにして、次の吉良神社へ向かう。

●蓮池の吉良神社（高知）　4月28日

蓮池の吉良神社を訪れるのは、僕はこれで二度目である。住宅地の路地を抜けたところにある寂しい神社だ。僕は本殿前に七人ミサキのための三角帽子をまた七つ並べ、他のみんなには次の吉良神社に行ってもらう。

ここからは一人だ。

午前三時半。あとは朝が来るまで本殿前で彼らが来るのをじっと待つだけだ。みんなが夜明けとともに迎えに来てくれるのか。それともその前に七人ミサキが来て、僕は三十五歳になって間もなく、あの世へ連れて行かれてしまうのか。

一人の時間はとてつもなく長かった。何回も足音のような、草を踏む音が聞こえた。そのたびに七人ミサキではないかと、希望と絶望が同時にこみ上げる。

結局、七人ミサキより、夜明けが先に姿を見せた。

そしてIさん、かがーさん、にしねが僕を迎えに来た。よかった。いや、残念か。

僕は車に乗り込み、田中さんの待つ山ノ端へ向かった。

山《やま》ノ端《はな》の吉良神社（高知） 4月28日

朝六時、山ノ端の吉良神社に着いた頃にはもう太陽は完全に姿を現し、夜明けではなくてしっかり朝だった。田中さんは神社の前の石段に腰をかけ、ノートパソコンを開いて明日までにしあげないといけないイラストの作業に取りかかっていた。田中さんの本業はイラストレーターらしい。

無事、全員生きて朝を迎え、それぞれの帰る場所へ戻っていった。七人ミサキには会えないまま……

次の日、この「朝まで七人ミサキ計画」を実行するにあたって作った五人のＬＩＮＥグループに、それぞれの事後報告が書き込まれた。

Ｉさんとかがーさんは二人とも風邪をひき、会社を休むことになったという。

僕は家に着いてから、かけていた眼鏡のアームが音も立てずに折れてしまった。

にしねは大阪の駐輪場に停めていた自転車がくの字に曲がってまったく乗れない状態になっていた。

そして最後に田中さんから画像とともに「家の前に人糞を撒かれた」という報告が入る。さらに「その人糞を全部合わせるとだいたい七人分くらいになる」という情報が追加された。

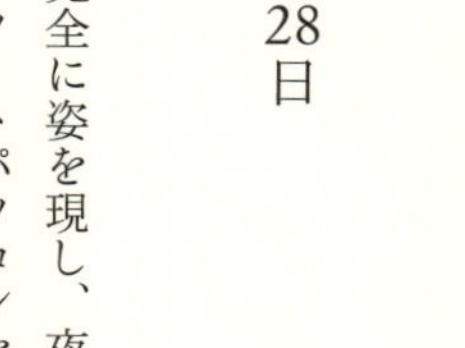

七人ミサキはやはり来ていたのかもしれない。そしてそれぞれがそれぞれの呪いをかけられてしまったのだろう。七人ミサキ、おそるべし……

七人ミサキからのバースデーケーキ。

三角帽子を蓮池の吉良神社に並べた。

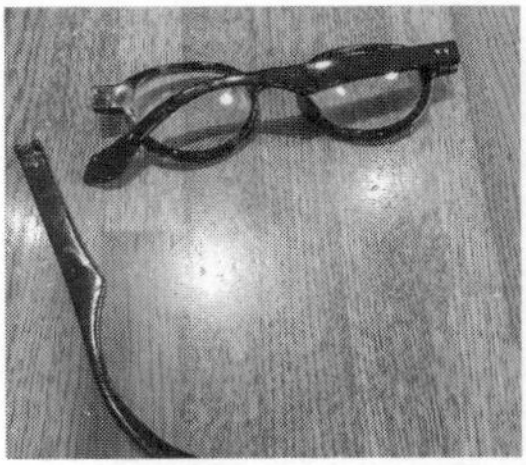
帰宅した僕の眼鏡のアームが音もなく折れた。

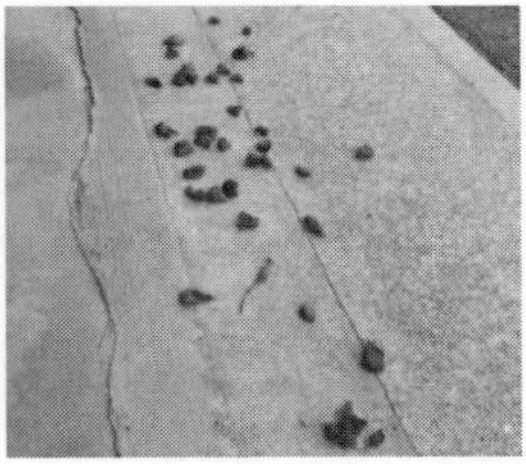
帰宅した田中さんの家の前に巻かれていた七人分の人糞。

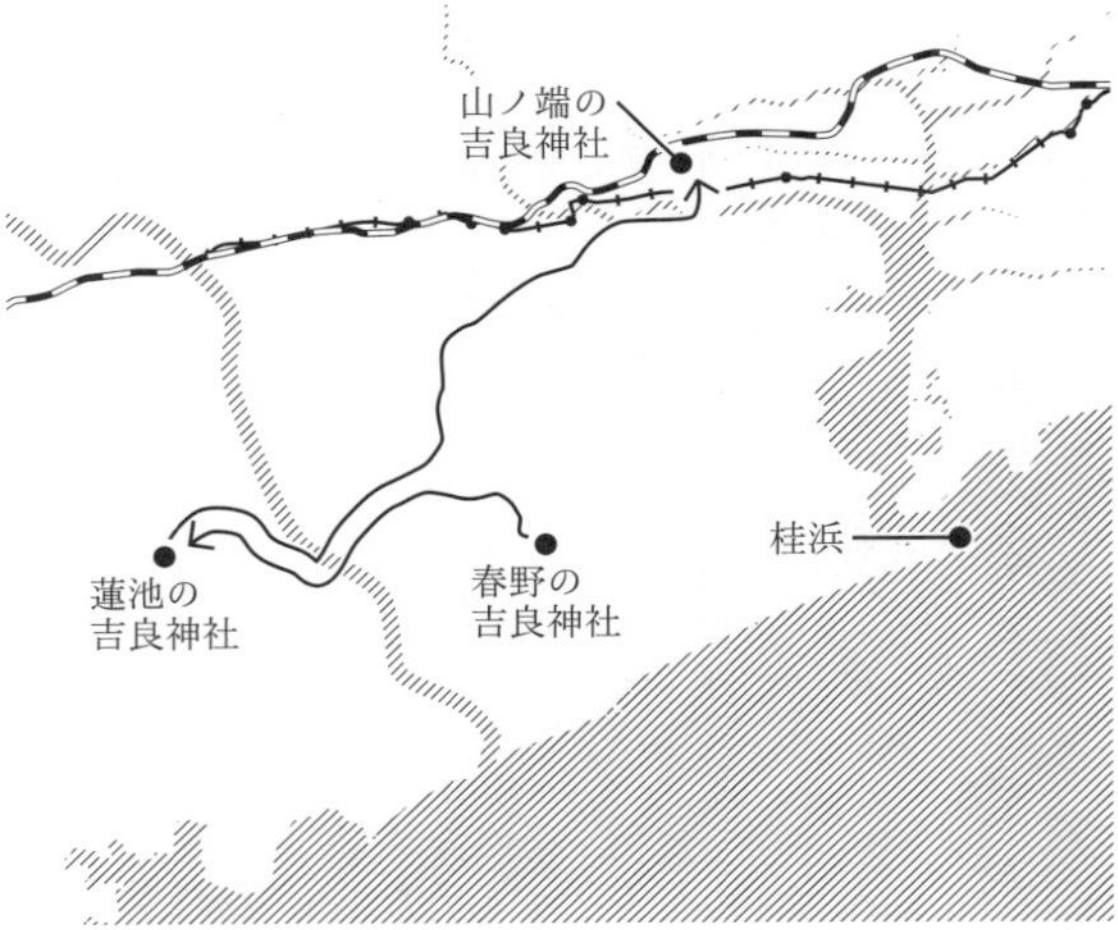

ゴールデンウィーク樹海（山梨）　5月4日

ゴールデンウィーク真っただ中、村田らむさんから樹海への誘いを受け、電車に乗る。河口湖駅へ向かう特急列車は観光客ですし詰め状態。しまった。

毎日が休みのような生活だから、ゴールデンウィークに電車が混むことなど想像もしていなかった。富士急行大月駅から河口湖駅までの約一時間、出入口扉の前で身動き取れず。つらい。

河口湖駅に着いてからは「最後のコンビニ」に寄って飲み物とお昼ご飯を買う。そのコンビニは「樹海で自殺する人が最後に寄るコンビニ」といわれており、外観も景観をそこねないためにモノトーンにされているので、よけいに〝最後のコンビニ感〟がある。

それからバスで富岳風穴に向かったが、今度は道路が大渋滞してバスがいっこうに進まない。いや、ほんとに進まない。しかたないので途中で降ろしてもらい、樹海を分断している道路脇の歩道を三十分ほど歩く。昼過ぎに富岳風穴到着。もうヘトヘトだ。しかし樹海に入ってからは空気もきれいで日陰で涼しく、逆に体力が回復してきた。今回は線香の束と工事現場のヘルメットを見つける。あと、髪の毛がついたロープも。らむさんが言う。

「髪の毛って腐りにくいから残るんですよね」

日が沈む前には脱出した。いつも帰りは山梨の郷土料理屋「小作」に寄る。樹海を歩いたあとのほうとうはほんとうにおいしい。

久《く》良《ら》波《は》大《う》主《ぬし》の墓（沖縄）　5月17日

沖縄一泊弾丸心霊スポットツアーを敢行することになった。この時期は格安航空を利用すると九千三百円で大阪と沖縄を往復できるのだ。僕にとって初めての沖縄。人生二回目の飛行機。メンバーは華井とにしね。関西国際空港から那覇空港へ、途中、保安検査所の金属探知機で三回止められた。これも経験だ。

沖縄に着き、レンタカー屋に行って北海道出身の担当者に車を用意してもらい、華井の運転で移動する。前日から沖縄入りしている、ぶっちょカシワギとソーキそば屋で合流した。

最初の目的地は、カシワギが沖縄の知り合いから教えてもらったという、久良波大主の墓だ。久良波大主がどういう人物であるかはわからなかったのだが、その墓は鍾乳洞のような洞窟の中にあり、ここで風葬が行われていたという。この地域の風葬は洞窟に遺体を置き、そのまま白骨化させるやり方で、その風習は数十年前まで行われていたという。

現地はトトロの森みたいな場所で、背の高い草木をかき分けて洞窟まで歩いた。ファミコンゲームの「スペランカーII」みたいな世界観だ。ようやく「久良波大主の墓」と書かれた看板を見つけたあとは、熱帯雨林のような山道を少し登り、洞窟にたどりつく。

洞窟はそれほど奥まで広がっているわけではなかったが、そこそこスペースがあって中央に祭壇があった。ちょうど夕日がきれいに見える位置にあり、角度によっては赤い光が祭壇を照

らしてとても幻想的だった。それにはとても意味があるように思えた。もしかすると太陽の動きを計算してこの場所に祭壇が置かれたのかもしれない。

山を降りると、華井とにしねが、骨を見つけていた。。骨はフタのない骨壺のようなものに入っており、おそらく人骨である。

夕日が差し込み神秘的に輝く祭壇。

草をかき分けて洞窟まで歩く。

●SSS（沖縄）5月17日

初めての沖縄旅行初日、太陽は沈み夜を迎えた。

次の目的地はＳＳＳ（スリーエス）。Ｓ字カーブが三つ続くからＳＳＳで、ここはユタの修行場である。

ユタとは沖縄特有の祈祷師で、神とつながり人々にアドバイスを与えたり、除霊をしたりする。ユタになるためには神に選ばれる必要があり、いくつかの条件を備えた人間が、本当のユタになるために修行する。修行場は特に有名なものが三つある。それが森川公園、大山貝塚、ＳＳＳだ。どの場所も霊がたくさんいるので、一般の人からは心霊スポットとしても知られているらしい。ユタにとっての修行とは、霊が多く集まる場所に身を置き、霊に対して耐性を強めることのようだ。

ＳＳＳは入口に赤いパネルに白文字で「これより先の立ち入りを禁じます」と書かれていると聞いていたのだが、僕たちが行ったときにはなかった。細い階段を上り山道に入ったところで、今度は階段を下りていく。そして小川の流れる少し開けたところが修行場であるという。

僕らはしばらく静かにあたりの様子を見ていた。

〝パチン、パチン〟

何かが弾ける音が聞こえてきた。

〝パチン、パチン〟

なんだろうと思っていたら、だんだんと音が聞こえる頻度が高くなってきた。

〝パチンパチンパチンパチンパチン〟

しまいにはどんどん音が鳴るので、さすがにこれは「あっちへ行け」ということかなと思い引き返した。これはたしかにすごいと思った。あんなにもあからさまに目に見えないものに拒まれてしまうのか。

修行場へと続く道。

●大山貝塚（沖縄） 5月18日

午前○時、有名なユタの修行場の一つ、大山貝塚に行く。ここには祠があって、その下が防空壕になっている。その防空壕が修行場だ。

ユタの修行場は霊が集まるところ、というわけで、防空壕も貝塚も命や死とのつながりが深い。深いといえばその防空壕の深さたるや、一度入ると地上に戻れなさそうな感が半端ない。それを想像するだけでたしかに修行の難易度の高さが実感できる。

「なんだろうこれ」

地面に落ちていたボロボロの看板ようなものを、たまたま見つけて裏返した。

「ここから先は霊域なのであそばないように」

看板にはそう書かれていた。ちょっとびっくりした。

僕たちはこの日も動画を生配信しながら旅を続けていたのだが、ちょうどそれを見ていた先輩のオーケイ岡山さんから連絡が来る。

「タニシ、俺『おまえら行くな。』で沖縄行ったときに教えてもらってんけど、でっかいカタツムリおったら触ったらあかんぞ。そいつ触ったら死ぬからな」

ちょうど電話している目の前にでっかいカタツムリがいた。通常のカタツムリの三倍くらい

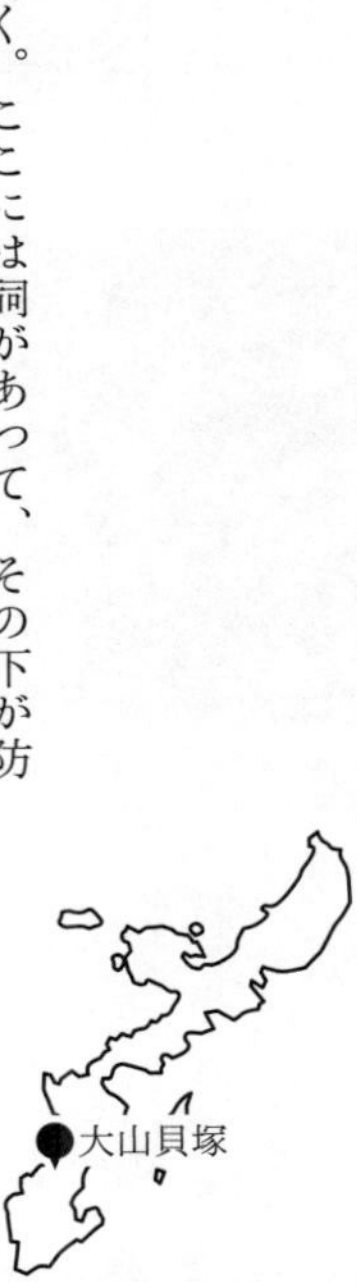

の大きさがある。これはアフリカマイマイといって、「広東住血線虫」という寄生虫が付着しており、それが人間の体内に入ってしまうと、胃壁を破り、脊髄へ侵入し、髄液を通り、脳へ向かう。脳で広東住血線虫は死滅するのだが、人体が虫の死骸を異物とみなして免疫細胞が過剰に働き、その結果、髄膜脳炎となって激しい頭痛、手足のしびれ、嘔吐やめまいを引き起こすという。死ぬまではいかないかもしれないが、どちらにしても危険きわまりない。もし何も知らずに触っていたらと思うとゾッとした。

ボロボロの看板が落ちていた。

古びた祠。

祠の下の防空壕が修行場になっている。

嘉《か》数《かず》高台公園（沖縄）　5月18日

一泊二日の沖縄旅行の午前一時。一日でいったいどれだけ異界巡りをハシゴできるのか、限界へのチャレンジでもあるように四つめの目的地に移動する。

嘉数高台公園は沖縄戦の激戦地で、今でも日本軍が使用したコンクリート製の陣地「トーチカ」があり、戦争について学べる場でもある。

また、この公園にある高台には日本兵の霊が現れるという噂もある。ある若者たちが肝試しで高台の階段を上っていると、前方から黒い影が近づいてくるのでよく見てみると、顔が真っ黒に焦げた日本兵だったとか。

しかしこの公園で一番怖かったのはにしねだ。

「沖縄の猫は危ない！　こいつら噛んだら離さへんからな！」

公園にいた猫を見て、にしねは急に人が変わったように強い口調になった。何を言うとるんだこいつはと、このときは思っていたけど、このあと彼はもっと大変な目にあうことになる。

トーチカの跡が残っている。

喜屋武岬《きやん》（沖縄） 5月18日

喜屋武岬は沖縄本島最南端の岬であり、沖縄戦で米軍に追いつめられた人々が自決するために身を投げたという悲惨な歴史がある。

他に、鼻のない女性の霊が出るともいわれている。

「はなもー」

海に向かってそう叫ぶと、海に引っ張られるという噂もある。それはかつて嫁入り前に不慮の事故で鼻を切断してしまい、それを悲しみ自殺した久米島の娘の怨霊といわれている。そして飛び降り自殺が多い場所でもあるとのこと。

午前三時半、駐車場に車を停め、僕は岬の先端を見に行った。

「こわいこわいこわいこわい」

公衆トイレに入っていたにしねが叫びながら出てくる。

僕はにしねがそのまま車に戻るのかなと思っていたら、彼はまだ「こわいこわいこわいこわいこわい」と言いながら車の方向でもなく、僕のいる方向でもなく、岬の先端部とは反対側の灯台の方へ向かって歩いていった。

華井もこれはどうも様子が変だぞと思ったのだろう、車から出てにしねを追いかける。僕も

にしねがかき分けて行ったのは喜屋武岬の崖だった。

灯台へ向かうにしねを追う。

「こわいこわいこわいこわい」

にしねはずっとそう言いながら気がつけば灯台のすぐそばまで歩いていた。そして灯台ではなく、灯台の横の茂みの中に吸い込まれていく。

「ちょっとちょっとちょっとちょっと！」

僕も華井も茂みの中に入り込んでにしねを捕まえる。

「おまえ、どこ行こうとしててん！」

「いや、トイレに入ったらなんか行方不明者の紙が貼ってあるし、大便のドアが開かないように木の板が打ちつけられてるし、怖くて」

「いやいや、トイレが怖かったんか知らんけど、なんでその茂みの中に入ろうとするねんな」

「いや、なんか怖くて」

「もう、会話ならへんやんか。この茂みの奥にいったい何があるねん」

そう言って僕は茂みの中に入って草をかき分けてみるとその先は、絶壁だった。

にしねを止めていなければ崖から転落しているところだったろう。


夜が明けて、にしねが吸い込まれようとしていた崖の位置を駐車場側から確認すると、まるで飛び降りるためにあるかのような、そこだけが草も木も生えていない場所だった。

何故にしねがあの場所に行こうとしたのか、また、ピンポイントであの位置へのルートをわかっていたのか、まったくわからない。

二条城（京都）　5月29日

大阪新世界での怪談イベントが終わり、文様作家で怪談師のアプスー・シュウセイさん、この日初めて会った魍魎《もうりょう》オカルト会議のワダさんを華井の車に乗せて京都まで送りつつ、京都異界巡りをすることになった。

深夜の車の中、僕は今向かっている二条城の話を教えてもらう。二条城は、関ヶ原の戦いのあとに徳川家康が築いた。

ある日ワダさんの知人が二条城のお堀で人型の毛むくじゃらの大きい何かを見たという。二条城の近くには鵺《ぬえ》大明神や鵺池があるので、もしかしたらそれは鵺だったのではないか、という話になったそうだ。

鵺とは中国や日本に昔から伝えられている怪鳥で、頭がサル、胴体がタヌキ、足はトラ、尾はヘビの姿をしているなどといわれた。

実はワダさんのお母さんも二条城付近で不吉な噂を聞いていた。

ワダさんのお母さんが小さい頃、二条城のお堀に何者かが夜な夜な猫の死体を放り投げているという噂があった。結局、犯人の正体はわからず、これももしかしたら鵺の仕業ではないかといわれていたという。

午前〇時半、アプスーさんとワダさんを京都で下ろし、華井と二人で二条城へ行ってみた。

毛むくじゃらの何かには会えるのだろうか。そしてその正体は鵺なのか。

しかし残念ながらお堀へ続く道は柵で閉ざされていた。

「ぬえ〜、ぬえ〜」

柵越しに声をかけてみるが変化はない。

二条城の近くにある鵺大明神。

鵺大明神の境内にある鵺池碑。

清滝トンネル（京都）　5月29日

午前一時半に出発し、二月に行った清滝トンネルに結局もう一度行くことにする。真冬の雪景色とはうって変わって、トンネルの周辺は緑が生い茂っていた。深夜二時、華井と二人で突入する。

怖いことが起きるとされている、ちょうど信号が青になったタイミングでトンネルの中へ車で入り、出口側の駐車場に車を停め、一人ずつ歩いてトンネルの中に入ってみることにした。

まずは華井からだ。トンネルの真ん中まで行き、口笛を吹いて戻ってくることが華井に課せられたミッションだ。僕はトンネルの前で華井が戻ってくるのを待つ。華井の姿が見えなくなってから数秒、口笛の音が聞こえるより前に華井が駆け足でこちらへ戻ってくる。

「あかんあかんあかん、めっちゃ怖い、明らかに女の人の声が聞こえた」

四十の男が本気で怖がっている。

「きゃー、きゃー、っていうのが」

こんなにおびえている華井を見るのは初めてかもしれない。口笛を吹く前に声がしたため、何の躊躇もなく一心不乱に引き返したという。あとで華井が録画したカメラを確認してみた。

「ハ〜〜、ハ〜〜」

たしかに謎の高音が確認できた。しかし華井が現場で聞いた声は、映像に入っている声より

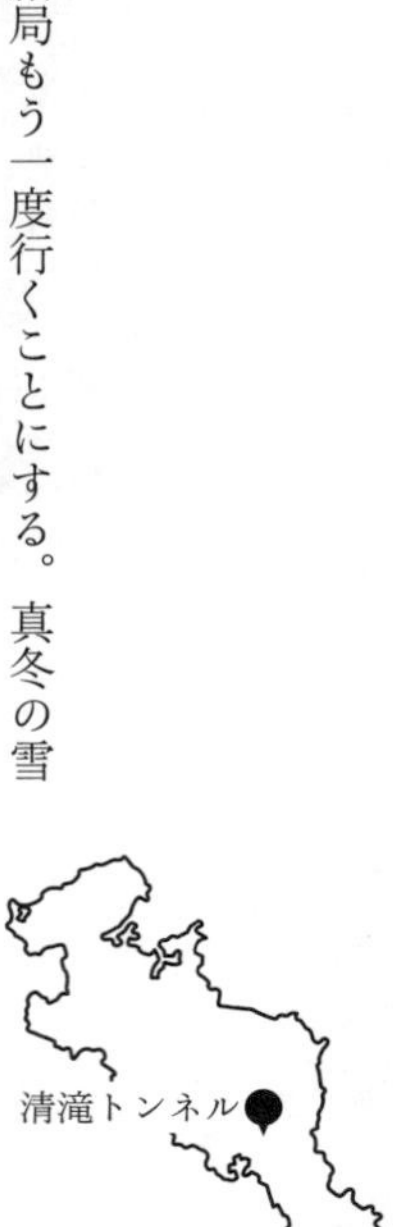

ももっとハッキリと確実にトンネル内に響き渡ったという。

続いて僕の番。僕がトンネルの真ん中に到着したときは、おっさんの声が聞こえてきた。

〝ボソボソ～ボソボソ～〟

トンネルの出口に戻り、華井に確認してみた。

「そこで何かしゃべってた?」

華井はしゃべってないという。じゃあやっぱりボソボソはトンネル内から聞こえたものだ。僕が感じたのはそのおっさんのボソボソだけだった。

次に、二月の清滝トンネルではにしねの靴がペラペラだったためにあきらめた、〈トンネルを迂回した先にある峠の真下を向いたミラーを見ると自分の死ぬときの姿が写る。もしくは写ってなかったら近いうちに死ぬ〉という噂の検証を試みる。清滝峠と呼ばれるその場所には、たしかに真下を向いたカーブミラーが存在した。

タニシと華井はミラーに写るのか?

結果は、まわりが暗すぎてライトの光しか写らない。

かろうじて肉眼では薄っすら自分たちの姿は確認できたような気もするのだが、撮った写真や動画の生配信には二人ともまったく写っていなかった。ということで、僕らはどうやら近いうちに死ぬのかもしれない。

こんなにおびえている姿を見たことがないほどおびえていた華井。

僕と華井はミラーに写らなかった。

異界ギャラリー

他にもこんな「異界」を巡りました。

敦盛塚（兵庫）2017.2.1

平敦盛の胴を祀る。JR神戸線の「ああまたしす」の都市伝説は、塩屋・須磨が一ノ谷の戦いの舞台だったことと関係しているのかもしれない。

兵庫トンネル（兵庫）2017.3.1

二人乗りの少年少女がバイク事故で死んで以来、天井に謎のシミが現れるという。ひび割れのような白い線が天井にうねうねと這い、地上絵みたいだった。

化野念仏寺（京都）2017.2.11

無縁仏を供養した石仏・石塔約八千体が並ぶ寺。清滝トンネルを午前二時に出発し、何度も転びながらたどりついた入口は、残念ながら閉まっていた。

旧生駒トンネル（大阪）2017.3.6

たくさんの怖い体験談がささやかれている。午前三時頃に行ってみたが、フェンスの国に迷い込んだかと思うくらいフェンスだらけだった。

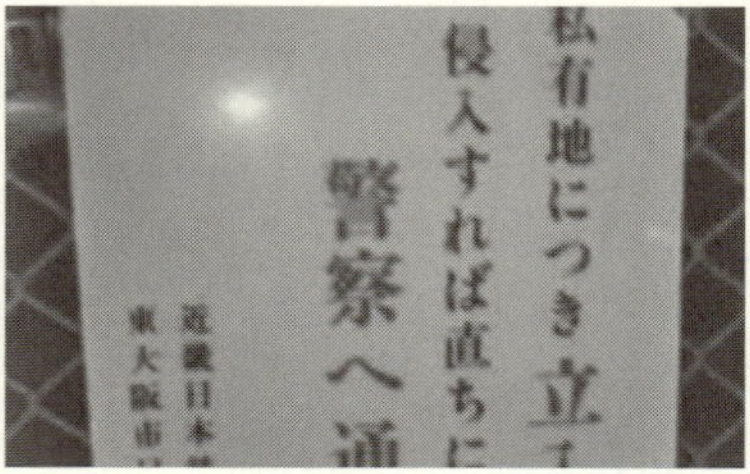

石切劔箭神社（大阪）2017.3.6
旧生駒トンネルから戻ってきた午前五時、始発まで時間があったので生配信を見ている人たちのためにお百度参り。一周回るたびにこよりを一本折る。午前七時までかかった。

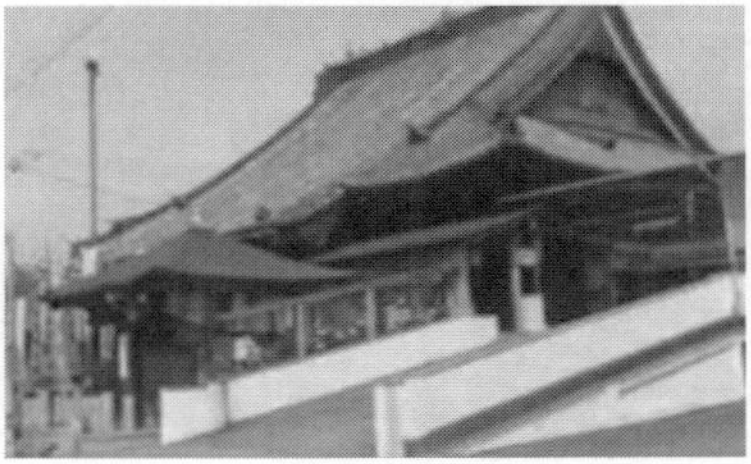

笠寺観音（愛知）2017.3.13
雨に濡れる観音様に笠をかぶせてあげた娘を、中将の藤原兼平がみそめて妻にした伝説があり、恋愛成就のご利益がある。村田らむさんの実家に近い。

阿部野墓地（大阪）2017.3.25
真夜中、ギャグ芸人のコヤゴ星人を連れていき、ホラーに寄せた新ギャグを考案してもらう。「幽霊に大外刈りを掛けるも足がないから刈れない」などが誕生。

獣魂碑（大阪）2017.4.1
大正区で見かけた貼り紙に誘われて、ビルとビルのすき間、本当に狭いバリケードの路地を進むとあった。閉鎖された近所のペット霊園の遺骨がひきとられ埋葬されている。

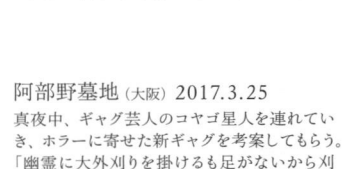

世界無名戦士の墓（埼玉）2017.4.12

身元のわからない戦没者を埋葬。慰霊碑の前に立つと何かが起きるといわれているが、何も起きなかった。「クマの目撃情報」の看板が怖くて引き返す。

ひめゆりの塔（沖縄）2017.5.17

僕は幽霊もしっかり見たことはないし、霊感もないほうだと思っていたが、中に入るだけで耳鳴りがした。明らかに何らかの変化が身体にもたらされていた。

小塚原刑場跡（東京）2017.5.25

刑場跡にある南千住回向院と延命寺へ。約四メートルの通称「首切り地蔵」は、小塚原刑場で処刑された罪人たちを供養するために建てられたという。鼠小僧の墓もあった。

上宮天満宮（大阪）2017.5.29

千年以上の歴史がある。かつて放火されたり宮司が殺されたりした。午前五時、華井と二の鳥居をくぐると防犯ブザーが鳴り響き、セキュリティを強化していることがわかる。

大観音寺（三重）2017.6.6
いつも名古屋へ行く近鉄特急の車窓から見ていた大観音寺の金ピカの巨大観音を見にいった。近くにルーブル彫刻美術館があり巨大なミロのヴィーナスとサモトラケのニケもあった。

伊丹空港（大阪）2017.6.7
至近距離で機体が撮れる航空マニアの聖地だが、撮影ポイントでカップルの霊を見た人がいる。

石切八社主神社（兵庫）2017.6.7
かつて生きている人間を御祭神にしていたといわれている謎多き神社。先月ここでクマの糞が発見されたという貼り紙が怖かった。

武家屋敷（兵庫）2017.6.7
養豚場の廃墟だが、昔は人が住む武家屋敷だったそうだ。頭のない女性の霊が出る噂がある。入口付近に「北国」と落書きされていたが、ここは北国ではない、播磨国である。

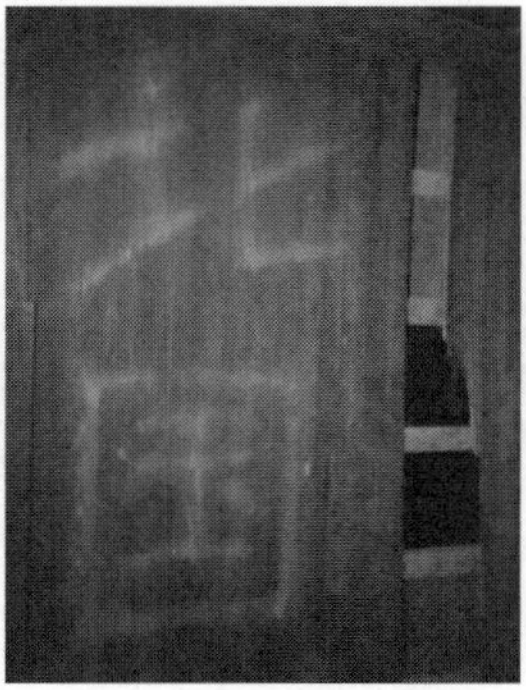

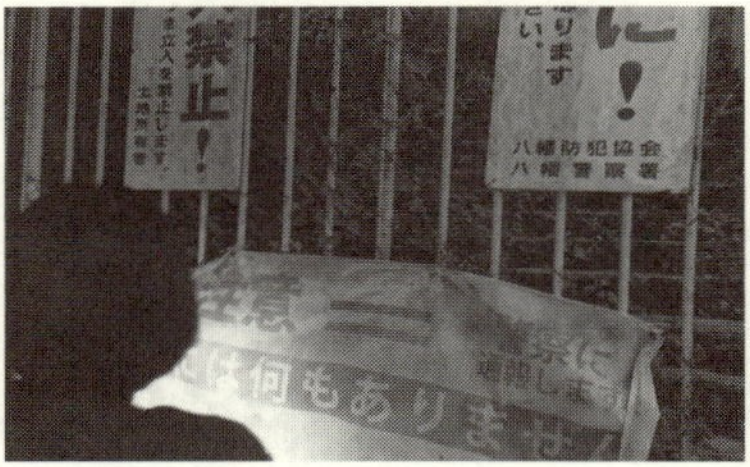

軍人病院（京都）2017.6.24

探索に来た少年が線路に立ち入り、電車にひかれる事故も起きたらしい。午前四時半に行ってみると、途中で道が厳重に柵と有刺鉄線で閉ざされ警告文が貼られていた。

将軍塚（京都）2017.7.3

女装YouTuberのよこおりょうすけ、華井、僕の三人で女装して行った。落ち武者の霊が出る噂があるが、閉まっていて中に入れなかった。

神呪寺（兵庫）2017.8.1

「神（かん）の寺」から「かんのうじ」になったとのこと。「神呪」は「神を呪う」のではなく、「神秘なる呪語」「真言（仏様のお言葉）」を意味するのだそうだ。

有馬わんわんランド（兵庫）2017.8.1

犬のテーマパークだったが二〇〇八年に営業を終了。そのまま約十年、廃墟として放置されている。コミカルでかわいらしい犬が描かれたでっかい看板が物哀しい。

首吊り神社（三重）2017.8.13
地元民しか知らない心霊スポット。首吊りが実際にあり鳥居に入った瞬間から誰かに追いかけられるらしい。ここからの生配信を観ていた視聴者の一人が「首が痛くなった」と報告。

夢見ヶ崎動物公園（神奈川）2017.8.22
無料で二十四時間開放され、川崎大空襲の被害者と西南戦争以降の戦没者を合祀した慰霊塔もある。光の玉がどんどん現れたから「オーブだ!」と思ったらシカの光る目だった。

たっちゃん池（東京）2017.8.23
溺れて亡くなった少年の名が由来。少年を助けようとした二人の青年も溺れ死に、今でも池から白い手が現れるという。「たっちゃん」と呼びかけるとウシガエルが鳴きやんだ。

愛鷹山水神社（静岡）2017.9.15
富士山のエネルギーが集まるパワースポット、龍が棲む場所といわれ、「水神さん」として親しまれている。上流部にある滝を見つめるカエルの置物が何かを言いたげだった。

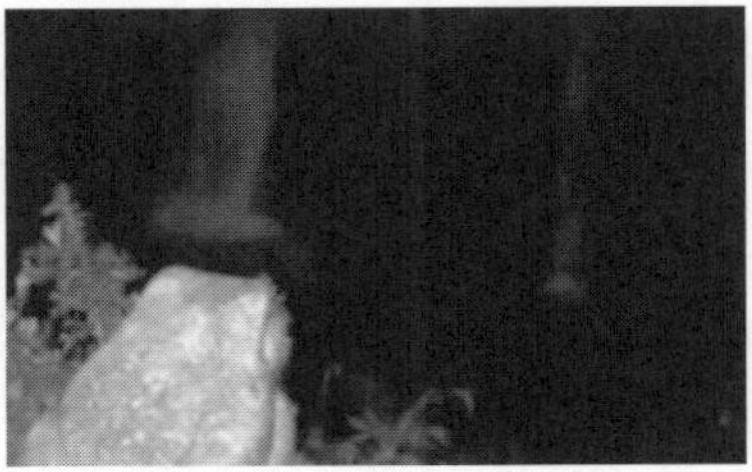

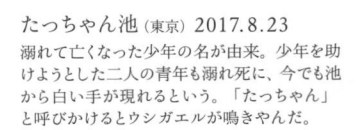

あまねガード（静岡）2017.9.15

沼津駅西側の立体横断施設。「上半身だけの女と下半身だけの女が現れる」と教えてもらったが、アニメ『ラブライブ！　サンシャイン!!』の女の子をたくさん見ることができた。

二度目の訪問。妙見山しおき場（大阪）2017.9.15

華井に着流しを着せ、処刑を待つ罪人のコスプレをしてもらい、縄で縛ってしばらく放置した。少し離れた場所で見守っていたら、“ドスン”と鈍い音が鳴った。

弁天橋（千葉）2017.10.5

新宿ディスコ殺人事件現場といわれ、殺された少女の霊が目撃されている（本当の現場は近くのサイクリングロード）。橋近くのトイレで怪異の検証をし、驚くほど虫に刺された。

台場公園（東京）2017.10.5

顔を上げると都会の光、顔を下げると深夜の闇。砲台跡は近代の戦争遺構ではなく江戸時代のものということで、なんだかここがどこかわからなくなるような気持ちにさせられた。

侍トンネル（埼玉）2017.10.7
壁に侍の顔が浮かび上がり、消しても何度も現れるといわれている。実際に行ってみると、ちっちゃな歩行者用のトンネルで拍子抜け。侍は現れない。

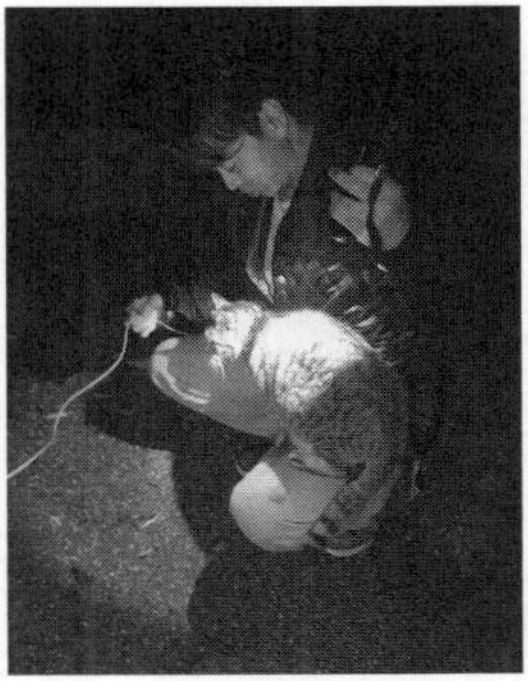

上尾丸山公園（埼玉）2017.10.21
殺人事件、自殺、ブランコの女の子の霊……どんだけいろいろあるねん！というほど怖い噂がある。深夜の雨の中、「キャー」と悲鳴が聞こえ、近づいてくると思ったら猫だった。

最福寺（千葉）2017.11.17
昔、境内で男性が焼き殺される事件があった。想像するとおっかないが、お寺はとてもきれいだった。箒を持ったお坊さんの石像に、くまモンの帽子をかぶせられてかわいかった。

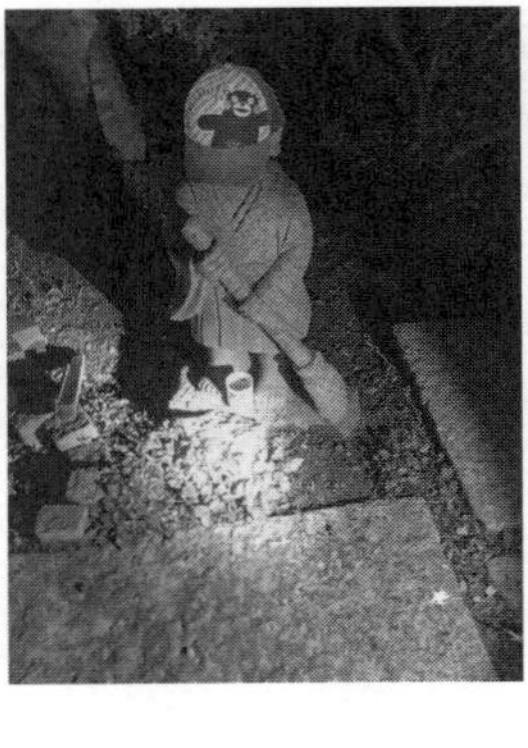

花松首地蔵（兵庫）2017.11.19
約一週間前にここで殺人事件が起きたばかりの深夜、一緒に行った大島てるさんは大関碑の手形に自分の手を合わせ「お相撲さんの手は大きいですねー」と興味しんしんだった。

富岡八幡宮（東京） 2017.12.16

約一週間前にここで殺人事件が起きたばかりの深夜、一緒に行った大島てるさんは大関碑の手形に自分の手を合わせ「お相撲さんの手は大きいですねー」と興味しんしんだった。

西川下踏切（兵庫） 2018.2.1

ブルーライトに照らされ、〈キケン！　小学生はこのふみきりを渡ってはいけません〉という看板があり、バーが一番上まで上がらない「半開き」の踏切。

五色園（愛知） 2018.2.3

親鸞聖人にまつわるコンクリート像が百体以上も並ぶ。その像を作ったのはコンクリート作家の浅野祥雲。夜中に、親鸞聖人像の目玉が動く、巨大な影が現れるといわれている。

高山寺（京都） 2018.2.19

西院の河原があった場所とされる。西院の河原に捨てられた多くの子供の遺体を、空也が供養したと伝えられる。西院には二回来たことがあるが二回とも不自然な虹が出ていた。

2017年夏

象の像の神社（大阪）　6月1日

大阪の高槻には「触ると死ぬ象の像」がある神社があるという。

味園ビルのバーでの心霊スポット報告イベントのあと、いつも車を出してくれる華井が法事でいないので、終電に乗ってJR高槻駅まで行き、そこから約二時間歩いて象の像の神社にたどりつく。入口のフェンスには看板があった。

〈この山は恐ろしい神さまの山です
その神さまは七面大明神と申します
七面大明神はこの山の頂上にお祀りしてあります
いままでにこの山の神さまの怒りにふれた何人もの人が生命をとられています
神さまの気に障るようなことをすると不幸になったり恐ろしいことが起ります……〉

看板にはそう書かれてあり、ひとまずビビる。

スマホで生配信をしながら中に入ると、「神様仮り置場」と書かれた紙が貼られた掃除道具入れみたいなのがあり、触ると死ぬとされる象の像は見当たらない。その他は無造作に鳥居があって、細くて急な階段があるくらいだ。

　雨も少し降っていて地面が濡れているから、階段は非常に危険。しかし階段を上るくらいしか道はない。その頂上に七面大明神さんもいるはずなので、危ないけど上ることにした。

階段は、どんどん上へ向かっていく。特にその先は何もなさそうなんだけど、ただ階段は続く。足場も非常に悪い。階段以外が暗すぎて見えない。さすがに不安になってくる。しかし階段は続く。そして、階段がなくなる。

おい！　何もないやないか！

象！　七面大明神様！　どこいるんや？

階段は終わったが、まだ山の上には登れそうではある。登る。もうちょっと登る。足が滑る、危ない。もうちょっと、あとちょっとだけ登る。ん――、さすがにもう無理かな。もうこの角度は登れないかな、地面も濡れてるし。しまった！　降りられない！

深夜三時半、僕は山奥で遭難してしまった。

それからの約一時間半、生配信を見ている視聴者に勇気づけてもらいながらなんとか暗闇の中で時間を過ごし、ようやく夜明けが近づいた。

日の光によって山の全貌が明らかになったとき、僕はがく然とした。

自分が腰かけている斜面は、ほぼ崖だった。ゾッとした。

あれ以上動かなくてよかった。登ろうとしなくて、降りようとしなくてよかった。きっとこれ以上暗闇の中で動いていたら、僕は転落していた。

完全に視界が足元まで届くようになるのを確認してから、僕は慎重に慎重に、ゆっくりと山を降りた。「神様仮り置場」まで戻ってきたとき、とりあえず無事戻ってこられてよかったとしか思えなかった。

明るい中で見ると入口には何かが置かれていたであろう台座があった。おそらくここに象の像があったのだろう。その姿はどこにも見当たらなかった。その代わりなのか、台座には見たことのない左巻きの美しいカタツムリが（カタツムリは通常右巻きである）、にょーんと首を伸ばしていた。

神社の入口。

「この山は恐ろしい神さまの山です」と書いてある入口の看板。

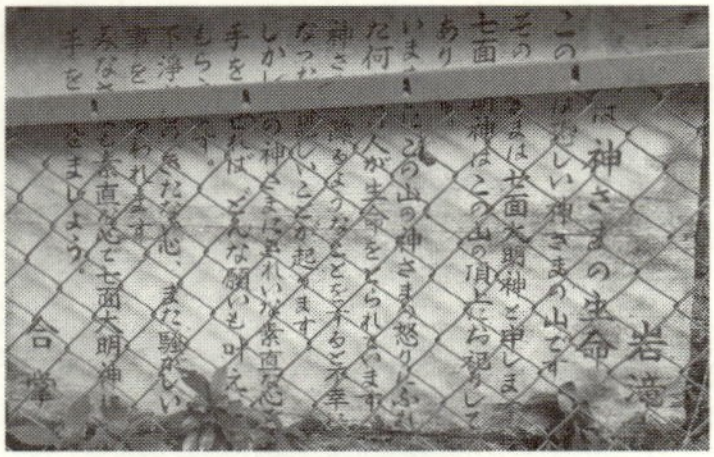

左巻の美しいカタツムリ。

「神様仮り置場」と書かれた場所。

●旧総谷トンネル（三重） 6月6日

毎週の名古屋でのラジオ出演には、大阪から近鉄特急に乗って通っているのだが、いつも三重県の途中で車窓から金ピカのでっかい観音像が見えて「あれはいったいなんなんだろう」と気になっていた。

この日のラジオ出演が終わったあと、金ピカの観音像が見える榊原温泉口駅で降りてみた。巨大観音像は大観音寺の中にあって、さらに寺の境内にはルーブル彫刻美術館があり、その美術館の前にも巨大なミロのヴィーナスとサモトラケのニケの複製が存在することがわかった。あと、そんなには大きくない自由の女神も。巨大観音像は寺の門が閉まっていたため近づけなかったが、ナイトミュージアムじゃないけど真夜中の野外巨大オブジェ鑑賞ができたのでまあよしとする。

実は、本当の目的地はここではない。旧総谷トンネルである。

このトンネルは一九七一年の事故により二十五人が死亡、二百二十七人が負傷し、七五年に全線廃止になった。それから四十年以上経った今でもトンネルから女性の声が聞こえてくるという。

本来は近鉄東青山駅で降りたらすぐなのだが、観音像を見たいがために手前の榊原温泉口駅

で降りたので、一駅分徒歩で移動する。

真っ暗な田んぼ道を一時間黙々と歩く。孤独と、突然現れる通行車両との闘いだ。こっちも怖いが、向こうも突然現れる真夜中の歩行者は怖いだろうなと思う。

東青山駅に到着すると、駅前には「四季のさと」という広大な自然公園が広がっていた。その片隅に、旧総谷トンネルへ続く道がある。

芝生の上に轍《わだち》を発見。

この轍の上を進んでいくと、闇へ続く藪が現れたが、完全に立入禁止になっていた。

しかたがないので駅の方へ戻る。そういえば東青山駅の下が歩行者用トンネルになっているのだが、そこもなかなか雰囲気がよかったので行ってみることにした。

〝ざわざわざわざわ……〟

列車事故とは直接関係ないとは思うが、おばさんの井戸端会議のような声がずっと聞こえた。この状況を生配信で見ている視聴者がコメントを書き込んでいる。

「今すぐ逃げないと危ない！」

「霊が怒っている」

僕にはそれがわからないので、しばらくその場で様子を見た。

本当に霊が怒っているなら何か現象を起こしてほしいし、本当に危険と自分が感じたならば言われなくてもその場から逃げるだろう。僕は自分で感じたものを基本的には信じたい。そしてこの目で確かめたい。しかし結局「ざわざわ」が何だったのかはわからなかった。

駅の歩行者用トンネルに行ってみると不思議な声が聞こえた。

藪の奥は完全にふさがれていた。

相坂トンネル（兵庫）　6月7日

毎月第一水曜日の夜は、姫路の七福座という寄席小屋でライブをやっていた。二〇一〇年から毎月欠かさずだ。この日はライブ後に、出演メンバーであるコヤゴ星人と横山ポンスケゆうすけと姫路の異界巡りに出発。石切八社主神社、武家屋敷と呼ばれる牧場の廃墟、伊丹空港を巡ったが、不思議な現象が起きたのは相坂トンネルである。

相坂トンネルは大正時代に建設されたレンガ造りで、車一台しか通れないほど狭く、さまざまな怪奇現象の噂が渋滞している。

〈トンネル内でエンジンが止まる〉〈焦げ臭い匂いがする〉〈顔が焼けただれた女性の幽霊が出る〉〈誰もいないのに奇妙な物音やささやき声が反響する〉〈トンネルを抜けたらガラスに手形がついている〉〈写真を撮ったら知らない女が写る〉〈トンネル近くの池で遺体遺棄事件あり、しかもそこは自殺の名所〉など。

実際に僕たち四人で検証してみることにした。

まずコヤゴ星人が一人でトンネル内に入り、彼の編み出したギャグをトンネル内で披露する。「幽霊に大外刈りを掛けるも、足がないから刈れない」「できるだけ高いところから塩をまく」ギャグが次々と炸裂。さらには全身で前方後円墳を表現する古墳ギャグまで披露した。彼の奇妙な動きによる靴音や、「前方後円墳！　前方後円墳！」という叫び声はたしかにトンネル内

に反響したが、残念ながら〝誰もいないのに〟反響するわけではなかった。

続いて漫才師かつ現役テニスコーチでもある、ゆうすけがテニスウェアにラケットを持ち、トンネルに入る。しかし途中で車がトンネル内に入ってきたため、全力ダッシュでトンネルを脱出。車に乗っていた人も、テニスラケットを持ったテニスウェアの男がトンネル内にいたからビックリしたことだろう。〈全力ダッシュで逃げるテニスプレイヤーの霊が出る〉という噂が追加されてもしかたがない。

最後に僕がお経を唱えてみたが、反響するだけで特に変化はない。ただ、撮影係をやっていたポンスケのカメラがお経を唱え終えた瞬間に故障した。

「買ったばかりなんですよこれ……」

彼はよく嘘をつく男なのだが、この日ばかりは本当っぽい。壊れたカメラを見て悲しそうな顔をしていた。〝悲しそう〟は嘘かもしれないが、カメラは本当に壊れていた。

買ったばかりのカメラが壊れるという怪現象が起きた。

二岡神社（静岡）　6月14日

名古屋のラジオ出演が終わってからニコニコ生放送のディレクターの木村さんの車に乗り、ありがとうぁみさんと合流して静岡県御殿場市にある二岡神社へ向かう。ここは北野武監督の映画『座頭市』や黒澤明監督の『七人の侍』のロケ地にもなった場所であり、かつ静岡では最も有名な心霊スポットである。特に鳥居付近に霊現象の報告が多い。

〈白装束を着た女性の霊が現れた〉〈オーブが舞う〉〈不気味な声がした〉〈鳥居に下がっている一番右側の紙だけが風もないのにグルグル回る〉〈神隠しにあう〉〈周囲の林で首吊り自殺があった〉〈御神木の下に砂で円錐を作り上を平らにして置いておくと妖精の足跡がつく〉など、どんだけいっぱい噂があるんだ！　という場所だ。

さらに戦争中にB29がこのあたりに墜落し、社殿の下へ隠れていたアメリカ兵のパイロットが捕まって殺されたという噂もあり、外国人の霊が出るという。地元御殿場出身の芸人・BBゴローさんの話では、昔はヤンキーのたまり場になっていて幽霊よりもそっちが怖かったとのこと。

午前一時前に現場に到着すると、あたりは暗くて静かで、禍々しいというよりも荘厳な雰囲気だった。問題の鳥居は風が吹いていないのに右端の紙垂だけがユラユラと揺れていた。奥に進むと大きな拝殿がある。その拝殿の下がアメリカ兵が隠れていたとされる場所だ。たしかに

人が一人隠れるには充分すぎる広さだった。その床下の様子を写してみようとスマホのカメラを向けてみる。

〝ボソボソボソボソ……〟

床下の上、つまり拝殿の中から人の声が聞こえる。しかし電気一つついてない暗闇だ。社殿に人が残っているわけがない。何を言っているのだろうと耳をすますと、今度はまわりの林から音がする。

〝ザワ、ザワザワ、ザワザワザワ〟

何かに囲まれたような気配だった。

後日、ニコニコ生放送でこのときの映像を確認すると、拝殿と本殿をつなぐ渡り廊下のような部分の窓に人の顔らしきものが写り込んでいたそうだ。

右端の紙垂がくるくる回る。

不思議な声が聞こえてきた拝殿。

桜木神社（埼玉） ６月15日

ザ・バンド・アパートの原昌和さんたちと出演した下北沢の怪談イベントのあと、観に来てくれていた心霊スポットマニアのなっしゃんに、所沢市にある桜木神社を案内してもらう。桜木神社は御祭神が本居宣長《もとおりのりなが》と徳川光圀なのだが、埼玉でも有数の心霊スポットとして知られている。昔は灯りもいっさいなく、人があまり近づかないことから鳥居で首を吊る人が多く、地元では「首吊り神社」などと呼ばれることもあったそうだが、二〇〇〇年代に祠を新しく建て直してきれいになっている。

「ここが首吊りがあった木を切り取ったあとですね」

「この本殿の前で友達と怪談大会をやってたら黒い人たちに囲まれたんです」

なっしゃんからいろいろ話を聞かせてもらった。

〝パキッ〟

そのとき音がしたので何だろうと足元を見たら、何かの結界を張っていたであろう紙垂のついた榊を踏んでしまっていた。

ごめんなさい。

僕が踏んでしまった榊の木。

ひらかた動物霊園（大阪）　6月24日

四月に大阪府枚方市にある「ペット霊園宝塔」が突然閉鎖し、大量の遺骨が取り出され、遺族への通知もなく野ざらしにされる。その写真がＳＮＳで拡散され大きな話題となった。

この日は姫路ゆかたまつりの野外ステージに僕とにしねが出演したあと、大阪に戻って華井と合流した。いつもの三人で目指したのは、この怒りのペット霊園である。

到着したのは午前〇時半。ネットの写真で見ていたおざなりな遺骨の山とは裏腹に、入口はとてもきれいに整備され、セコムまでついている。

あれ？　閉鎖したペット霊園がこんなにしっかりと管理されているのはおかしい。

そう。僕らは「ペット霊園宝塔」ではなく、間違えて「ひらかた動物霊園」に来てしまったのだ。まぎらわしい。しかし、このひらかた動物霊園は、実は、宝塔が野ざらしにしたペットの遺骨をすべて引き取り埋葬しなおした霊園なのである。

この遺骨の事件が報道され各地のペット霊園から遺骨を引き取る申し出があったが、遠方に埋葬されると遺族がお参りするのも大変になるだろうと、ひらかた動物霊園がすべて引き受けることにしたとのこと。僕たちが訪れた六月はその交渉が進められている最中で、二〇一七年十月に供養塔も新たに建てられ、宝塔の遺骨たちはひらかた動物霊園に改葬された。僕らがこの日ここを訪れたことは、あながち間違ってはいなかったのかもしれない。

源氏の滝（大阪） 6月24日

午前一時、僕とにしねと華井は間違えてひらかた動物霊園へ行ったあと、そこから意外と近い、交野《かたの》市にある源氏の滝へ行った。

源氏の滝は交野山の麓にある十八メートルの高さの滝だ。昔この近くに開元寺《かいげんじ》という寺院があったので、「元寺《げんじ》滝」と名づけられたといわれている。そして心霊スポットとしては、石が夜な夜なすすり泣く「夜泣き石」や、源氏の滝から転落事故で死亡した子供の霊が有名である。特に夜泣き石には、なんともやりきれない伝説がある。

――美しい源氏姫は弟とともに山賊にさらわれ、女頭領のもとに連れて行かれるが、そのとき既に弟は死んでいて、女頭領はその弟を見て何故か泣く。源氏姫が弟の仇である女頭領を短刀で刺し殺したところ、実はその女頭領は生き別れの母親だったことがわかる。姫は二人のあとを追うように滝壺に身を投げて自殺。姫が落ちたところにあった石が夜な夜なすすり泣くようになったので「夜泣き石」と呼ばれるようになった――

交野山に到着後、車を降りてから滝を目指して少し坂道を上らないといけないのだが、にしねの足取りがどうも重い。前日に事務所の大先輩・森脇健児さんのマラソンイベントに参加し

たので、筋肉痛のために足を引きずりながらでないと坂道を上れないようだ。

「僕にかまわず先に行ってください」

死亡フラグのようなセリフを本人は言うものの、さすがに放っておくわけにはいかず、にしねに合わせてゆっくりと上り坂を歩く。

〈緑愛する悪いやつ〉

上り坂の途中で、そう書かれた謎の看板を発見。いったい何のメッセージなんだろう。

さらに十分ほど歩いて、ようやく夜泣き石のある滝まで到着した。しかし、さっきまで後ろを歩いていたはずのにしねの姿がない。あたりを見渡すと、僕と華井のはるか前方、交野山をぐいぐい登っていくにしねの姿が遠くに見えた。

「え、なんで？」

そう思いながらも華井と二人、急いでにしねを追いかける。しかし全然追いつけない。さっきまで足を引きずっていたのはいったいなんだったのか。およそ競歩のスピードでにしねは山を登っていく。

「待て！　にしね！　待ってくれ！」

僕と華井の叫びは暗闇にむなしく吸い込まれ、にしねをふりむかせることはできなかった。にしねの姿を見失ってからどれくらい経っただろう。僕と華井はゼェゼェ言いながらとにかく山を登り続けた。そして、どこかから声が聞こえた。

「なんでや！　なんでなんや！」

聞き覚えのある声。にしねだ。

「なんで人間はこんなことするんや、山の気持ちを考えたことあるのか！」

にしねは山の中腹にある採石場にいた。削り取られた山肌を見て、一人憤慨していた。僕らはにしねを捕まえて、またどこかへ行ってしまわないように前後で道をふさぎ、山を降りた。

戻り道、坂の途中で見た謎の看板を再び見つけた。

〈緑愛する思いやり〉

あれ？　さっき見たときは「緑愛する悪いやつ」に見えたのに、「思いやり」だったのか。

下り坂、途中からにしねは足を引きずりだした。よかった。もとのにしねに戻ったようだ。

あのとき彼は「山」に取り憑かれてしまったのだろうか。

交野山をぐいぐい登っていったにしね。

不動明王が鎮座する巨石。

中華料理屋跡（大阪）6月28日

この日、僕は原付バイクに乗って一人で行動していた。目的地は、ある町の中華料理屋だ。天津飯が美味しいらしい。何故ここを目指すかというと、長いマフラーの女の子が来た店だからだ。

長いマフラーがバイクの車輪に巻き込まれる事故で亡くなった女子大生がこの店の近所に住んでいて、ある夏の夜、既に亡くなっているはずなのに、マフラーを巻いた姿でこの店に現れたという不思議な話を僕は友人から教えてもらった。

亡くなったはずの人間が現れた場所に自分が行くことで、僕は不思議な現象を現実の延長線上につなげたいと思っている。あの世とこの世がつながれば、過剰な不安や恐れで閉塞したこの世界が、もっと広がるのではないか。そんな希望を持っている。

午前一時半、中華料理屋の近くに到着する。しかし店はいっこうに見つからない。グーグルマップで検索するものの、その場所にそれがない。解体されたあとの空き地しか……この空き地が、探していた中華料理屋だった。移店したのだそうだ。

空き地を発見したとき、その探索の模様をスマホで生配信していたのだが、僕の背後にマフラーを巻いた女の人の姿が映っていると視聴者に指摘された。確認するとたしかにそれらしき顔がでかでかと映り込んでいた。

後日、なんばグランド花月の怪談イベントでこのときの画像をステージの大スクリーンに映したところ、舞台袖でそれを見ていた、まったく関係ないスタイリストさんがボロボロと泣き出した。悲しいわけでもないのに何故か涙が止まらなくなったという。

さらに数日後、テレビ番組「おまえら行くな。」でこの中華料理屋跡へ再検証に行き、にしねがロケ車内でピアニカをおでこで奏でる芸を披露したところ、その瞬間から謎のバイク音が鳴り響き続けるという現象が起きた。ロケの時間は深夜だ。近辺でどこにもバイクは走っていない。

このバイク音は結局、その日、実家に帰った北野誠さんのところまでついてきた。もちろん誠さんが家に到着するまで一台もバイクとは遭遇はしていない。音だけが、誠さんが寝る前に歯磨きをしている間も鳴っていたという。亡くなった女性が乗っていたのは大型バイクであった。もしかしたらその音は彼女が鳴らしていたのかもしれない。

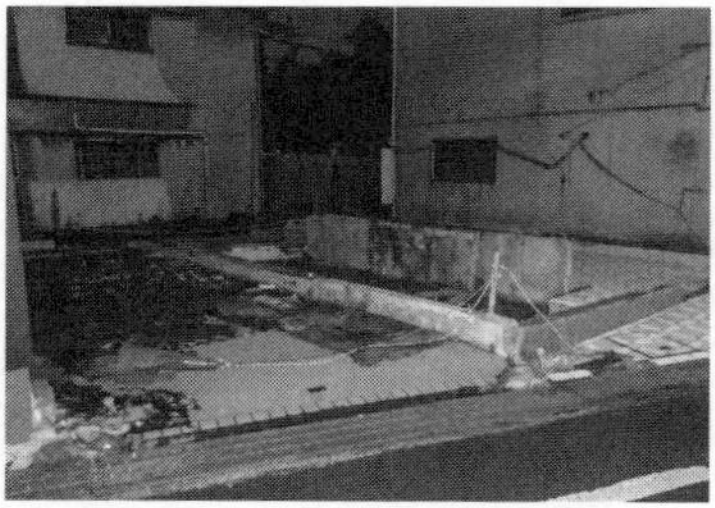

今はもうなくなってしまった中華料理跡地。

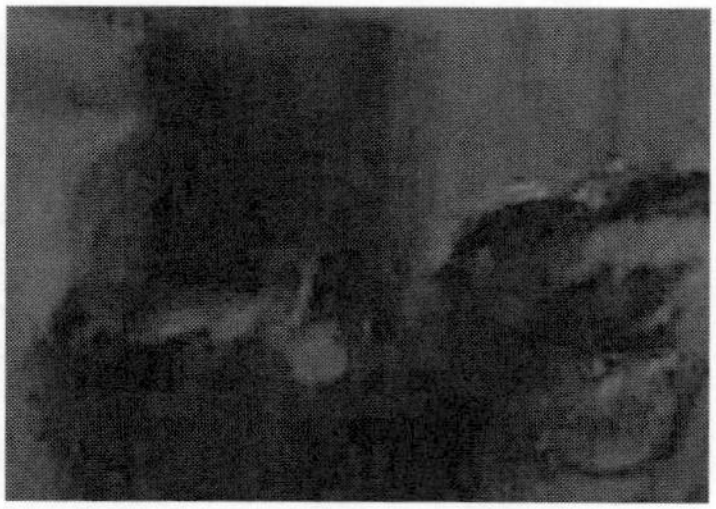

僕の生配信に写りこんだマフラーの女の子。

川辺の小学校（大阪）　6月29日

真夜中、中華料理屋跡から原付バイクで移動し、僕が芸人になって初めて大阪に出てきたときに住んでいた街へ行く。ここには二十歳過ぎから約五年間住んでいた。コンビニのバイトしたりコンビニのバイトしたりコンビニのバイトしたり……あ、クロネコヤマトのバイトもしたか。

思い出深……くはそんなにないこの街にある小学校に、こんな噂がある。

数十年前、新任の女性教師が始業式で朝礼台に立ってあいさつしたとき、彼女にだけ影がなかった。その日の晩、新任教師は急死する。原因は不明だった。

一年後、新任教師の命日である始業式の日に、中庭の銅像の前に彼女が立っている姿が目撃される。さらには担当するはずのクラスをのぞいていたこともあったという。

小学校の恐い話といえば、僕の地元、神戸市の舞子の同級生Y子の話を思い出す。

Y子はよく学校の帰りにハムスターのおじさんと遭遇した。このおじさんに会うと、手のひらに乗せたハムスターを見せて触らせてくれるという。当時Y子は低学年で背が低かったため、自分の顔の位置がちょうどおじさんの下半身の高さに位置していた。おじさんは直立したまま、

両手をズボンのファスナーの位置に合わせ、パッと手のひらを返すとハムスターが現れる。残念ながら幼いY子はその違和感に気づくことができなかった。Y子はある日、ハムスターのおじさんのことを母親に言うと、ひどく母親に怒られたという。もう二度とハムスターのおじさんには近づくなと。その後、Y子の母親は学校へ連絡したらしく、以降、ハムスターのおじさんを見ることはなくなったという。

この話は平山夢明さんの「ハムスターおじさん」という話と酷似しており、手口はほぼ一緒。ただ平山さんの話に出てくるハムスターおじさんは都会の電車の中に現れる。変質者は時代と地域の壁を越え、同じような変態行為を思いつく。これは場所の離れた各地の心霊スポットで、何故か同じような現象が報告されるのとなんだか似ている気がする。

新任教師の悲しい話があった小学校のブロック塀を眺めながら、そんなことを考えた午前三時であった。

小学校のブロック塀。

●R病院跡（大阪） 6月29日

急死した新任教師の霊が出るという噂の小学校のまわりを一周したあと、午前三時半、かつて「R病院」と呼ばれた大阪で最も知名度の高い心霊スポットの跡地へ向かう。

この病院で有名なのはカルテの話だ。廃墟と化した病院の中にはカルテが散乱しており、これを持って帰ると夜中に病院から電話がかかってきて、「今からとりにいきます」と言って電話は切れるらしい。カルテを返さずにいたら消息不明になってしまった人もいるとのこと。この「カルテ」が「薬」だったりする噂もあるようだ。

このようなカルテの怪談は、泉南市にあった「マルイ病院」でも噂されているようで、両者が混同している可能性はある。そもそもカルテの話は四国のある病院が元祖であるという説もあるみたいだ。心霊スポットのエピソードが似たようなものであふれていくのはよくあることである。

それよりも興味深かったのは、実際にR病院跡地へ行ってみると、ある業者の施設になっていたことだ。その業者の別の施設を調べてみると、そこもまた、心霊スポットの跡地に建てられている可能性があることがわかった。憶測だが、心霊スポット跡地は土地が安くなるのかもしれない。そしてピンポイントでその土地を選び、業務拡大していくというのも、ある意味たくましい営業戦略である。気にしない人は気にしない、ということだ。

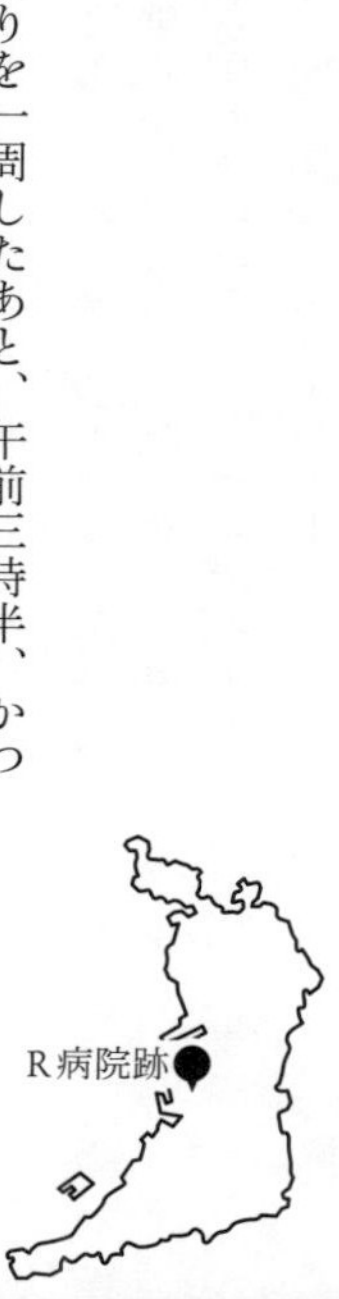

●井の頭公園（東京）　7月1日

この時期、僕は当時住んでいた大阪の事故物件のセカンドハウスとして、千葉に四軒目の事故物件を借りたばかりだった。東京での仕事がじょじょに増えはじめていたので関東にも拠点を置きたかったのと、二万七千円という家賃が安かったのが大きかった。

しかし入居初日に気分が悪くなって失神したり、近所の防犯センサーの音がうるさくて落ち着けなかったり、何より東京から遠過ぎるというのもあり、結局、千葉の事故物件にはほとんど帰らなかった。この日も一度家に帰ったものの、終電に乗り、ライターの村田らむさんに会いに行った。

らむさんと吉祥寺で待ち合わせ。おっさん二人で真夜中のデートだ。いや、取材を兼ねて井の頭公園を探索する。

井の頭公園には、白いワンピースを着た首のない女性の霊が現れるという。女性は池の中から現れ、目が合った者に手招きをし、近づくと池に引きずり込む。この噂は有名な未解決事件が影響しているといわれているが、その事件は被害者が男性なので実際は関係ないだろう。事件よりももしかしたら「カップルで井の頭池のボートに乗ると必ずその二人は別れる」という井の頭公園の伝説のほうが関係あるかもしれない。ちなみに各地にある「カップルでボートに乗ったら破局する」という都市伝説の発祥の地がこの井の頭公園であるともいわれている。一

説には池の西端の祠に鎮座する弁財天がカップルに嫉妬するからだとか。

　金曜日の夜ということもあってか、真夜中の井の頭公園はそこそこにぎやかで、何組かの若者が楽しそうにワイワイしていた。僕らおっさん二人はそれらに遭遇しないようにヒソヒソと弁天様の祠へ向かう。

　井の頭弁財天へは弁天橋を渡るのだが、この橋、下側からライトで照らされていてカッコいい。まるで異次元へ続く長い通路を歩いているみたいだ。そしてこの橋を渡りきった先にある弁財天は、赤い祠がライトアップされ、なんともいえぬ美しさがあった。間違いない、これはパワースポットだ、たぶん。

　帰り道、僕とらむさんは井の頭自然文化園で飼育されていたアジアゾウ「はな子」の話で盛り上がる。はな子は、日本で飼育された象では最も長寿だった。二〇一六年に六十九年の生涯を閉じ、今年の五月、吉祥寺駅前にはな子の像が完成したばかりであった。そういえば事故物件公示サイト「大島てる」は、もともとは象のいる動物園のマッピングサイトを作ろうとしていたらしい。「大島てる」代表である大島てるさんが言うには、その理由は「象が好きだから」だそうだ。

　心なしか、今日で僕はらむさんとより仲が良くなったような気がした。ボートに乗らず、弁天様の祠まで行ったからだろうか。ちゃんと弁天様をお参りすれば別れるどころか、縁結びの効果があるのではないだろうか。

弁財天へ行くための弁天橋。

厨《ず》子《し》奥《おく》トンネル（京都） 7月2日

事務所の後輩である女装YouTuberのよこおりょうすけと、女装して京都の心霊スポット巡りをすることになった。運転手としてついてくる華井にも、もちろん女装してもらう。

まず一つ目に訪れた場所が京都市山科区にある厨子奥トンネルだ。このトンネル入口の壁には観音様が描かれており、そこに落書きした者は原因不明の精神の病にかかったり、体調不良になるという噂がある。しかし落書きされた観音像はどれかわからなかった。

トンネルは入口から中の写真を撮ろうとすると、誰もいないのに、華井のスマホのカメラにすごい勢いで顔認証のカーソルが現れた。そして、その顔認証が出ている画面を僕らに見せようとしたとき画面がバグり、華井のスマホが動かなくなる。

「最悪や〜」

嘆く華井。しばらくすると直る。

内部はイタズラなのか霊現象なのかわからないが、ペンキで塗られた手形が無数に存在した。イタズラだとしたら、手を洗うのに大変苦労するだろう。努力の跡が垣間見られるイタズラである。

トンネルの向こう側は墓地になっており、無縁仏の墓が密集していた。

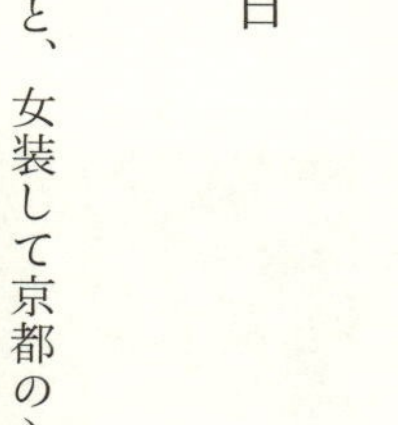

トンネル内には誰もいないのに顔認証する華井のスマホのカメラ。

不思議な手形があった。

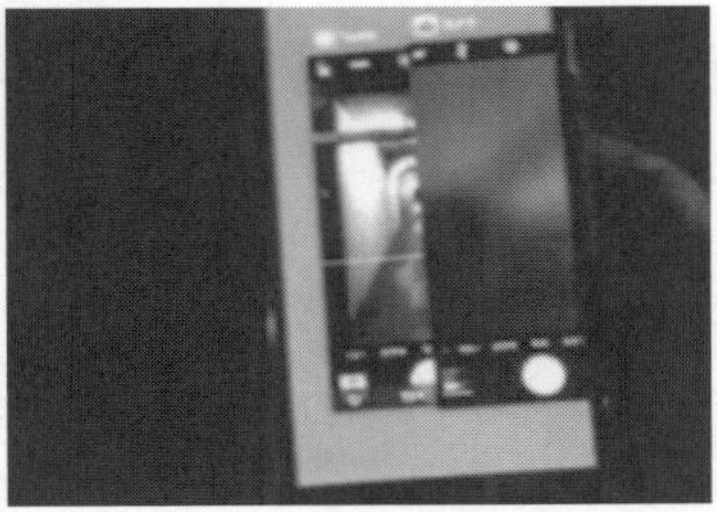

画面がバグりスマホが動かなくなる。

花山洞（京都）　7月3日

午前二時半、僕と女装YouTuberのよこおりょうすけと華井で、女装したまま将軍塚を下り、花山洞へ移動する。今年の正月は花山洞へ徒歩で行ったのでとても遠かったが、車移動はとても楽だ。あっという間に到着した。以前はよくわかっていなかったが、ここには、〈落ち武者の霊が出る〉〈赤い服の女が出る〉という噂の他に、首なしライダーが出没する噂もあるようだ。

しかし花山洞には先客がいた。ヤンキーファッションに身を包んだ若者が、一人でトンネルを行ったり来たりしている。しかも、そのたびに電灯がついたり消えたり。それを入口で見守る僕ら女装した男三人。

思いきって若者に話しかけてみる。

「こんばんわー」

すると若者は明るく気のいい青年だった。

「さっきから何回も往復してるんすけどなかなか幽霊が現れないんですよー」

おっさん三人の女装の件にはいっさい触れずに答えてくれた。

「あと一往復だけしてきてもいいですかー?」

どうぞどうぞと、再び入口で若者を見守る女装したおっさん三人。そしてやっぱりある地点

を若者が通ると電灯が消える。そしてしばらくするとつく。

「じゃあ別の心霊スポット行ってきますー」

そう言って彼は一人、旅立っていった。

改めて女装男三人で花山洞を検証した。しかし特に何も起こらない。電灯も消えない。もしかしてさっきの若者自体が幽霊だったんじゃないだろうか？

あきらめて次の場所に移動しようとしたとき、僕たちが生配信していた動画にコメントが書き込まれた。

「さっきの若者です(笑)。本当に配信されてたんですね」

僕らのことを検索して探してくれたみたいだ。なんていいやつ。幽霊じゃなかった。

若者が行ったり来たりするときだけ電気が何故か点滅した。

粟《あわ》田《た》口《ぐち》刑場跡（京都）　7月3日

僕と女装YouTuberよこおりょうすけと華井が女装して巡る心霊スポットのラストは、粟田口刑場跡だ。平安時代から江戸時代まで約一万五千人がここで処刑されたと伝えられ、現在は供養碑だけが残されている。あの明智光秀もこの地で首をはねられたとか。というか、光秀は自害したあと家臣に介錯させているので、わざわざその首と胴体をつなぎ合わせてから粟田口刑場でもう一度首をはねられたということになる。恐い時代。

京都市営地下鉄の蹴《け》上《あげ》駅がこの刑場跡には一番近いが、この「蹴上」という地名も、〈処刑を拒む受刑者を蹴り上げながら無理やり刑場まで連れて行った〉〈処刑された生首を役人が蹴り上げて運んでいた〉という由来があるといわれている。他にも〈すれ違ったときに馬が蹴り上げた泥がかかったため、その馬に乗っていた侍を、源義経が刀で殺した逸話から名づけられた〉という説もある。ちなみにそのとき源義経が汚れた刀を洗った池が「血洗池」で、その場所を「御陵《みささぎ》血《ち》洗町《あらいちょう》」という。京都は恐い地名が多い。

粟田口刑場跡前に到着したものの、供養碑への行き方が謎である。どうやって停めたんだろうと思うほどギチギチに縦列駐車された車が道路脇に並ぶが、いっさい人の気配がない。なんとなく、いつゾンビが襲ってきてもおかしくないような雰囲気だ。ぼうぼうに生えた夏草のす

き間から入口らしき階段を見つけ、なんとか刑場跡へ入る。蜘蛛の巣やイバラが、女装した僕たちのワンピースや麦わら帽子に引っかかる。女の人はこんな服を着て街を歩いているんだなと思うと、つくづく大変だなと思った。

供養碑にたどりついたときには虫に刺され、服は汚れ、ボロボロになっていた。

江戸時代には供養塔がたくさんあったらしいが、現在は二基しかない。今残っているものは、明治になって刑場が廃止されたあと、粟田口解剖場が作られた時代のものだそうだ。

ここまで来たのだから、供養碑と写真を撮る。一枚だけ僕の顔が溶けたような写真が撮れた。光の当たり方の具合でそう見えるだけかもしれないが、気持ち悪いのはたしかだ。

夏草をかき分けかき分け刑場跡へ。

不思議に溶けたように写った僕の顔。

五《ご》ヶ《か》池《いけ》（兵庫）　7月6日

この日はちょうど、月一回の姫路七福座ライブの七周年記念だった。ライブが終わり、七福座のみなさんに盛大にごちそうになったあと、にしねと二人で西宮の五ヶ池に行く。

ここは昔、近くで殺人事件が起き、それ以来、公衆トイレで子供の泣き叫ぶ声が聞こえるという噂がある。さらにトイレに謎の血がべっとりついていたなんて話もある。また、トイレ近くのゴミ捨て場には「ワタシをここに捨てないで　あなたと一緒に帰りたい」と書かれていたそうで、昔この場所にペットや赤ん坊を遺棄する人が多かったからだといわれている。

五ヶ池のそばにあるピクニックセンターまでタクシーで連れて行ってもらったあとは、もう静寂しかない。運転手さんも本当にここでいいの？　という感じだった。ちなみにこのピクニックセンターでも約三十年前、少女が殺され、また、同じ犯人の供述により主婦も殺されて埋められていることがわかったそうだ。

深夜一時。暗闇と静寂の中、にしねと二人で池の周囲を歩き、トイレを探す。

その途中、怪しい脇道があったので寄り道してみると、東屋があった。この東屋で腰を下ろしたが最後、僕はライブの打ち上げでたらふくいただいたビールの酔いにまかせてベンチで寝てしまった。

そして一人残されたにしねは僕が寝てしまっている間に一人でトイレに向かい、僕が起きる

までトイレで動画の生配信をがんばってくれたみたいだ。えらい。

残念ながら子供の声は聞こえて来なかったそうだが、気持ち悪い虫（カマドウマ、デカい蛾など）がたくさんいてそれが怖かったという。というか、取り憑かれてなくてよかった。

明け方、散歩する近隣住民がどんどん増える。山を降りると、とたんに高級住宅地だった。そのギャップがまた、五ヶ池の異界ぶりを際立たせた。僕は寝ていただけだけど。

五ヶ池のバス停。

さまざまな噂のあるトイレ。

行天宮（台湾）　7月13日

初めての海外。突然、台湾へ華井と二人で行くことになる。初めてのことが一人ではできない僕にとって、人生の五年先輩である後輩の華井はたよりになる。華井のおかげで新しいことにチャレンジできるが、華井のせいで僕は一人では何もできないままだ。でも助かる。

関西国際空港から飛行機に乗り、台北にある台湾桃園国際空港に到着。七月の台湾はもちろん暑い。蒸し暑い。いろいろ行ってみたい観光地もあるにはあるが、よくわからないので、とりあえず夜市というのに行ってみる。屋台が集まり、真夜中も営業していて、まるでお祭りの縁日を毎日やっているようで楽しい。

しかし夜市にたどりつく前に華井は人糞を踏んで意気消沈。僕はそんな華井を尻目に屋台でタピオカミルクティーを購入するが、飲む前にひっくり返す。前途多難である。

夜市を見物したあとは、行天宮を目指す。『三国志』の関羽を祀っている寺院を関帝廟というのだが、行天宮は台北にある関帝廟だ。僕がバイトをしていた漫画喫茶には横山光輝の『三国志』が全巻揃っていて、僕はバイト中（バイト中も漫画を読んでいい漫画喫茶だった）やバイト後に読みふけり全巻読破した。小学生の頃も友達の家に集まってスーパーファミコンの「三国志」でよく遊んだので（僕は弱小君主の公孫瓚ばかり使ってすぐに国を滅ぼされていた）、関羽のことはよく知っている。

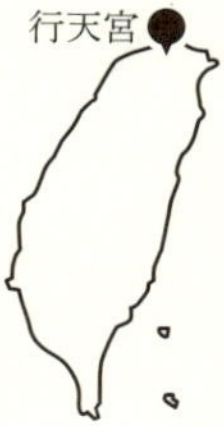

関帝廟の本殿は中央に関羽を祀り、右側に息子の関平、左側に側近の周倉の二神をそれぞれ祀っているという。架空の人物である周倉まで神様として祀られてるなんて、なんて胸アツなんだろう。

行天宮で有名なのは、占いだ。「当たりすぎて怖い」とまでいわれる評判の占い師が行天宮のまわりにはわんさかいるという。特に「占い横丁」は、占いブースが二十軒ほど軒を連ねる、占いのためだけの地下通路。霊視できる占い師もいるというので、せっかくだから視てもらうことにした。地下通路へ続く階段は、日本の地下鉄へ降りる階段となんら変わりない。そして、午前三時というあまりにも遅い時間に来すぎたせいなのか、どこも開いてない。ただのシャッター地下街だった。そりゃそうか。

屋台で買ったタピオカミルクティーを飲む前にひっくり返す。

地下通路の占い横丁は閉まっていた。

廃火葬場（台湾）　7月13日

午前三時半、慣れないタクシーに乗って行天宮から約十分。台湾最恐トンネルとして名高い辛亥《しんがい》トンネルの手前、公立図書館で降ろしてもらう。この場所から辛亥トンネルへは大通りを進めばたどりつく。

いよいよ異国の異界へ突入だ。

途中、歩道沿いの壁に、セクシーな台湾のグラビアアイドルらしき女性がパッケージに描かれた、トランプのような箱が立てかけられていた。エッチなカードでも入っているのかなと箱を持ち上げてみると、中から赤い蟻がわんさか出てきた。この蟻、日本のテレビで見たことがある。二〇一七年五月、神戸港から侵入し、輸送先の尼崎で見つかった猛毒のヒアリだ。僕はすぐに箱から手を離し、手を払う。これはトランプなんかじゃない、トラップだ。アイドルによるハニートラップじゃなく、ヒアリトラップだ。

辛亥トンネルを目指す理由は二つある。一つはトンネル内で心霊現象が多発しているから。もう一つはトンネルの手前に火葬場があり、そこも心霊スポットであるらしいからだ。だからトンネルに入る前にこの火葬場にも立ち寄ってみる。

火葬場はどうやら二つあるみたいだった。現役で営業中の火葬場と、廃火葬場。

広い駐車場の奥に見えるのがおそらく稼働中の火葬場だ。その反対側の暗闇に、ポツンと灯

りがついている低い建物があり、僕はそちらが気になった。

近づいてみると入口には灯りがなく、近くで見たら廃墟だった。天井がめくれ、中には何もない、空洞だ。トイレは封鎖され、ガラスが割れているところもある。でもなぜか廊下は灯りがついている。謎だ。

僕と華井はいったん、タバコのマークと灰皿がある場所でタバコを吸う。たぶんここは喫煙所だろう。すると、廊下の向こうから音がした。

〝ガタガタガタ！〟

え、誰かいるの？……いや、人の気配はない。

ダメだ、これはどうやら恐いぞ、ここ。異国だし、いろいろ勝手がわからない。


廃墟の前にこの建物の案内図らしきパネルがあった。

外国とはいえ台湾は漢字圏なので、なんとなく意味がわかるような気がする。

「冷蔵室」はおそらく遺体安置所。「遺體解剖室」は遺体をきれいにするところ。

「遺體化粧室」は納棺師が死化粧を施す部屋なのだろう。

「T悲傷輔導室」は悲しい傷を輔導？　補導っていうのはどういう意味なんだろう。

「移霊走廊」は遺体を運ぶ廊下なのかな。

でもこの灯りがついている廊下が「移霊走廊」にあたるということは？

「花園」はたぶんさっきタバコを吸った場所だ。喫煙所のことを「花園」っていうのかな。

「花園」から「移霊走廊」を挟んで向こう側に「遺體解剖室」がある。ということは、さっきタバコを吸ってたときの〝ガタガタ〟って音は、「遺體解剖室」から聞こえてきたのか。

……そして、「火化場」は、きっと火葬場だ。

灯りのついている廊下は窓が開いていた。中をのぞいてみると貼り紙に文字が書いてある。

「↑移霊路線」

霊が移動する路線? 霊の通り道だろうか。この廊下の延長線上は「尊榮大道」と書かれた渡り廊下になっていて、屋根はあるが柵はなく、建物内に侵入しなくても外から自由に通れるようになっていた。案内図と照らし合わせると「尊榮大道」のその先は「火化場」、火葬場である。

僕と華井は渡り廊下に移動した。

〝キ―――――ン〟

「移霊走廊」の延長線上に立った瞬間、明らかな耳鳴りに襲われる。

「今、耳鳴り来てます」

どうやら華井も僕と同時に耳鳴りがしているようだ。そして真夜中とはいえ真夏の台湾で寒いわけがないのだが、二人ともありえないほどの鳥肌が立つ。

「ここ、明らかにさっきまでとは違うよな」

「はい、ここ絶対ヤバいです」

改めて前置きするが、僕と華井にはいっさい霊感がない。この日までもけっこうな数の心霊スポットに行ってきたが、ここまで身体的な異常を感じたのは初めてだ。

「うわ、なんやこれ」

突然、華井のスマホが勝手に動き出した。触ってもいないのに音声アシスタントの画面が起動し、見たこともない文字がダ――ッと流れ出した。そして、スマホの画面がひとりでにもとに戻った。その瞬間。

〝チリンチリンチリンチリン……〟

渡り廊下のその先、火葬場の方向から、明らかに鈴の音が押し寄せてきた。

「怖い怖い怖い怖い！」

僕は後ろをいっさいふり向かず、全力で走り出した。

〝チリンチリンチリンチリンチリンチリン〟

まったく鳴りやまない。確実に追いかけてきている。

〝チリンチリンチリンチリン……〟

気づいたら華井も走っている。僕らはとにかくこの鈴から離れなくてはいけないと必死で走った。

〝チリンチリン……〟

駐車場まで走ってきた。ハァハァハァ、ここまで来れば大丈夫……じゃない！

〝……チリンチリンチリンチリンチリンチリンチリンチリンチリン〟

近づいてきた！　ダメだ！　まだ追いかけて来る！

逃げるしかない。走る。走る。走る。走る……

無我夢中、一心不乱、とにかく明るい方へ、明るい方へ。僕らは全力で逃げた。これはもう本能がそうさせた。鈴に追いつかれたら死ぬと思った。
気がつけば僕ら二人は、辛亥トンネルの入口まで逃げてきていた。

灯りがついているが火葬場の廃墟だった。

歩道で見つけた箱の中にはヒアリがいっぱい。

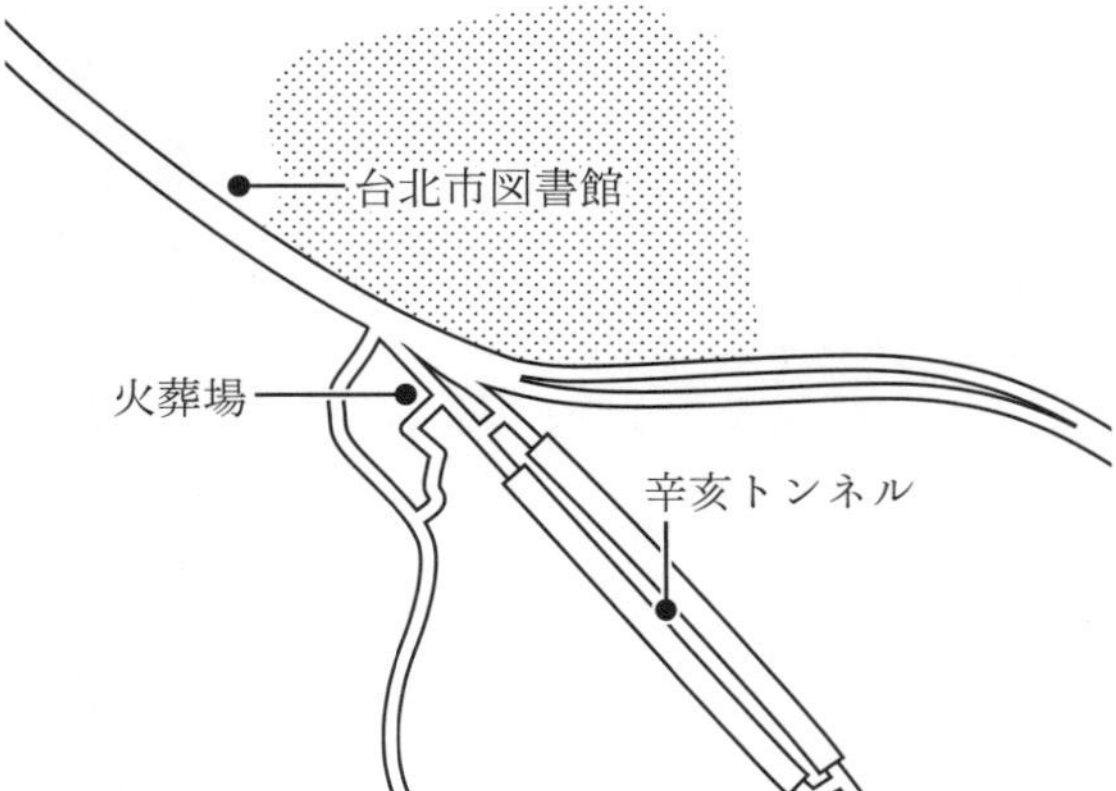

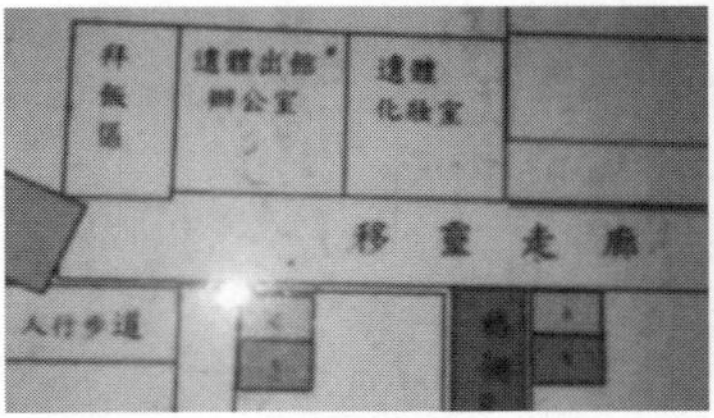

「移霊走廊」「遺體解剖室」 などと書かれた案内図。

火葬場の中をのぞくと天井がめくれ荒れはてていた。

華井のスマホも突然、勝手に動き出した。

この先にある渡り廊下に立った途端に不思議な鈴の音が聞こえてきた。

辛亥トンネル（台湾）　7月13日

火葬場から逃げてたどりついた辛亥トンネルは、明るくて交通量もとても多い。

僕と華井は無意識に、生きている人間がいる場所に向かって走っていたのだ。そうしてたどりついたのが本来の目的地、台湾最恐スポットの一つ、辛亥トンネルだった。まさかオマケで行った火葬場の避難所としてここに来ることになろうとは。

辛亥トンネルの噂は、〈白い服を着た女性がトンネルの脇で自分を乗せてくれる車やバイクを探している〉〈バイクで走ると赤い服の女が後ろにのしかかる〉〈手足のない老婆が這いずりまわる〉などがある。

手前が火葬場、上が墓地なので、その状況から幽霊が出ないわけがないとされているのかもしれない。そのこじつけは日本でいうと京都の花山洞や、神奈川の小坪トンネルとよく似ている。

気を取り直し……というよりむしろ数分前の恐怖を打ち消したいがために辛亥トンネルに入る。トンネルの中ほどにグニャリと曲がっているガードレールがあり、きっと事故で誰かが死んでいるのだろうが、さきほどの鈴の音がまだ頭から離れないせいで全然集中できない。

トンネルの壁も不自然に塗り替えた跡があったりしたが、火葬場での出来事が怖すぎたせい

で全然興味が湧かない。

ダメだ、全然怖くない。

いや、むしろありがたい。明るくてありがとう辛亥トンネル。交通量が多くてすぐにでもひかれそうだけど、うるさくてありがとう辛亥トンネル。おかげで少し落ち着いた。

トンネルを抜けると、向こう側は山だった。そしてもう朝だった。

さすがにもう疲れたので、トンネルの出口付近でタクシーを拾う。


タクシーに乗ると、運転手に質問された。

「ホワットタイム、ゼアー」

何時頃からあそこにいたんだい？　と聞いているのかなぁと解釈して答える。

「スリーオクロック（三時です）」

「オーマイゴッド！」

運転手はそう言って両手で頭を抱えた。いや、ハンドル握って！　事故るから！

「ルックフロント、ルックフロント！」

そう言うと、運転手は紙に何かを描きはじめた。いや、そんなことより前を向いて運転してほしいねんけどなぁと思いつつも待っていると、何かを描いた紙を僕に渡す。紙にはトンネルの絵が描いてある。

「リビングデッド、リビングデッド、ウォーキングデッド！　ワンオクロック、スリーオクロック！」

運転手は興奮気味に言っている。

「このトンネルには深夜一時から三時までの間、生きた屍、いわゆるゾンビのようなバケモノが歩いてるよ」

たぶん、彼が言いたかったのはこういうことなのだろう。そうか、辛亥トンネルはタクシーの運転手にとって、バケモノすなわち幽霊が出ることで有名なんやなぁと感心した。

そして、運転手はもう一枚僕にメモ書きを渡す。

〈火化場〉

そう書いてある。火葬場のことだ！　そしてさらにひとこと。

「モアデンジャラス！」

そう付け加えて叫んだ。

たぶん「真夜中に生きた屍が歩いてる辛亥トンネルも怖いけど、それよりも危ないのが、火葬場やで！」という意味だろう。まさに僕たちはその火葬場にさっきまでいて、鈴に追いかけられた話をしたいんだけど、それを伝える英会話力がない。

「ゼアゼアー、アイワズゼアー」

そう言って僕は〈火化場〉と書かれた紙を指差した。

「オーマイゴッド！」

運転手はまた両手で頭を抱えだした。

運転手さん、それよりあんた運転しっかりして！

宿泊先のホテルまで、生きた心地がしなかった。

火葬場から逃げてきてたどりついた
辛亥トンネル。

辛亥トンネルの中は明るく交通量も多かった。

炭鉱廃墟（台湾） 7月14日

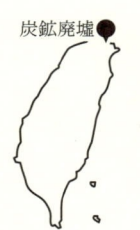

台湾旅行二日目。台湾はとにかくバイクが多い。交通量が多い。それ以外は大阪の今宮や大正の街並みとよく似ているような気がした。繁華街はアメリカ村っぽい。世界はけっこう似ているんだなあと思った。

あと、トイレでお尻をふいた紙を流してはいけないのが衝撃的だった。ゴミ箱に捨てないといけないのだ。僕は排泄物のついた紙をその場から消すことができないことが恐ろしく、結局排便をしないままでいた。

二日目の夜は、台湾の心霊タレントに、この人に同行してもらわないと入れない場所へ案内してもらう。

午前〇時に向かったのは、爆発事故で七十人が死んだとされる炭鉱施設の廃墟だ。

車で山を登り、未舗装の道を行き、野犬の群れをくぐり抜け、たどりついたのはボロボロの平屋。と思ったら、地下に五フロアくらい広がっていた。台湾は廃墟の規模が違う。

隠し扉や階段をロールプレイングゲームのようにどんどん進んでいくと、何十年も前の炭鉱夫が使っていた使用済みヘルメットや作業着がドロドロの状態で放置されている。

そして一番下のフロアには大浴場があり、そこに黒い人影が現れるという。

人影のような黒いシミがありすぎて、何も現れなくても不気味でしかなかった。

何十年も前に使われていたヘルメットが並ぶ。

地下に広がっていたボロボロの部屋。

黒魔術幼稚園（台湾） 7月14日

台北にある炭鉱の廃墟に連れていってもらったあと、午前二時にもう一ヶ所案内されたのが巨大幼稚園の廃墟だ。この幼稚園は黒魔術の集団が何かの儀式に使用していたといわれている場所で、入口には赤い糸がテープで止められている。

「これを踏むと赤い女性が枕元に立つから気をつけて」

ギョッとすることをいきなり言われる。

台湾にはこの赤い糸に似た「紅包」と呼ばれる赤い封筒にまつわる風習があるそうだ。女性が未婚のまま亡くなると、道端に遺族が赤い封筒を置く。通行人がそれを拾うと監視していた遺族が現れ、死者との結婚を強要するという。いわゆる冥婚の儀式だ。幼稚園にあった赤い糸は、紅包から派生した呪術の一種であるという。

幼稚園の廃墟のある一室では、教室のような部屋の真ん中にイスが一つポツンとあり、イスの上にはキャラメルが置かれていた。これも何かの罠か儀式かなと恐る恐る近づくと、まわりの壁に小さな手形が無数についていた。いちいち恐怖のレベルが高い。

そして三、四階あたりの一室には完全に儀式の跡が残っていた。鳥の死骸と蜂の巣、ハサミ、ナイフ、謎の置物が意味ありげに配置されている。意味はわからないけど、わからないからこその不気味さがあった。

二泊三日の台湾旅行の最後の衝撃は日本に戻ってすぐの関西国際空港で起きる。飛行機を降り、ロビーに出ると、百人以上の女子高生や女子大生らしきギャルたちがいっせいに、こっちを見ながら黄色い声援をあげた。

「キャ————!!」

「あれ? まさかこの三日間で僕、日本で大ブレイクしてたの?」

そう思っていちおう彼女たちに手をふってみたら、その瞬間、こっちへ向かって百人のギャルたちがダッシュしてきた。

「え、マジで? 嘘やろ、え? 痛っ!」

とまどう僕にギャルたちは猛タックル。そのまま通り過ぎていった。

実は、ちょうど僕の後ろを韓国の超人気男性グループ「EXO(エクソ)」が歩いていたのだ。空港に押し寄せた彼女たちは、タニシではない、エクソのファンだったのだ。たまたま同じ飛行機に搭乗していたということだった。僕の初海外、初台湾は、こうして女子にタックルされて幕を閉じた。

キャラメルが置かれていたイス。

線守稲荷神社（神奈川）　7月18日

名古屋のラジオの生放送が終わったあと、夕方五時発の東京行き高速バスに乗り、途中の御殿場インターチェンジで降りて、ニコニコ生放送の木村さんに車で迎えに来てもらう。

まず連れていってもらうのは神奈川県の足柄上郡にある線守稲荷神社だ。この神社の下にキツネの祟りが原因で使われなくなったという廃トンネルがあり、そのトンネルには〈女性の霊が現れる〉〈女性の声が聞こえる〉という噂があるらしい。

明治時代になって日本各地に汽車が走るようになると、「偽汽車」という都市伝説が流行るようになる。狸や狐が汽車に化けて、本物の汽車の運行を妨害するという噂だ。この線守稲荷神社が創建されたのも、東海道本線の開通により住家を追われた狐が汽車にもたらす災いを鎮めるためだったという。

――線路に大きな岩や牛が落ちていることが何回か続き、そのたび急停止して点検すると岩も牛もこつ然と消えている。またもや牛が落ちていたある日、そのまま汽車を走らせると牛と衝突してしまう。慌てて周囲を確認するとそこにあったのは牛ではなく狐の死体だった。実は鉄道工事中に狐の巣を撤去したことがわかり、狐の災いを鎮めるために狐を祀り、鉄道の守り神として「線守稲荷」と命名したところ不思議なことは起きなくなったとのこと――

残念ながら線守稲荷神社にも、その下にあるトンネルにも入ることはできなかった。立入禁止である。こんな不思議な話が実際にあって、こうやって守り神が誕生していくのかと、自然界と人間界のつき合い方に感心しつつ、遠目で神社を眺めるしかできないようだ。夜中なのでどこに鳥居があるのかもわからなかった。

立入禁止でこれ以上近付くことができなかった。

ヤビツ峠（神奈川）　7月19日

線守稲荷から日をまたいで次に向かったのが、秦野《はだの》市にあるヤビツ峠。〈歩いていると手足をつかまれる〉〈車の後ろを老婆が追いかけてくる〉〈ある場所に立っているカーブミラーは絶対に見てはいけない〉などの噂があるが、それよりもここは走り屋が多数出没するため、そっちのほうが危険な場所ではある。

このヤビツ峠は僕が木村さんにリクエストして連れてきてもらった。何故なら、ある日ツイッターで拡散されていた心霊写真があまりにも強烈で、それがこのヤビツ峠のトイレで撮られたものだったからだ。その写真は、鏡の下部に小人みたいに小さなおかっぱの女の子が、あまりにもはっきりと写っていた。あまりにもはっきりと。

これは現地に行って検証しなければと思い、木村さんに連絡して今日に至る。

ヤビツ峠に着いたはいいが、残念ながら電波が届かないので、かんじんのトイレの中からは生配信ができなかった。何枚か写真も撮ってみたのだが、おかっぱの女の子は一枚も写らない。

後日、福岡の犬鳴トンネルで撮られた別の人の心霊写真がまた拡散されていた。

トンネルの右上部分に、小人みたいに小さなおかっぱの女の子が、あまりにもはっきりと写っていた。あまりにもはっきりと。これは、ヤビツ峠の鏡に写っていた女の子と照らし合わせ

て検証しなければと思い、二つの画像を並べてみたら、まったく同じサイズのまったく同じおかっぱの女の子だった。

そういうのを作れるアプリがあるのかね。

おかげさまで、もっと人間を疑って生きていこうと思えました。

写真につられ本当にヤビツ峠のトイレまで行ってしまった。

白旗神社（神奈川）　7月19日

午前三時過ぎ、藤沢市の白旗神社へ。とにかく白い。きれい。新しい。カッコいい。ちなみに大鳥居は日本で唯一のグラスファイバー製だそうだ。ここはもともとは寒川神社と呼ばれていたが、源義経を祀ったことから、白旗神社と呼ばれるようになったという。

伝説によると、現在の岩手県南西部で自刃した義経の首は、鎌倉の浜辺で本人であることを確認されたあと、海に捨てられ潮に乗って川を上り、この白旗神社付近に流れ着き、住民たちによって葬られたと伝えられている。首が川を逆流するとは、さすが義経。

全国に何十もある白旗神社はその祭神を源氏の武将としているが、源義経を祀っているのは数えるほどしかないそうだ。

ところで、この藤沢市の白旗神社の近くには、潮に乗って境川を上ってきた義経の首を里人が洗い清めたとされる義経首洗井戸がある。それは神社から少し歩いた路地裏の小さな公園の中にあった。こういうのを見つけるのが、自分の体でロールプレイングゲームをしているようでなかなか楽しい。「異界巡り」というテーマで各地を回ることで、僕は今まで決して知ることのなかった歴史や伝承に興味を持つようになった。これがただの神社仏閣巡りやパワースポット巡りだと、僕の場合、何から手をつけていいのかわからないし、興味が続かないと思う。なんでも表と裏があってこそおもしろいし、変な場所や変なエピソードにこそ興味が湧く。

千駄ヶ谷トンネル（東京）7月20日

この日は新大久保の怪談イベントに村田らむさんと出演した。大阪から華井とにしねも来ていたので四人で木村さんの車に乗り、生配信しながら関東心霊観光をすることになった。今回はあえてメディアでよく紹介される場所を中心に東京にあこがれる関西芸人たちが東京を巡る。

まずは千駄ヶ谷トンネルへ。ここはトンネルの上が墓地になっている。最も有名なのがトンネルの上から逆さまの状態で現れてボンネットに落ち、追いかけてくる長髪の女の霊だ。

数々のスポットで取り憑かれ、憑依属性を開花させたにしねが、千駄ヶ谷トンネルの中で、おでこでピアニカを奏でる芸を披露した。

〝パ〜〜パラパラパラパララ〜〜パ〜パラ〜〜パ〜ラパラパラ〜〜〟

トンネル内に彼の十八番「男はつらいよ」が鳴り響く。

〝モニャモニャモニャ〟

入口付近で何かが聞こえた。するとニコ生の視聴者からもコメントが書き込まれた。

「男の声がした」

「おじいさんの声がした」

さすが、にしね。まず一つ結果を残した。逆さまの長髪の女ではなかったけど。

ピアニカを奏でるとトンネル内に不思議な声が聞こえた。

青山墓地（東京） 7月20日

僕たちは続いて青山墓地へ移動した。ここも超メジャーな心霊スポットだ。京都・深泥池と同様に、「タクシー怪談」を最もよく聞く場所である。ささやかれる噂はやはり〈乗っていた女性が消え、シートがビショビショに濡れていた〉系がたくさんある。しかし、それにもかかわらず意外と霊園の中は真夜中でもタクシーが通り過ぎていく。さすがは大都会。怖い噂があってもタクシーの利用者数は田舎とは違う。だからこそ、また怪談も増えていくのかもしれない。

そんなことより僕たち三人は霊園が広大すぎるため、それぞれが迷子になる。この状況は初めて東京のテレビに呼ばれたときに、駅の構内が複雑すぎてどこから出たらいいかわからなくなり、途方にくれたときに似ている。

東京は街も霊園も規模が違う。

午前二時半、なんとか生配信中のニコニコ生放送を見て僕たち四人は木村さんのもとに集合し、青山霊園で再会を果たした。

都会のど真ん中にある青山墓地。

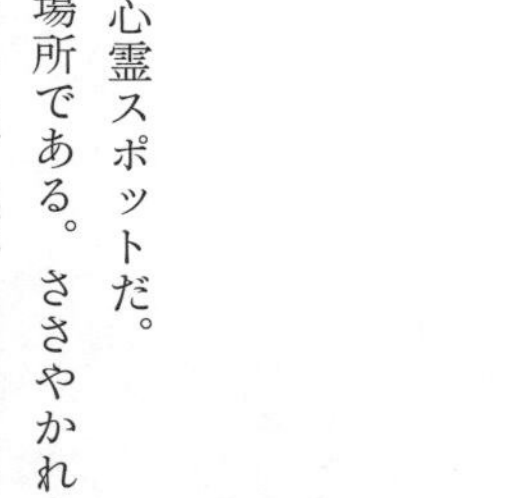

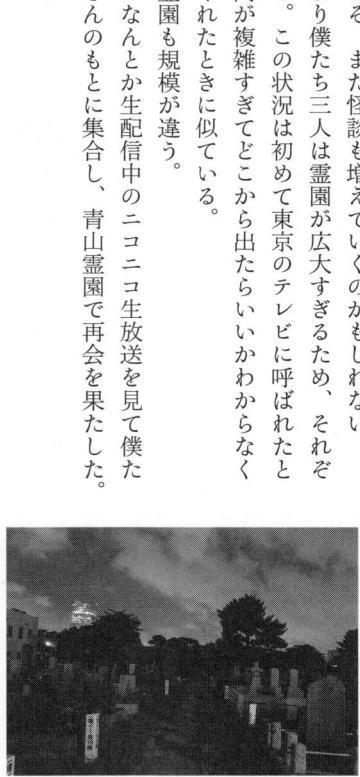

将門首塚（東京）　7月20日

この日、最後に向かったのは、日本三大怨霊の一人である平将門の首塚だ。現代においてもまだしっかりと都会のど真ん中で変わらず、立派にきれいに祀られているのがすごいと思った。意外だったのが、午前三時に訪れたにもかかわらず、手を合わせに来ている人がいることだ。しかも平日の水曜日深夜に。

サラリーマン風の三十代男性や重役っぽい五十代男性、リュックサックを背負った四十代男性……　みんなそれぞれ真剣な眼差し、正しい作法で、しっかりとお参りしていた。よっぽど将門さんの力を借りたい理由があるのだろう。たまたまかもしれないが、働き盛りの男性ばかりがひっそりと来ていることに何か意味があるように思えた。

そんな中、にしねがピアニカを抱えたまま立ち寝していた。もしこのとき、にしねが突然カッと目を見開き「俺の体はどこだ。首をつないでもう一戦しよう」と言い出したらどうしよう……と、ゾッとした。

ピアニカを抱えたまま寝るにしね。

江原刑場跡（千葉）　7月21日

村田らむさんと木村さんと三人で千葉方面を巡る。三日連続で関東心霊スポット巡りをしている。生き急いでいるのか死に急いでいるのかわからなくなってきた。

江原刑場は、佐倉藩が罪人を処刑していた場所で、罪人の幽霊が現れるなどの噂がある。午前一時半に訪れた刑場跡は、住宅地の片隅にひっそりと残されていて、人が訪れた形跡があまりない。

供養塔がいくつかあるのと、看板自体が錆びて説明の文字が血でにじんでいるような案内板があるくらいで、あとは無造作に生えた木と草におおわれている。

コンクリート舗装されている地面には無数のダンゴムシが走り回り、らむさんが「暴走した王蟲だ」と言っていたが、真近で見るとたしかにナウシカの有名なシーンのようだった。

深夜の供養塔。

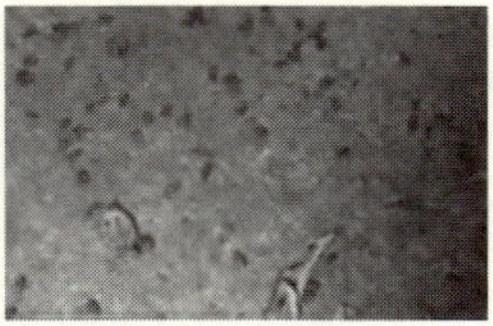

歩道の一面にダンゴムシがいた。

●佐倉城趾（千葉） 7月21日

午前二時、僕と村田らむさんと木村さんは佐倉城趾公園へ向かった。この公園には有名な二つの伝説がある。

一つは「姥《うば》が池伝説」で、池のまわりで姥が家老の娘をおもりしていたところ、あやまって娘を池に落として死なせてしまい、悲しんだ姥も自ら身を投げたという話だ。それ以来、夜の姥が池では謎の光が目撃されたり、老婆の泣き声が聞こえるという。

もう一つが「十三階段の呪い」で、佐倉城跡公園内には処刑に使用されていたと噂される、十三階段が存在するらしい。

まずは姥が池に行く。ウシガエルがずっと鳴いているので老婆のすすり泣きとの区別がつかなかった。しかし急に靄《もや》が出てきたのは不思議。

続いて十三階段へ。それにしてもこの佐倉城址公園はとにかく広くて参った。芝生しかない広場の奥のほうに、ぽつんと謎の階段だけの階段を見つける。そう、階段だけの階段。どこにもつながっていない。これが処刑台と噂される階段であるが、上ってみると十二段しかなかった。実はもう一つ噂があって、本当は十二段しかないのだが、もし上ってみて十三段あった場合は呪われてしまうらしい。確認のために階段を上っていた木村さんに、途中でわざと聞いてみた。

「今なんどきだい？」

木村さんは、えーっと……と考え、そのあと続きを上ったら十三段になっていた。

呪われたな。

実はこの階段は「訓練用の十二階段」だったことが近くの看板に書いてあった。兵士が高所から飛び降りる練習に使用していた跳下台《ちょうか》という器具である。通常は木製が一般的なようだが、ここにあるのはコンクリート製のため撤去が大変だったから戦後も残ってしまったらしい。

というか飛び降りる練習ってなんなんだろう……

飛び降りる練習に使われていた十二階段。

鵜《う》の森公園（三重）7月29日

この日は名古屋のラジオの夏祭りイベント初日に出演し、翌日も出演予定だったので大阪に帰らずに三重県津市にある中河原海岸で一泊する計画を立てた。中河原海岸に行く前に一ヶ所だけ寄るところがある。それは近鉄四日市駅で降りてすぐの場所にある鵜の森公園だ。

ここには浜田城があったのだが、織田信長の家臣、滝川一益に攻められて落城し、大勢の人が亡くなった。そんな歴史のあるせいか落武者の霊が出るらしい。

さらに四日市空襲殉難碑や、公園を造っている途中で発掘された謎の墓石なども置かれているそうだ。

公園に到着したのが午後十一時過ぎ。津駅に行く最終電車に乗るためには十一時四十分までに駅に戻らないといけない。三十分もない。時間がない。結局公園の奥の鵜の森神社にいる白い蛇を見て走って駅に戻る。ギリギリ電車に間に合う。

中河原海岸（三重）　7月30日

三重県の津市は第二次世界大戦中くり返し空襲を受けた。中河原海岸は火葬が間に合わない数百の遺体が埋められた場所といわれている。

そして敗戦から十年後の一九五五年、この海岸で水泳訓練を行っていた女子中学生、三十六人が溺死する。

この事故が起きた日が七月二十八日、津市が最後の空襲を受けた日も十年前の七月二十八日と、同じだったことからその関連性がささやかれ、〈防空頭巾を被った何者かが女子生徒たちを海の中へと引きずり込んでいた〉ともいわれている。

名古屋のラジオの夏祭りイベント初日に出演したあと、僕は中河原海岸でひと晩過ごしてみる計画を立てた。しかも事故があった七月二十八日の翌日（日をまたいで翌々日になるが）である。本当はまさにその日がよかったのだが、スケジュールの都合上しかたがない。

立ち寄ってみた四日市の鵜の森公園からギリギリ最終電車に乗り、津駅から徒歩三十分、暗闇の海岸線に到着した。遊泳禁止の看板とともにウミガメの卵育成中の看板もあった。

海岸の端には犠牲者を供養する「海の守り女神像」があり、その手前のベンチには真っ青に変色したスヌーピーが置いてあった。花がきれいに生け替えられているのは、毎年この時期に供養が行われているからだろう。

朝まで砂浜で過ごす。

台風接近のため、遠浅なのに波が高い。僕は波にさらわれないように意識を保ちながら、防空頭巾のみなさんの登場を待ちかまえていた。途中、幻だろう、波しぶきが人影のように見えないでもなかったが、幻だろう。結局夜明けまで波の音を聞き続けた。僕は異常に夜に強くなっていた。

海の守り女神像。

夜明けの近い中河原海岸の波しぶき。

●裏六甲廃墟（兵庫）　8月1日

昔、裏六甲（六甲山の北側）の実家に住んでいたときに心霊現象が頻発したというRさんからSNSのメッセージで詳細を教えてもらった。

・寝ていたら布団の中に手があって、足をつかんでくる（日常的に起きる）
・寝ていたら人が上に乗ってくる。金縛り（日常的に起きる）
・誰も玄関の開け閉めをしてないのに、何度も玄関が開いたり閉まったりする音が止まらない
・目を開けたら青白い足だけある

最近、実家へ戻ったときに町中がどんよりし、すぐ近くのラブホテル街もほぼ廃墟になっており、もはやゴーストタウンと化していたことから、「そりゃあこんなところに住んでいたら幽霊も出るわな」と改めて思ったそうだ。

僕と村田らむさんは芸人の花鳥風月・那須ちゃんに車を運転してもらい、西宮の神呪寺《かんのうじ》に行ったあと、午前三時、その裏六甲ゴーストタウンへ行ってみることにした。たしかにラブホテ

ルが軒並み廃墟になっている道があり、なるほどと思った。

しかし家の中の怪現象については、やはり住んでみないとわからない。もしRさんの住んでいた家が破格の安さで借りられるなら、布団の中で足をつかまれてみたいし、青白い足を見てみたい。

せっかく裏六甲に来たので二〇〇一年六月にこの付近で起きた死体遺棄事件の現場に行ってみることになった。小学校三年生の女の子を車でひいたあと、遺体を橋から落としたとされる事件である。

この事件は同時期に大阪で起きた附属池田小事件が連日報道されたことで、テレビでは大きく扱われなかった。犯人は依然見つからず、未解決事件のまま現在に至る。

「たぶん、ここですね、犯人が橋から落とした現場」

らむさんが、当時の報道写真と現場を照らし合わせて確信する。

●ニッチツ鉱山（埼玉）　8月6日

村田らむさんと一日かけて、昼間に埼玉県秩父の廃村を巡る。

最初に訪れたニッチツ鉱山とは、秩父鉱山の別名だ。江戸時代に鉱脈が発見されて、当時は金や砂金が採掘されていたとのこと。昭和に日窒鉱業開発株式会社（ニッチツ）が買収し、多いときで約五十万トンもの鉱石を採掘したそうだ。現在は石灰岩の採掘場として稼働している。

ニッチツ鉱山には、そこで働く人たちとその家族の住居が残っている。約二千人が暮らしていた時期もあったらしいが、現在は廃墟だらけだ。

廃墟の村には社宅の他に学校が二つ、病院、郵便局、そして映画館まである。

村のまわりには白い石灰岩があふれており、まるで雪国のようだった。

石灰石の採掘場。

石灰石があふれている。

廃墟の中に現役の採掘場が稼動している。

岳《だけ》集落（埼玉）　8月6日

岳集落はホラーゲーム「SIREN（サイレン）」の「羽生蛇村」のモデルとなった場所で、ホラーゲームファンと廃村マニアには有名な場所である。

昨年の十一月もザ・バンド・アパートの原さんと秩父巡りをしたが、ここに来るのは初めてだ。

そしてさすが人気の廃村。いかにもな廃屋が続々と現れる。だが一番興味深かったのはカラフルな六地蔵の横に貼られていたメッセージだ。

〈お尋ねします。ここに昔からいたお地蔵様が行方不明になりました。……この大きな1つのお地蔵様には昔から言われがあって、手を付けると、やけどをすると言われていました。……今まで嶽集落は何もありませんでしたが、そのさわりで25年8月に嶽集落が大火事になったかもしれません。また、災難があると困るので、「お地蔵様」是非、元の場所へ帰ってきてください。お願いします。〉

六地蔵の裏の空き地はたしかに何かが燃やされた痕跡があった。

近くにあった十二支神社は新しく、とてもきれいに整備されている。この集落は廃村ではなく、まだ人が住んでいるようだ。

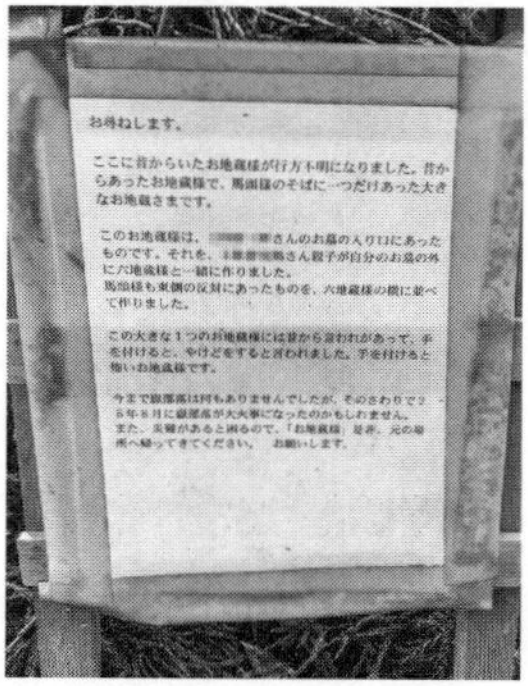

地蔵の横に貼られていたメッセージ。

カラフルな六地蔵。

若御子集落《わかみこ》（埼玉）　8月6日

僕と村田らむさんは若御子集落に向かった。山道を歩くもののなかなか見つからず、一時間以上、山をさまよう。

その間、らむさんの足に限界が来たのか、すこぶる進むペースが落ちた。ようやく見つけたときには廃墟そのものより、見つけたことに達成感があった。しかも通信の電波が入る。これは動画の生配信ができるのでうれしい。

何故電波が入るかというと、すぐ近くに浦山ダムがあるからだ。

え、ということは……

ダム側に降りると、すぐに道路に出た。浦山ダムから来れば十分も歩かずに来られたのだ。あの感動はなんだったのか。しかし次はすぐ来られることがわかったからよしとする。

一時間山道をさまよう。座り込む村田らむさん。

やっとこさ現れた廃墟。

手塚治虫が連載していた1960年代の産経新聞を発見。

山《やま》掴《つかみ》集落（埼玉）　8月6日

若御子集落に到着できた勢いで山掴集落へ。ここは林業を生業とする人たちが暮らしていた場所で、とにかく急斜面に無理やり建てた家が並ぶ。その名の通り〝山を掴んだ〟ような場所にある集落ということで「山掴集落」という名前がつけられたらしい。

集落に向かう途中、男子女子男子の三人組のドリカム状態（もはやドリカムは二人だけど）のような若者とすれ違う。僕やらむさんのように仕事柄変な場所ばかり行かなければならない事故物件住みます芸人や樹海廃村ゴミ屋敷ライターと違い、いまどきのシュッとしたお洒落ボーイズアンドガールである。廃村巡りは今やトレンドなのだろうか？

集落に着くと、まさに足を踏み外せば一巻の終わりのような場所に廃墟が並んでいた。注意して進むぞと一歩踏み出すと、集落の入口に生える古い木の割れ目に人間の上半身が見えた。

死体!?

いや、マネキンだった。悪趣味にもほどがある。

集落はとにかく廃墟、廃墟、廃墟だった。

山にしがみつくように建っている家屋。

木の中に残されたマネキン人形。

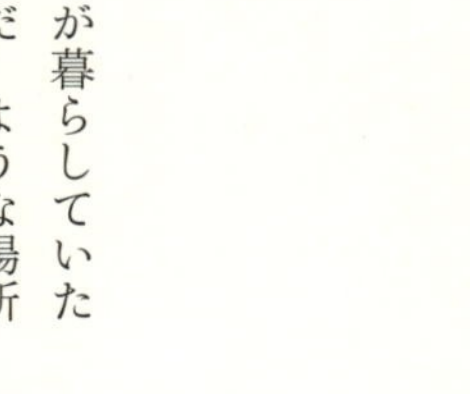

栗山集落（埼玉） 8月6日

岳集落、若御子集落、山掴集落を巡って、最後は栗山集落に到着した。集落といっても見たところ一軒しかない。中は家財道具がそのまま残っていた。まるで突然行方不明になったみたいに。お茶碗や湯呑みもそのまま。何があったんだろう。とにかく、クタクタになってこの日は廃村巡りを終える。

茶碗もそのままに時が止まっている廃墟。

滝畑ダム（大阪）　8月14日

大阪府河内長野市にある滝畑ダムは、関西を代表する心霊テーマパークだ。第三トンネルと呼ばれ最も心霊現象の報告が多い「塩降隧道《しおふりずいどう》」、実はこっちが本当の第三トンネルではないかといわれている「梨の木隧道」、そして老婆の幽霊が追いかけてくるというダムにかかる橋「夕月橋」。他にもイタズラをすると必ず呪われるといわれている「施福寺」、何人もの人影が後ろに浮かび上がる「首なし地蔵群」、石段の上から女が手招きをする「天神社」など、もはや〝幽ＳＪ〟だ。

この日は松竹芸能の劇場・道頓堀角座で、ぁみさんとのツーマン怪談ライブがあり、そのあと、僕とぁみさん、ニコニコ生放送の木村さん、そしていつもの華井とにしねを加えて五人で滝畑ダムへ向かう。

僕と華井は三回目の滝畑ダムだ。

初めは二〇一五年八月一日で、ちょうど関西では有名なＰＬの花火大会の日だった。花火終わりに決起集会でもあったのか、僕らは滝畑ダムで暴走族に追いかけ回される。そしてダムをぐるぐる何周も逃げながら回っていると、カーナビの表示がちょうど夕月橋の手前からダムの上を走っている状態になっていて、気味が悪いのでおとなしくその日は帰ったのだった。その約十ヶ月後、その夕月橋の手前で五人が死亡、一人が意識不明となるワゴン車の転落事故が起

きる。その後、再び事故のあった現場に昼間行ったのだが、ガードレールは外され、ビール五缶と缶コーヒー一つが現場に供えられていた。

今回はまずダムのそばにある天神社に行った。神社の入口の石段で女が手招きをして、子供が通せんぼをするとされる神社だ。

僕らの行くちょうど前日にここへ探索に来たという知り合いの藤井さんは、天神社の入口石段横の茂みからシャンシャンシャンと錫杖《しゃくじょう》を鳴らす音が聞こえてきたという。さらに神社に上ったときにバ――――ンという破裂音が聞こえたのだとか。

僕らが行ったときには錫杖の音も手招き女も通せんぼ小僧も現れなかったが、バシャ――――ンという破裂音、というよりはダムに何か大きいものが落ちたような音が聞こえた。もしかすると藤井さんが聞いた破裂音と同じ音なのかもしれない。

そのあと、僕たちが現地から生配信していた動画を見ていたティンクさんという方が、家がすぐ近くということで案内してくれることになった。ティンクさんからは、ダムの下にある村におじいちゃんの家があった話や、その村での殺人事件の話、村の入口が夕月橋の手前あたりにあったという情報を教えてもらう。夜中によくバス釣りに来るそうだが、バシャ――――ンという音はしょっちゅう鳴っているとのことだ。

「何の音なんですか?」

「わかりません。ただ、いつも鳴っている」

僕は最初、ワゴン車が転落事故を起こしたときの音が今でも鳴っているのかなとも思っていたが、事故が起きるもっと前からその音は鳴っているのだ。

ちなみに首なし地蔵はもともと首があったのだけど、ティンクさんの地元の悪い先輩たちが地蔵を蹴って首を折ってしまったのだという。河内長野、恐い。

ダムの不思議な話を聞いたあとティンクさんと別れ、塩降隧道へ向かう。トンネルの中に入ると、後ろからとんでもないスピードで軽トラが迫ってきた。これは殺されると思ってトンネルの出口まで急いで走り、山の斜面に身を潜める。

「ここから先は道がないですから気をつけてください」

軽トラはティンクさんだった。河内長野の人は恐いけどいい人だ。

お供えされていたビールとコーヒー。

バシャーンという不思議な音が鳴った。

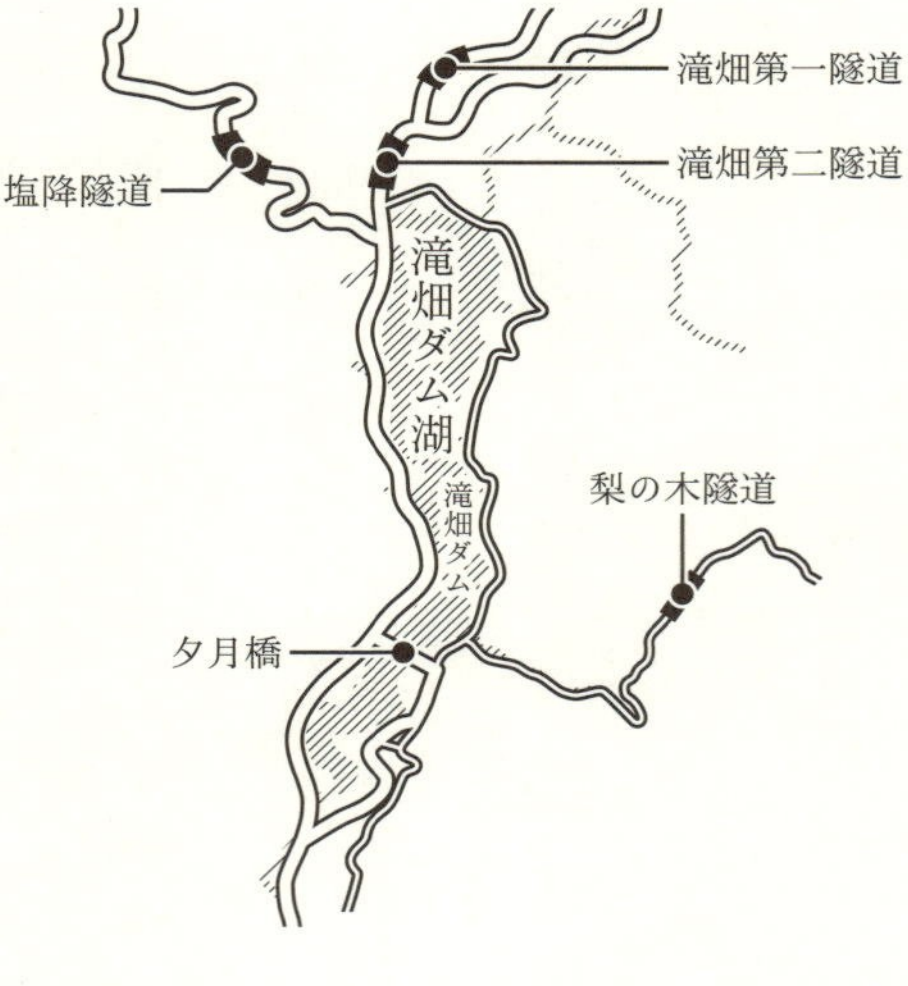

八王子城址（東京）　8月20日

八王子城址には悲しい歴史がある。

一五九〇年、八王子城は豊臣秀吉の軍に攻められたが、城主の北条氏照とほとんどの家臣は小田原城へ援軍に行って不在だったため、一日で落城。城内の北条軍は皆殺し、女性や子供は自ら喉を突き御主殿の滝に身投げしたという。滝の川が三日三晩、彼女たちの血で真っ赤に染まったと伝えられている。

この日はニコニコ生放送の生配信のため、僕と事故物件公示サイトの大島てるさんとライターの村田らむさんの三人で、事故物件ではなく心霊スポットに行く。

八王子城址まで僕とらむさんはニコ生の車で行き、てるさんは現場で合流。しかし渋滞に巻き込まれ、なかなか現地へたどりつかず、放送開始予定時間よりずいぶん遅れて到着した。

てるさんは現場近くのファミレスで先に食事を済ませており、ニコ生スタッフに領収書を渡していたが、そのときに聞こえてきたのが「三千五百円」という金額。どうやったら一人でファミレスで三千五百円も使えるのか。本人に聞いてみると、ステーキセットにステーキを単品で追加したとのこと。しかもそれだけ番組の金で食べておいて、車のドアを開けたと同時に僕とらむさんのためにスタッフが買ってくれたおにぎりやサンドイッチのケータリングを発見。

「あれ、まだあるじゃないですかぁ、これ食べていいんですか」

そう言って貪り食いはじめたのだ。さらにスムージー二本をダイソンのごとき吸引力で秒速で吸い込む。もちろん僕とらむさんのぶんだ。

そのあとも大島てるの横暴は止まらない。八王子城址の最も幽霊が出るとされる御主殿の滝の上にかかる曳橋《ひきはし》を渡る際、柵の上を這うカタツムリを見つけて傘でトントン突つきながら「おいしそうですねぇ」と言ったり、蛾に向かって「食べられないから」という理由で虫除けスプレーを噴射するなど、残虐非道の限りをつくした。

石段を上り、御主殿跡に入るとニコ生の電波が途切れる。しかたなく引き返すことになり、てるさんとらむさんは先に下りたのだが、僕はもう一度御主殿の入口の門を撮影しようとふり返ると、懐中電灯の電池が切れて真っ暗闇になる。てるさんらむさんはもうその時点で石段を下りきって曳橋を渡っている。

「お――い」

声をかけてもまったく届かない。僕は八王子城の石段の真っ暗闇を、灯りのないまま下りるはめになった。〝見えない〟って、むちゃくちゃ怖いということを思い知った。

なんとかてるさんらに追いつくことができたのは、てるさんが肝試しに来た若者らに声をかけられていたからであった。ちょうどその日、てるさんは〈大島てるがやってくる! 事故物件ナイト〉と書かれたオリジナルTシャツを着ていた。

「わぁ、大島てるって知ってます! 大好きです!」

てるさんはTシャツを見た若者に話しかけられている。

「この人、大島てる本人ですよ」

らむさんがそう言うと、「?・」といった感じで意味がわかっていない。どうやら「大島てる」という事故物件公示サイトは知っているが、「大島てる」という人間が存在することを把握していなかったようだ。

「ハッハッハッ、私もまだまだですねえ」

そう言って大島てるは車に戻って、また僕とらむさんのケータリングをあさりだした。

御主殿門の入口。

車に積まれたケータリングをあさる大島てる。

道了堂跡（東京） 8月21日

ニコニコ生放送の番組の撮影で、僕と事故物件公示サイトの大島てるさんとライターの村田らむさんの三人で八王子城址に行ったあと、同じ八王子市内にある道了堂跡へ移動する。この場所は少し前にハニートラップ梅木さんらと来たのでよく覚えている。稲川淳二さんが紹介していた触ると災いが訪れる「首なし地蔵」の怪談や、ここで殺害された事件の被害者の霊の怪談などで有名な場所である。

途中、コンビニに寄ってらむさんがパンを買って車内に戻ってきたのだが、それを見て、てるさんはらむさんを嘲笑。

「ハッハッハッ、なに自分でパンなんか買ってるんですかぁ」

いや、あんたが僕らのぶんのケータリング全部食べるからでしょ。

道了堂に到着したものの、案の定このメンバーで来るとまったく怖くない。てるさんが突然何も言わずに石碑の近くに生えていたキノコを踏みつけた。

「え、なんで今、キノコ踏んだんですか？」

「毒が入ってたら食べられないじゃないですか」

もはや幽霊よりも大島てるに恐怖を感じてきた。あれだけ食ったのにまだ食べ物を探してい

るのか。そして食べられないものは悪と見なすその神経。これはもう妖怪である。

ひと通り道了堂にある、補修された元・首なし地蔵や、堂守のおばあさんが殺されたお堂跡を見た大島てるの締めの感想を聞いてみた。

「なんだか臭いですねえ」

……どうやらてるさんは犬の糞を踏んでしまったかもしれないらしく、最後まで怪奇現象の出る幕なしだ。ここまで大島てるによって空気を乱されてしまうと、心霊スポットとしての面目丸潰れの道了堂がかわいそうである。道了堂跡の名誉のために言っておくが、一人で行くと確実に怖いスポットである。ほんとです。

触ると災いが訪れるといわれた首なし地蔵だったと思われる元・首なし地蔵。

さまざま怖い噂のある道了堂跡。

ありがた山（東京）　8月21日

僕と大島てると村田らむの心霊スポット番組ロケで、最後に向かったのは京王よみうりランド駅の近くにある、ありがた山だ。この山には四千基以上もの無縁仏の墓が並ぶ。

この墓石群は、豊島区の駒込に放置されていたものを、慈善団体の人々が「ありがたや、ありがたや」と唱えながらこの山の頂上まで担ぎ上げたのだそうだ。それが「ありがた山」の由来だという。

この日はすでに二つも心霊スポットを巡っているので、さすがにてるさんも疲れたのか、あるいは立ち並ぶ墓だらけの視界に畏怖の念を感じているのか言葉が少ない。

しばらく歩いて頂上付近の階段の途中に、錆びたハサミが置かれているのを発見する。誰が何のためにここにハサミを置いているのか。気味が悪い。それを見たてるさんが、ようやく重い口を開いた。

「あ、そうだ、なんか食べなきゃ」

ファミレスでステーキを食って僕らのケータリングも食ってスムージー二本も飲んでるくせに、ここへ来てまさかの「なんか食べなきゃ」発言。お前まだ食うのかよ。なんでハサミを見てお腹空くんだよ。これはもしかして霊に取り憑かれてるのではないか？　餓鬼の霊、あるいはヒダル神に。

ヒダル神に憑かれると、歩いている最中に突然、激しい空腹感、飢餓感、疲労を覚え、その場から一歩も進めなくなって、そのまま死んでしまうこともあるという。これは餓死者や変死者が祀られることなく周囲をさまよう怨霊となり、自分が味わった苦しみを他人にも味合わせようとしているのだといわれている。

やばい。本当にヒダル神の仕業かもしれない。今いるのは無縁仏が祀られているありがた山。

そして事故物件サイト運営のために孤独死（飢餓死）も含まれる事故物件を、自身の足で現場まで行って調査する大島てるの活動は、ヒダル神とまさに密接に関連しているではないか。

階段の途中に放置されていた錆びたハサミ。

ずらりと並んで祀られている無縁仏。

●淡嶋神社（和歌山）8月27日

アプスーさんが主催する怪談フェスの会場となった和歌山県のほぼ廃墟ホテル「七洋園」へ、ネット番組「おちゅーんLIVE!」のスタッフの下山さんと深川さんと一緒に下見に行った。

その帰り道、加太の海際にある淡嶋神社に寄る。

ここは人形供養で有名で二万体もの人形が供養されている。境内には無数の雛人形、市松人形、フランス人形、熊、狸、象、招き猫、犬、蛙、龍、亀、七福神、金太郎、福助、ダルマなどが、同じ種類ごとに並べられており、その様子は見ているだけで楽しい。

お面エリアはいろんな形の呪われてそうなお面があって、それだけで博物館になりそう。

加えて男根&パンティエリアも必見だ。実は淡嶋神社は、婦人病や安産祈願など、女性のあらゆる下の悩みに効く神社でもあるらしい。境内の奥にある末社には格子に絵馬がかけられており、その奥には男根をかたどった置物とパンティーが奉納されている。

〈下着を納める方は格子の中へ投げ入れてください〉

そんな貼り紙があったので、どうやらパンティーを納めて祈願するようだ。いきり立つ男根に向かってパンティーを投げ入れることになる。まるで輪投げである。男根パンティー輪投げだ。しかも、もし今はいているパンティーを脱いでしまっても、社務所に新しいパンティーを売っているから安心して奉納できるようになっている。淡嶋さんすげえ、と思った。

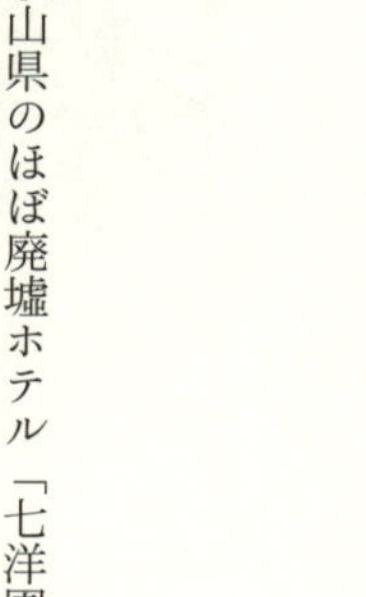

帰り道に寄った淡島神社。

ほぼ廃墟ホテルの七洋園。

男根もずらりと奉納されていた。

本殿に並ぶ人形たち。

●千日墓地（京都） 8月31日

この日は、いつも車を出して心霊スポットについてきてくれる、頼れる五歳年上の後輩・華井二等兵の記念すべき四十歳の誕生日である。僕が小学六年生のときに高校二年生であった四十歳のおじさんが、三十五歳の社会人経験なしの男にヘコヘコとついてきてくれる、おかしな世界である。日頃お世話になっている彼を、年下の先輩からお祝いしてあげようと思い、バースデーケーキを買って京都の木津川市にある千日墓地へ連れていく。華井の運転だけど。

千日墓地は、千日前ではない。限りなく奈良に近い京都である。そして山奥だ。ちょうど大阪の千日前にある味園ビルから出発し、車で一時間。千日前から千日墓地へ向かった。

千日墓地は昔は土葬が行われていたそうで、そのせいか〈墓地にいるといきなり男の声が聞こえてきた〉〈土の中から出てこようとする霊が現れた〉〈火の玉が浮いているのを見た〉などの目撃証言が多発している。華井は見た目が落ち武者にそっくりなので、まさに「落ち武者V.S.ゾンビ」なんて映画が撮れそうなロケーションである。

現地はかなり山奥で、古くて苔むした墓石が突然わんさか現れる、まさに『ゲゲゲの鬼太郎』、いや『墓場の鬼太郎』のような世界だった。

それにしても僕はこの数日でいったい何基の墓を夜中に見てるんだろうか。

墓石群をかき分けるように二人、のそのそと進む。

〝ドン〟

突然、心臓の鼓動のような音が聞こえた。

「あっちから音がしましたね」

華井にも聞こえたようだ。音の鳴った方向にライトを照らすと、お堂があった。たしかにお堂のほうから聞こえたような気がする。

誰かいるのか？

そしてライトの向きを再び足元に戻すと、そこにはスコップがお墓に立てかけられてあった。

何故こんなところにスコップが？

ちなみに千日墓地では、自分の遺体を掘り起こそうとする人たちの姿も目撃されているという。なんだかおもしろくなってきたぞ。これはさらに何かが起きる……、そう思った瞬間、耳元でお経が！

〝ブ――――ン〟

いや、違う。羽音だ。巨大な虫？　僕と華井は急いでお堂に避難する。

しかし今のはなんだ。たしかに耳元で羽音がしたが、虫の姿は見えなかった。ものすごい爆音だった。余韻なのか、まだどこかでお経のような羽音が聞こえてくるような気がする。いや、気のせいではない、また来た。

〝ブ――――ン〟

たちまちお堂を脱出。僕らは気がつけば墓に囲まれた謎の鳥居の前に来ていた。ここまで来れば羽音はしない。いったいなんだったのだろう、あの羽音は。いや、羽音なのかお経なのか、もはや混乱してわからなくなっている。あの見えない何かはお堂を守っているのだろうか？何故かこの鳥居の前にいると、羽音はいっさい聞こえなくなった。

もう三時だ。おやつの時間だ。ケーキを食べよう。僕らは土葬時代の墓石と鳥居に囲まれながら、チョコレートケーキを食べた。華井くん、四十歳のお誕生日おめでとう。

“ドン”という不思議な音がした千日墓地。

午前三時にたどりついた鳥居。

40歳の誕生日を祝うチョコレートケーキを食べる華井。

2017年秋冬

●藪《やぶ》の古民家（徳島）　9月1日

怪談ライブ出演のため高松にやってきた。僕は一年の間にしょっちゅう四国に来ている。ライブのあとは、恐怖新聞健太郎さんがオススメする徳島の廃墟へ行くことになった。

徳島市にある金沢八幡神社のすぐ近くの藪の中に、一軒家の廃墟があるという。その廃墟には、焼身自殺をした男性が住んでいたそうだ。

何故ここが健太郎さんのオススメなのかというと、以前ここへ来たとき、何故かはわからないが一度に二回来てしまったという。

二〇一四年、徳島に住んでいる健太郎さんのバンドメンバーがオススメのスポットとしてこの廃墟を紹介してくれたので見に行ったそうなのだが、そのあと別の徳島の友だちの家へ行こうとカーナビに住所を設定して目的地まで移動したら、何故かまたここに来てしまったそうだ。不思議である。

イベント後に打ち上げもあったので、現場に着いたのはかなり遅く、明け方四時だ。まだ明るくはなっていないが、間もなく朝である。

神社の近くに車を停め、藪を探す。田んぼの真ん中に鎮守の森のようにうっそうと茂った藪があった。健太郎さんはここがその廃墟がある藪だと言う。しかし三年前と比べて藪がでかく

なっているとのこと。そのためか入口が見つからない。グーグルマップで確認すると、藪のちょうどド真ん中に屋根っぽいものが見える。これは行くのは大変そうだ。

しかしここまで来たら廃墟が見たい。突入だ！

中は「藪」でしかなかった。何のすき間もない。しかしかき分けかき分け、とにかく進む。すると木と木のすき間からブロック塀が、壁が、屋根が、かろうじて姿を現した。家は藪に喰われているみたいだった。

擦り傷と虫刺されと蜘蛛の巣にまみれた徳島の朝だった。

グーグルマップで見ると藪の真ん中に屋根が見える。

まるで藪に喰われているようだった。

見返り橋（高知） 9月2日

高知・高松怪談ライブツアー二日目、高松でのライブを終えて打ち上げ後、高知でも有数の心霊スポットである見返り橋へ向かう。

「見返り橋」はそんな名前のくせに、決してふり返ってはいけないといわれている。真夜中、橋の途中でふり返ると、茂みから顔の潰れた和服姿の女性が現れ、身体を引きずるように走ってくるそうだ。しかも逃げようとしても橋の下から白い手が這い出て、引き止められてしまうという。最悪だ。こんなお化け屋敷があったらもうおしまいである。

霊の話だけでなく、ここでは一九七二年の豪雨による土砂崩れで、六十名が亡くなっているらしい。

見返り橋へ向かう途中、高知では知る人ぞ知る廃病院があると聞き、寄ってみたが、柵があって入れなかった。

あきらめて見返り橋へ向かおうとしたら、倒木が山道をふさぎ、前に進めない。少し前に起きた台風の影響で木が折れてしまっているのだ。これはもうなす術がないか……

「手作業でどければどうにかなるかな」

車を出してくれた現地の女性、Aさんがひとことボソッとつぶやく。

マジか。

後部座席の田中俊行は酔い潰れて熟睡中で役に立たないため、僕と恐怖新聞健太郎とAさんの三人で、倒木撤去作業にかかる。けっこうな量の倒木である。しかしAさんの指示のもと、なんとか車一台通れるだけのスペースを確保できた。高知の女性は強い。

午前四時、見返り橋らしき橋に到着。ネットで調べると高知の他に秋田、山梨、長崎にも見返り橋があるみたいで「これが高知の見返り橋だ！」という画像がなかなか見つからない。でもたぶんあっているだろうということで、車を降りて検証する。

思っていたよりはしっかりとしたコンクリートの橋で、そんなに長くはないが、近くに地蔵や石碑があることから何かいわくがあることを匂わせている。

さあ、橋の真ん中で……、ふり返る！

何もない。何回も行ったり来たりしてふり返ったが、結局何も起こらなかった。

後日、僕らが行った橋は見返り橋ではなかったことが判明する。

山道をふさいだ倒木。

橋の真ん中で何度もふり返ってみたが何も起きなかった。何故なら……

雑《さい》賀《が》崎《さき》灯台（和歌山）　9月10日

アプスーさんが主催する和歌山怪談フェスがホテル七洋園にてオールナイトで開催された。この七洋園自体が有名な心霊スポットで、「生きる廃墟」と呼ばれる〝ほぼ廃墟〟にもかかわらずご主人が一人で経営している。ちなみにご主人はこのイベントのちょうど一ヶ月後に亡くなり、現在は本当に廃墟になってしまった。

　この日はイベント中の休憩時間に、僕は華井とにしねを連れて、会場のすぐ近くにある雑賀崎灯台まで散歩に出かけた。この灯台は和歌山市和歌浦にあり、戦国時代に雑賀崎城があった崖の頂上に位置する。雑賀崎という地域が、廃墟が点在しトンネルもいわくつきで、いろいろ心霊スポットが集まっている場所ではあるのだが、この雑賀崎灯台には〈出会い系で出会った女の子が灯台の駐車場で突然ぼーっとしだした〉という微妙な怪談が存在する。

　午前二時前に会場を出て、坂道を上って灯台へ向かう。しかし、やはりこの雑賀崎には何かあるのか、にしねが急に早足になって坂を上っていく。灯台に着き、展望台まで上がると、にしねが崖のそばにある何かの石碑を見つけてつぶやく。

「あの向こう側が気になりますね」

「あの向こう側ってただの崖やないか」

　すかさず華井が突っ込んだものの、にしねは崖への興味がおさまらない。いかん、五月に沖

縄の喜屋武岬で崖へ向かって歩き出したあのときと重なる。華井もヤバイと気づいたのか、にしねをしっかりと見張る。

「あの向こうが、あの向こうが……」

僕らはこれ以上にしねをここにいさせるわけにはいかないと思い、そそくさと会場へ引き返した。

微妙な怪談の舞台となっている灯台。

にしねはいつも崖に引き付けられる。

墓の上のホテル（三重）9月13日

午前三時、地元住民しか知らない心霊スポットの首吊り神社にぁみさんと行ったあと、桑名の西別所インターチェンジに移動した。このインターチェンジで降りてすぐのところにあるホテルは崖の上に立っている。その崖の下には墓地が広がっている。まさに墓の上のホテルなのだ。

　このホテルの存在は桑名出身の人から聞いていたので一度行ってみたかった。いったいどんなホテルなのか。実際に見てみて目を疑った。

USE　H　EL

ユース・ヘル。

使う、地獄？

いや地獄のスペリングは「HELL」なのでLが一個多い。「HEL」だと、なんと冥界、黄泉の国という意味になるのだ。

　本当は「AMUSEMENT HOTEL」の電飾が切れているだけなのだろうが、奇しくも墓の上に立つホテルには「冥界を取り扱う」と表示されていたのだった。

「USE HEL」と掲げる墓の上のホテル。

旧佐和山トンネル（滋賀）9月14日

ぁみさんとのツーマン怪談ライブツアーで滋賀へ。

ライブ後に訪れたのは旧佐和山トンネルだ。ここはトンネル入口付近に首が折れ曲がった男性の霊が出るという噂がある。

目的地までへの道のりは草が生い茂りすぎて、外からはトンネルがまったく見えない。しかしこの状況は少し前に行った徳島の藪の古民家で体験済みである。枝が刺さろうと、蜘蛛の巣にまみれようと前に進み、トンネルを目指す。

草木はトンネルの手前、いやもうトンネルの入口までふさぐ勢いだった。だからトンネルまでの道のりに首が折れ曲がった男性が入る余地はない。現れるとしたらその幽霊は草木に突き抜かれてる状態で、いたとしても草木をかき分けることに必死で気づかないだろうなぁ。トンネルは水没して入れなかった。

草が生い茂る中をトンネルへ向かう。

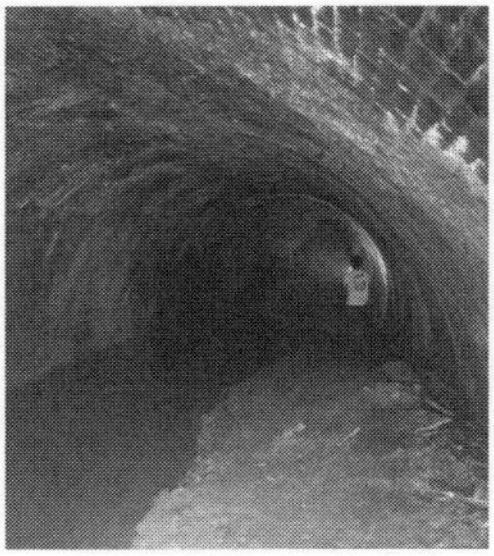
トンネルの中の道が水没していた。

人肉館（長野）9月23日

長野県の野外音楽フェス「りんご音楽祭」に村田らむさんと一緒に出演する。僕とらむさんのトークブースはトイレまでの導線の途中にあり、トイレに並ぶ参加者に向けて青空の下「樹海」だの「死体」だの「事故物件」だのを語るという異様な状況となった。

夜になりフェスはまだ続いていたが、僕たちは出番のあと人肉館に向かった。

人肉館は町外れにある温泉街から少し山を登ったところにある廃墟だ。昔ここは焼肉屋で、店主が人を殺してその人肉を店に出していたという噂からその名前がつけられたという。そんなホラー映画のような話が実際にあったのだろうか？

けっこうな距離をらむさんと二人で歩いた。夜間歩行は知多半島での経験があるのでまだ大丈夫だった。ただ、さすがにえんえんと歩くと疲れがたまってきて、途中、見たこともないバケモノみたいな木が出てきたときには妙にビックリした。

「こんなバケモノみたいな木がある場所なら、人肉を焼いていた店があってもおかしくないかも」

よくわからない発想になったりした。

バケモノみたいな木を通り過ぎると、廃墟というよりも、原型をとどめない何かが燃えた跡が出てきた。おそらく人肉館である。

実はこの廃墟は数年前に放火による火災が起き、ニュースになった。そのときに前経営者がインタビューで「迷惑してます」と答えていたという。前経営者がインタビューに答えているなら、一家心中も殺人事件も違うだろう。あと、「人肉館」の由来にはならない。

実はとても信憑性の高い、残念な話がある。

それはメニューにあった〝ジンギスカン〟料理をもじって名づけられたものであるという説。

ジンギスカン……ジンギス館……ジンニク館……人肉館。

心霊スポットとは、本当にこんなつまらないダジャレから生み出されるようなものなのかもしれない。そう思うと、逆にダジャレから心霊スポットにまで変化させてしまう人間という生き物の性《さが》に興味が湧いてくる。

バケモノみたいな木。

恐ろしい外観になっていた人肉館。

住吉駅（兵庫） 9月25日

三宮でのライブ出演に向かう途中、せっかく神戸方面に行くなら途中下車しようと思い、JR住吉駅で降りた。鉄道マニア芸人のコンチェルト池水が話していた住吉駅にまつわる不思議な話を思い出したのだ。

ここJR神戸線・住吉駅は六甲ライナーとも直結しており利用客が多いが、神戸線で最も速い新快速電車は停車しない。

二〇〇二年七月二日午前十時四十五分頃、住吉駅のホームに時速百キロで通過中の新快速電車から赤い服を着た若い男が飛び降り、ホームの鉄製フェンスに激突。しかしムクリと立ち上がり、何事もなかったように歩き出し、改札を抜けて立ち去るという不可解な事件が発生。目撃者の証言から男は車両間の連結面にしがみついていて、そこから飛び降りたと思われ、男が歩き去る姿も何人もの利用客が目撃している。男が激突したフェンスは衝撃を受けた痕があり、この事件は新聞でも報道された。兵庫県警も男の行方を探したが、いまだに消息は不明である。

まさに不死身の男。どうしても新快速に乗らないと間に合わない案件があったのだろうか。僕は住吉駅のホームに降り、フェンスというフェンスを見てまわったが、十五年も前の話だ。もちろんその痕跡は残っていなかった。この世界にはまだまだ常識では測りきれないすごい人間が存在することを改めて知る、いい機会だった。

手のないお坊さんの墓地（大阪）　9月28日

怪談イベントで出会ったゆかさんの叔母さんは小さい頃、親の言うことを聞かなかったりしたときに、いつも躾《しつけ》として近所の墓地まで連れて行かれ、墓地の崖に生えている松の木に反省するまで縄でくくりつけられていたそうだ。

あるとき、叔母さんがまた怒られて墓地の松にくくりつけられていると、白い人影が現れ、驚いた母親がその場から逃げ出してしまう。松に縛られたまま残された叔母さんが助けを呼んでいると、崖の下から登ってきた手のないお坊さんが口で縄をほどいてくれたという。

この日は華井を連れ、その〝手のないお坊さん〟が現れた、まさにその場所に行ってみた。大阪市内のとある墓地を、この話を聞かせてくれたゆかさんに案内してもらい、叔母さんがくくりつけられた松の木を探す。それらしい松は二本見つかった。

午前一時半、一つ目の松の木には華井を、二つ目の松の木には僕をビニール紐でくくりつけて、約三十分間放置。手のないお坊さんが助けに来てくれたら成功である。

華井は自身の髪の毛が高校時代から抜けはじめてきた話を一人、松の木に縛られながら手のないお坊さんに訴え、同情を誘う作戦に出た。僕は四人兄弟の末っ子で何不自由なく育ってきたので何も心に響かせるエピソードがなく、ただじっと手のないお坊さんの出現を待った。

午前二時、近くの駐車場で待機していたゆかさんに助けに来てもらい、僕らは無事に生還し

た。残念ながら手のないお坊さんに助けてもらうという、当初の目的は達成されなかった。華井は耳鳴りがしたそうだが、僕には何も起きなかった。

しかしその様子を生配信した映像を見ていた視聴者からはいくつかコメントをもらった。

「タニシさんの左上に顔認証しました」

「タニシさんの左上に顔っぽいものが出てました」

もしかしたらあと少しでお坊さん、現れてくれたのかもしれないな。

木に縛られて手のないお坊さんを待ってみた。

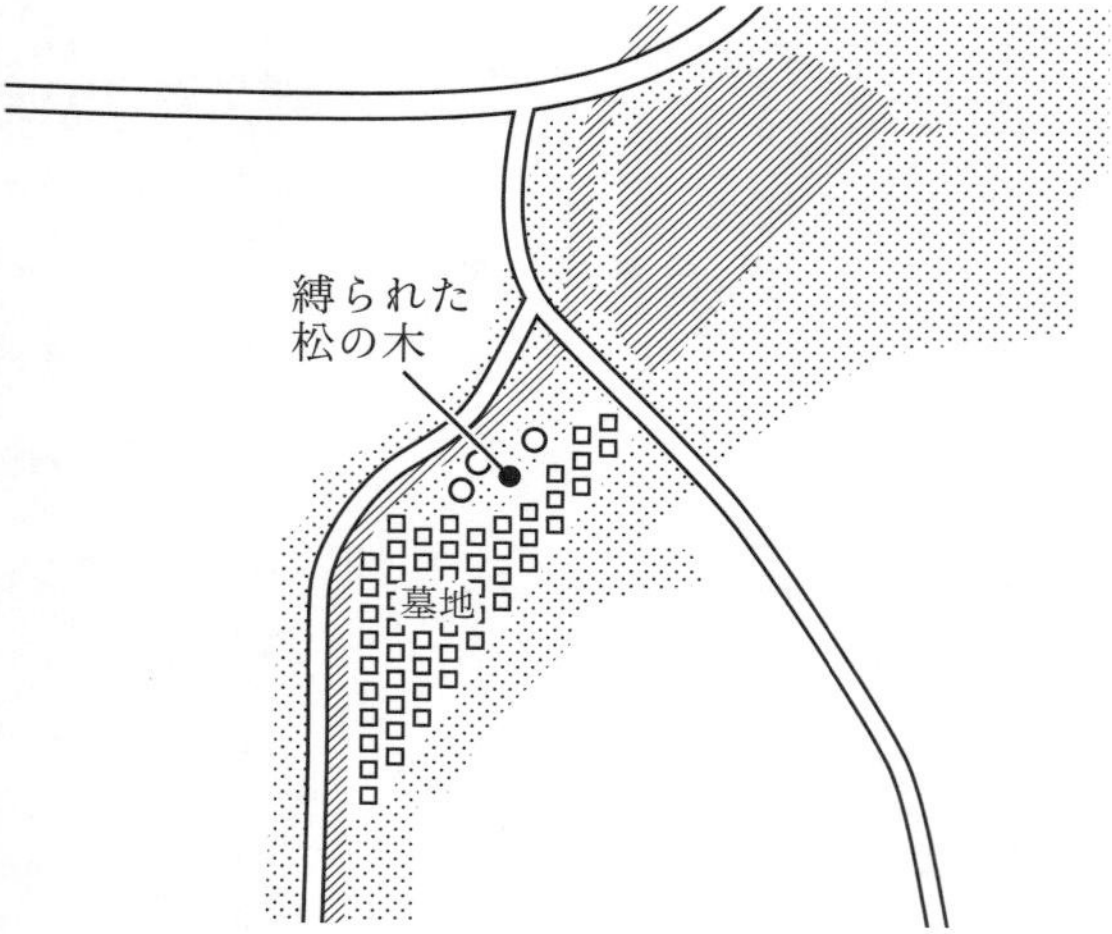

行《ぎょう》船《せん》公園（東京）　10月6日

ある異業種交流会に初めて参加した。意外とみなさんいい人ばかりで安心した。そこで出会ったWさんに、江戸川区にある行船公園を教えてもらった。

「何があるというわけでもないんですが、すごく気持ち悪い場所があるんです」

それから数日後、阿佐ヶ谷で行われた怪談作家のトークライブを見学したあと、僕とぁみさんと木村さんで生配信をしながら、その行船公園へ行ってみることにした。

現地付近で合流した情報提供者のWさんの案内で公園に到着すると、午前一時だからか、たしかに何か重苦しい雰囲気に満ちていた。

Wさんはこの公園に近づくと頭が痛くなり、公園に入ると足を引っ張られるように感じたり、息苦しくなるという。気持ちが悪かったのは、ブランコの座板が何故かひっくり返っていたのと、公園の横が廃墟になっていることだ。壁のペンキの塗り方も変である。

また、夜中この公園を散歩していた人が兵隊さんみたいな格好した霊を見たという証言もあり、どうやら戦争が関係しているんじゃないかという話になる。

調べてみると行船公園は一九四五年三月十日の東京大空襲の仮埋葬地として使われ、約四百五十体の遺体が埋葬されていたそうだ。戦後、改葬が行われ一九五〇年に公園として整備されたとのこと。なるほど、Wさんの感じた気持ち悪さというのは、こういうことだったんだろう。

赤水門（東京）10月7日

関東ではかなり有名なスポットなのだろう。東京の赤羽の近くにある「赤水門」と呼ばれる旧岩淵水門は、荒川から水死体が流れ着くことが多いとされ、そのせいか心霊スポットといわれている。夜になると荒川の水面にバラバラの手足が浮かんだり、橋の上から川に飛び込む女性の霊が現れるなどの噂があった。荒川にかかる巨大な赤い水門は、威圧感があってカッコよさそうだが、真夜中に訪れると何かが起きそうな気配を感じる。

この日は新宿ロフトプラスワンでのイベントのあと、またしてもニコ生の木村さんに連れられて心霊スポット巡りに行くことになった。土砂降りの雨の中、イベントに参加してくれた村田らむさんも一緒に行くことになり、まず赤水門を目指した。

車から出て、すぐに後悔した。雨が強過ぎる。水門の橋の上は特に雨の音がデカすぎて何も聞こえない。そして前もほとんど見えないから、川に飛び込む女がいてもわからない。もちろん水面のバラバラの手足なんて見えるわけがない。ただ、一番びっくりしたのは、僕らの後ろから人がついてきたことだ。土砂降りの雨の中、懐中電灯もつけずに、肝試しの若者たちが突然現れた。それは怖かった。

八木山橋（宮城）　10月19日

ザ・バンド・アパートの原さんとの、仙台・高崎・熊谷三日間連続怪談ライブツアー初日。少し早めに仙台に着いて、イベント前に楽天ゴールデンイーグルスの本拠地、楽天Ｋｏｂｏスタジアム宮城（現在は楽天生命パーク宮城）に行って楽天のユニフォームを買った。そのあと、事故物件公示サイト「大島てる」に載っていた仙台の飛び降りが多過ぎるマンションを見に行き、ニコニコしている管理人に手をふられる。今考えると、よそから来る自殺志願者を止める意味があったのかも。

怪談イベント終了後にお客さんやスタッフから仙台オススメ心霊スポットを聞き出し、真夜中に巡ってみることにした。

まず一つ目の八木山橋は、青葉山と八木山の間にある竜ノ口渓谷の断崖絶壁にかかる橋で、標高差七十メートルという高さもあって、あまりにも飛び降り自殺が多過ぎることで有名である。二メートル以上ある自殺防止フェンスまで設置されているのだが、それでも自殺者はよじ登るというのだから恐ろしい。霊能者が二度と行きたくないという心霊スポットともいわれている。

八木山橋に着いたのは午前〇時過ぎ。原さんと友達の上くん、なつしゃんも一緒である。車を降り、現地から生配信を始めた瞬間にいきなり視聴者からのコメントが書き込まれる。

「左側から女性がのぞいてました」

僕には見えないので気にしない。それにしても夜は薄暗くて人気が少ないと聞いていたが、意外と街灯も多く明るい。対策として街灯を最近増やしたのだろうか。あと、交通量も意外と多く、車もスピードをガンガン出しているので、自殺する前に車にはねられて死ぬ可能性もあると思った。

橋の自殺防止フェンスを見て、「あ、たしかにこれは本当に自殺の名所なんだな」と思ったのは、上部が鼠返しのように内側を向いていて、絶対に乗り越えられないようにされているからだ。物理的に自殺を不可能に近くしている。さらにはイガイガの有刺鉄線が巻かれている部分もたくさんある。それなのにまだ今も自殺者が後を絶たないということは、それらをわざわざ乗り越えてまで飛び降りる人たちがいるということだ。

フェンスのすき間から見える七十メートルの高さは、さすがに夜なのでどれくらい高い位置にいるのかわからなかったが、強力ライトを照らしても光がどこにもたどりつかないので、あの世につながってるだろう感はたしかに半端ない。

「おーーい、なんで死んだんやーー」

橋の真ん中あたりで漆黒の渓谷に向かって聞いてみた。何か反応があるかもしれないと思って耳をすますが何も起きない。しかし歩き出そうとしたら、すぐそばの手すりに手形を発見。手すりは砂埃をかぶっていて、触ると跡がつく。すなわち誰かが手すりを触ってから、そんなに時間が経っていないということだ。僕はもう一度、橋の下に向かって聞いてみる。

「おーーい、これ誰の手形ですかーー」

すると橋の向こう側から人が歩いてきた。

何故この時間にこのタイミングで？

反対側の歩道を歩いていたその人は、何かテレビのような大きな荷物を運んでいた。あちらも怪しいが、こちらも怪しいと思われるので車に戻る。あのテレビみたいな黒いやつ、なんだろう。わからない。

次の目的地に向かう途中、切っているはずのカーステレオから急に雅楽のような音が鳴った。

八木山橋の柵は有刺鉄線が厳重に巻かれていた。

飛び降り自殺が多すぎるマンションで手をふるおじさん。

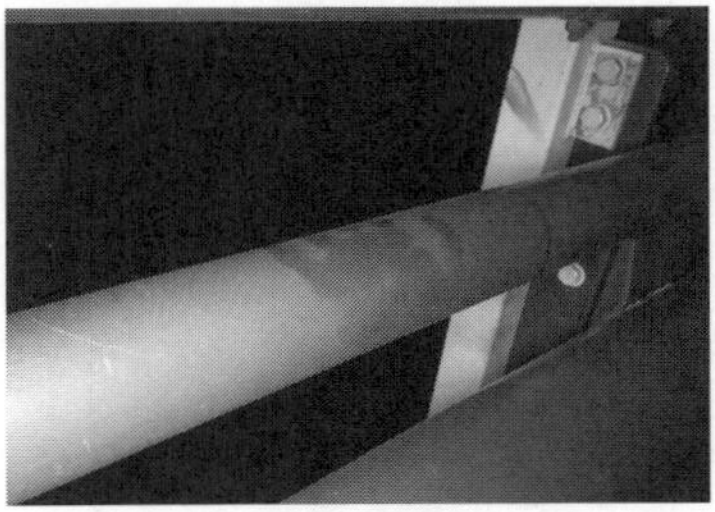
橋の手すりについていた謎の手形。

葛《くず》岡墓園（宮城）10月19日

僕と原さん、上くん、なっしゃんの四人で八木山橋から葛岡墓園へ移動。仙台には大きな墓園は二つしかないらしく、ここと北山霊園に仙台市民のお墓がだいたい集まっているという。

葛岡墓園は中心部の頂上付近に建っている給水塔のまわりを反時計回りに三〜五周すると、さまざまな心霊現象が起きるとされている。〈車のエンジンが止まる〉〈何かがついてくる〉など。また、この墓地はアルファベットのA地区からY地区までエリアごとに区切られているのだが、夜中に行くとZ地区が現れるという話もある。

現地に着いたのは午前一時頃。墓地はかなり広くて、給水塔までたどりつくのにかなり迷った。ところで車で三周すればいいのか徒歩で三周すればいいのかわからなかったので、とりあえず車で反時計回りに三周してみる。そのあと車を降りて、徒歩で三周する。同乗者のなっしゃんも車から降りてきたので、最後の一周はなっしゃんにバトンタッチ。数分も経たないうちになっしゃんは一周を終えて言った。

「なんか呻き声みたいなのが聞こえました。今ならまた聞こえるかもしれないんで、タニシさん、もう一周行ったほうがいいですよ」

そうすすめられたので、もう一周回った。この四周目では、後ろからカサカサとやたらと音が鳴った。生配信の視聴者には「女の人の声がする」とコメントする人がいたが、僕には聞こ

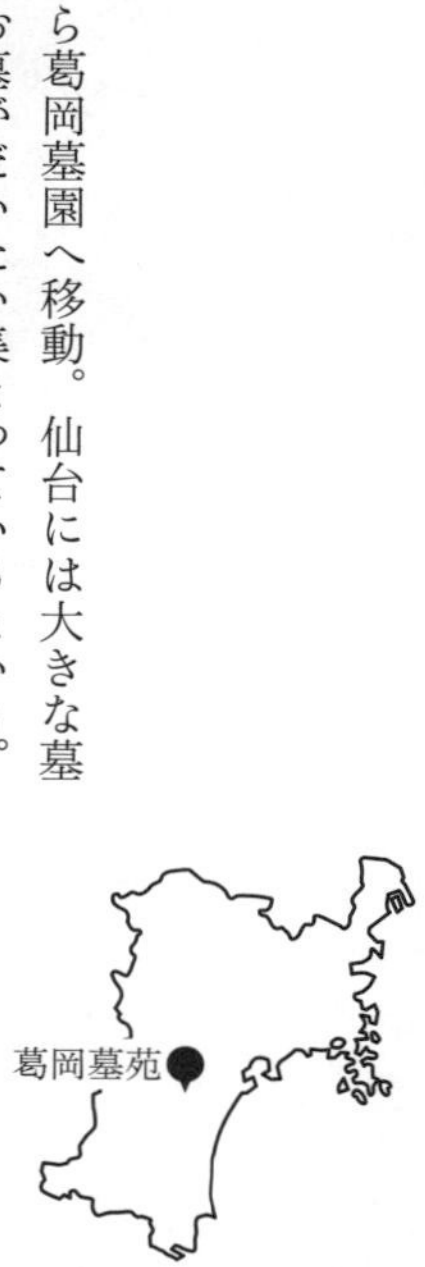

えなかった。ただ、気のせいかもしれないが、何かついてきているような気配はした。

四周目を終えて車に戻ると、なっしゃん以外全員が爆睡していた。こりゃダメだ、帰れない。僕となっしゃんはしかたないので墓園を探検する。歩きはじめてすぐ、モニャモニャモニャと誰かの声がしたが、姿は確認できず。さらに少し進むと、生配信を見ている視聴者からまたコメントが書き込まれた。

「木からウーウーと声がした」

それは誰かの墓の横に生えている二股になった木だ。さらにコメントが書き込まれる。

「墓石と木の間に小さな男の子がいる」

僕もなっしゃんも男の子の姿は見えないが、なっしゃんがその見えない少年に向かって声をかけた。

「少年〜、あそぼっか〜」

そう言いながら続けて松ぼっくりを投げる。

「いて!」

なっしゃんのヒザに急に激痛が走る。それ以降なっしゃんは足がガクガクになってしまったので、車に戻って休んでもらう。

運転手がまだ起きないのでしかたない。起きるまで一人で給水塔のまわりを再びぐるぐる回る。結局三時になるまで回り続けたので七周はした。その前に三周、車でも三周しているので計十三周回った。これだけ回ったらさすがに何か起きるだろう。ちょうどそのタイミングで運転手が起きたので、葛岡墓園を脱出した。

太《たい》白《はく》山《さん》トンネル（宮城） 10月19日

僕と原さん、上くん、なっしゃんが、仙台心霊スポット巡りの最後、太白山トンネルに着いたのは午前三時四十分。午前四時までに高速道路の料金所を通らないと深夜割引が終わっちゃうそうなので、実質ここには十分もいられない。

このトンネルは旧秋保《あきう》鉄道トンネルとも呼ばれていて、もとは石材を運ぶ電車が通っていた小さな廃トンネルだ。

列車が走っていた頃からトンネルを徒歩で通り抜ける人がいて、電車の下敷きになって死亡する事故が多発していた。さらには焼身自殺も起きているそうである。

爆睡から覚めた原さんと二人でトンネルに入り、駆け足で反対側へ行き、また駆け足で戻る。本当に狭くて短い小さなトンネルだったが、戻る際の入口付近で、長い髪の毛の束が突然目に入る。

おかしい、入るときにはこんな髪の毛はなかったはずだ。

最後の最後に、葛岡墓園から何かがついてきたのか？

それとも八木山橋からの生配信中に視聴者が見たという、画面左側からのぞいていた女の霊か？

どちらにしても、何かがついてきていたのだろう。

廃トンネルなので入口はふさがれていた。

原さんと二人でトンネルの中へ。

戻って来るとトンネルの入口に謎の髪の毛が……

芝桜観音（群馬）　10月20日

ザ・バンド・アパートの原さんとの、仙台・高崎・熊谷怪談ライブツアー二日目は群馬の高崎だ。イベント後は地元高崎出身のスタッフの方が、高崎市のみさと芝桜公園の近くにある謎のスポット、芝桜観音を案内してくれた。

この場所は江戸時代にたくさんの死体が埋められては掘り起こされ、埋められては掘り起こされしていたという。さらに無実の罪で片腕を切り落とされて殺された女の霊が、自分の腕を夜な夜な探し歩くという話もあるらしい。

午前〇時過ぎ、そんな話を聞きながら歩いていると、突然手作り感満載の鳥居が現れる。しかもその鳥居、鯛が浮いている。何を言ってるんだと思われるかもしれないけど、鳥居に鯛が浮いているとしか表現できない。

鳥居をくぐると観音像。その奥にある小屋の壁に宝くじがいくつも貼り付けられ、足元にはペットボトルと、地蔵のような石のような地蔵が並ぶ。そこに木簡が立て掛けられ、「お腹すいている人の為おにぎり買え……」の文字。上を見ると他にも木簡が釘で打たれており、それぞれ消えかけの文字で「ゲーム機当りました」「東京都 初の一〇〇〇円 当りました 今年もきます」「一等三億円也」などと書かれてあった。千円から三億円まで幅が広い。

そして反対側には「↑世にもふしぎの木」の看板がある。看板には他にも「宝くじ当る木」

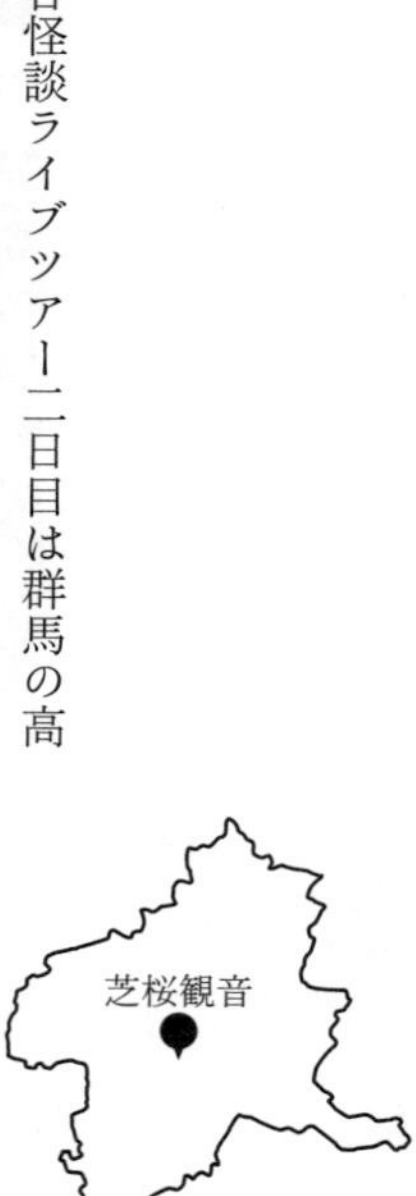

「樹齢二百年」「観音様が寝ています見て下さい」などが書かれている。世にもふしぎの木とはいったいどんな木なんだろうと矢印のほうを見たら、幹が二股に割れて上でまたつながっている変な木があった。なんだろう、布団叩きのような形だ。あるいは卑猥なものを想像してしまうような形。おそらくこれが「世にもふしぎの木」なのだろうが、とても樹齢二百年には見えないこじんまりとした木である。あと、寝ている観音様はどこを探しても見つからなかった。

なんだろう。どんな感情になればいいのかわからない場所だった。

ペットボトルがお供えされた観音像。

謎の言葉が書かれた木簡がたくさん。

幹が二股に割れた「ふしぎの木」。

桶川踏切（埼玉）　10月21日

原さんとの仙台・高崎・熊谷怪談ライブツアー最終日の熊谷。この日はぁみさんもゲストで参加した。

イベント終了後、なっしゃんの持っている心霊写真の現場、桶川の踏切へ行く。

この踏切はやたらと飛び込みが多いのだが、そもそも普通に歩いていてもつまずいている通行人をよく見かけるという。そして少し前、サラリーマンが踏切の途中で突然正座をして、ピクリとも動かなくなり、そのまま列車にひかれてしまったらしい。

なっしゃんはそのあと夜中に踏切へ行き、心霊写真が撮れないかなぁと友達とパシャパシャ写真を撮りまくる。すると、急に右肩が重くなった。

「今、写真撮って！　早く！」

友達にそう言って撮ってもらったら、なっしゃんの姿におおいかぶさるように真っ黒の人影のようなものが写り込む、強烈な心霊写真が撮れたという。

僕はその写真を見せてもらったのだが、たしかに気持ち悪い。もはやなっしゃん自身の姿がほぼ写っていないほど、謎の黒い何かがハッキリと写っている。

桶川踏切に着いたのが午前一時半。この日は雨が降っていたので、濡れた地面が青いライトを反射して幻想的だった。照明が青いということは、自殺者が多い証拠だ。人間の気持ちを落

ち着かせて自殺を防止する効果のある青色灯が設置されているのだ。踏切の手前には何故か数珠が置いてあって、それもなんだかリアルだった。

あと、〈自動車は通れません〉と書かれた看板があって、なるほど、歩行者専用の踏切なんだここは、と思った瞬間、線路の上をトラックが走っていった。

ビックリした。たぶん作業車だろう。

黒い人影がなっしゃんにおおいかぶさっている。

トラックが線路を走ってきて驚いた。

●台風樹海（山梨） 10月22日

日曜日の秋の樹海探索。しかしこの日は間が悪く、あいにくの台風だ。しかし日程は変えられない。メンバーはいつもの村田らむさん、今回初参加の木村さん、そして樹海マスター・会社員のKさん。このKさんは、樹海に行くためにポルシェを買い、風をよみ、死臭を嗅ぎ分け、死体の前でパンを食う人だ。毎週末、仕事が休みである限り樹海探索にいそしんでいる。

みなそれぞれカッパを着て長靴をはいて樹海に突入。雨の樹海は木の根っこがツルツル滑るので、気をつけて歩いてはいるものの、転ぶ。濡れる。痛い。そんな僕らを置いてKさんはグングン進む。

「なんかありますね」

Kさんが見つけたのはテントの残骸だった。

「近いかもしれませんよ」

何が近いかはあえて言わないが、近いらしい。あ、Kさん、カバンの中からやきそばパンを取り出して、食べた！　ということは……

「ありましたよ」

何があったかはあえて言わないが、あった。

照恩寺（福井）10月25日

福井県福井市にある照恩寺では毎年五月三日と十月二十五日にテクノ法要をやっている。それは浄土真宗の世界観をテクノの音楽とプロジェクション・マッピングによって表現し、仏の教えを説くまったく新しい形の法要だ。元ＤＪでライブの照明関係の仕事をしていた照恩寺の住職が、ＹＭＯやPerfumeにヒントを得て、若者のお寺離れを食い止めるために編み出したという。僕はこのテクノ法要を一度生で観たくて、一人現地に向かった。

ＪＲ大阪駅から新快速に乗って敦賀駅で乗り換え、さらに越前花堂駅でも乗り換えて、最寄駅の越前東郷駅まで約四時間。特急サンダーバードに乗ればもっと早く着くが、僕には「特急に乗る」という発想がまったくなかったのでしかたない。

駅から照恩寺までは徒歩で二分、すぐそこだ。お寺には露店が出ていて近所の子供たちが集まり、すぐ近くの川の上には「川床バー」というオシャレな簡易バーがあって大人たちがお酒を楽しんでいた。

本堂に入るとテクノ法要はまだ始まってなくて、紙芝居をやっていた。『ごんぎつね』ではガッチリ子供たちのハートをつかんでいたが、そのあとの親鸞聖人の若かった頃のエピソードで急に内容が難しくなり、子供たちの心がじょじょに離れていくのが見ていておかしかった。

いよいよテクノ法要が始まる。

本堂の最後尾には地元の放送局、新聞社、ニコニコ生放送、地元の学校の新聞部員たちがカメラをかまえ、まるで記者会見のようだ。照明が暗くなり、本堂の内陣をプロジェクション・マッピングが照らし、テクノミュージックに合わせてボコーダーで加工された住職の読経が鳴り響き、幻想的な世界が広がる。とにかくカッコいい。

おじいちゃんもおばあちゃんも子供たちも、この現実離れした空間の一部になる。

途中、機材の不調で一時中断したが、その間に住職の説法を聞く。この日のテクノ法要は「報恩講」と呼ばれる親鸞聖人の命日を中心に行われる仏事でもあり、住職が「親鸞聖人のファンミーティングです」と言ってたのが印象的だった。わかりやすい。

テクノ法要の告知。

プロジェクション・マッピングで浄土真宗のお経が映し出される。

九十九《つくも》橋（福井）10月25日

照恩寺で参列したテクノ法要が終わると夜九時。もう大阪には帰れない。というか、越前東郷駅の終電が夜九時十九分。電車にすら乗れない可能性がある。急いで駅に向かえば福井駅までは行ける。

どうする？　いや、大丈夫だ。

ここまで来たのはもう一つ目的があるからだ。

それは見知らぬ土地、福井での心霊スポット探索だ。まずは、この状況をネット生配信で見ている視聴者がコメントを書き込んで教えてくれた地元の有名店・トックリ軒のオムライスを食べて腹ごしらえ。これによってもう電車には乗れない。しかし夜は長いのだ。エネルギーをつけたところで、目的地の九十九橋まで歩く、二時間かけて。

歩き出して十分、すぐに後悔する。田舎の農道は街灯もなけりゃ歩道もない。暗闇にはもう慣れているんだけど、車が怖い。向こうもこんな時間に人間が歩いてるなんて思っちゃいないだろうから、ビックリしているだろう。いつひかれるかわからない恐怖におびえながら、しかたなく歩く。

結局、三時間歩き続けて午前一時を過ぎた頃、足羽川沿いの幸橋付近で「日下部太郎、ウイリアム・エリオット・グリフィス像」に遭遇。日下部太郎は福井藩初の留学生で、グリフィス

は福井藩のアメリカ人教師だ。二人の絆は美しいのかもしれないが、夜中に突然現れる二人の銅像は怖かった。午前一時半にようやく九十九橋に到着する。

この九十九橋の近くにはかつて戦国大名の柴田勝家の城があった。勝家と妻のお市は秀吉に滅ぼされ、炎上するその城の中で自害した。それ以来、命日の四月二十四日の丑三つ時になると、数百の騎馬兵が九十九橋を渡る姿が目撃されたという。兵と馬はすべて首がなく、傷口から血を流していたとのこと。しかもこの首なし行列を見たり、その話をしゃべったり聞いたりした者は、みんな翌朝に血を吐いて死ぬという。

なんという怖い話だ。

明治に新しい橋にかけかえられてからは、首なし騎馬武者行列が出現することはなくなった……はずなんだけど、昔の九十九橋を再現したものが北ノ庄城址・柴田公園に展示されてから、再び九十九橋に首なし行列が現れるといわれているそうだ。

しかし、今は対処法があるらしい。

首なし武者に会うと「何者か?」と聞かれるので、「勝家公の家臣である」と答えれば、命までは奪われずに済むとのこと。

首なし武者に語りかけられる時点で「どこからしゃべってるんだろう」という疑問とともに、怖すぎてどうしようもないと思うが、もし出会ってしまっても間違えずに答えれば大丈夫だ。

実際の九十九橋は整備されてとてもきれいだった。首なし行列が現れる気配などみじんもない。だからこそ現れたら、すごく怖い。

しかもこの日は十月二十五日。勝家とお市の月命日の翌日だ。なんとか現れてくれないかしら……

しかし、首なし騎馬武者行列は現れなかった。もう疲れたのでタクシーで駅前まで行く。福井駅には恐竜のゆるキャラがたくさんいた。首はあった。

オムライスを食べて異界への旅に備える。

地元の有名店、トックリ軒。

首なし行列が現れるといわれている九十九橋。

三時間歩き続けたあとに見つけた日下部太郎とグリフィスの像。

福井駅前にいた恐竜たち。

渡《わた》鹿《か》野《の》島（三重）　11月3日

三重大学医学部が、僕と後輩のにしね・ザ・タイガーを学園祭に招いてくれた。しかもお笑いではなく、まさかのセミナーである。

テーマは「生と死。生きるということ。」

とんでもない企画だ。ありがたい。

会場は千人が入る大ホール。そして観客は十八人。そのうちの二人が、にしねの両親だ。こんなに人口密度の低いイベントはなかなかない。

学園祭の出番を終えて、夜は三重県志摩市にあるにしねの実家に泊まらせてもらうことになったので、にしねのお父さんに車で送ってもらう。語尾に「だもんで」がかなりの確率でつくのが愛らしい。にしね父に僕は相談した。

「家に帰る前に行きたい場所があるんですが」

「いつもお世話になってますんだもんで」

お父さんはそう言って快く了承してくれた。

送ってもらったのは渡鹿野渡船場だ。僕とにしねが行きたかったのは、かつて売春島と呼ばれた渡鹿野島である。渡船場の待合室の呼び出しボタンを押すと五分くらいで向こう岸から船がやって来る。たしか運賃は百円くらいだった。

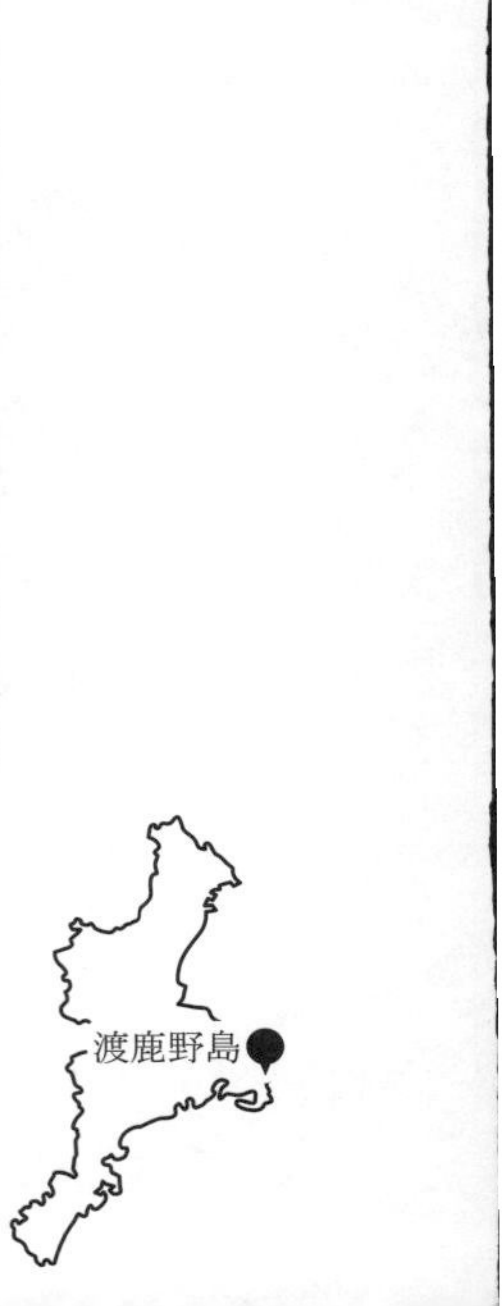

島に上陸したのは午後七時くらい。「ようこそハートアイランド渡鹿野島へ」と書かれたパネルと、渡鹿野島観光案内図が島の入口にある。

案内図に書いてある説明を見て気になったのは「おこり石」と「忠魂碑」だ。おこり石は「さわると祟りあり」なのだそうだ。忠魂碑には「犠牲とは人生最大の道徳なり」という意味深な言葉が書いてあった。どっちも怖い。

島は営業してる店もあるが、ほとんど閉まっているようだった。置屋と呼ばれる建物がどれなのかはわからなかった。狭い路地ですれ違った恰幅のいい女性に聞かれる。

「お兄さんたち今日の宿は決まってるの?」

「いや、今日は泊まらないんです」

そう答えたら、すごくそっけなくされた。

坂道を上って島の上のほうへ行くと、廃墟が並んでいた。そこがもしかしたら、かつての置屋だったのかもしれない。

坂道を下りて少し離れた海岸に出ると、「ポ」「イ」「ス」「テ」「禁」「止」とお腹の部分に書かれた、ボーリング玉みたいな丸いブイでできたアンパンマンの仲間たちが出迎えてくれた。他にもブイでできた笑うセールスマンや、ブイでできた水戸黄門御一行、ブイでできたピカチュウ、ドラえもん……　ミッキーは口が何故かオバケのQ太郎みたいになってて気持ち悪かった。あと何故か「E・YAZAWA」と書かれたドラムセットもあった。

海岸沿いを歩くと、やたらリッチ感を出そうとして逆に寂しさを感じさせる建物が増えてくる。イメージをクリーンにしようとしているのかもしれないが、人があまり来ないのだろうか。

寂しい。

夜の十時過ぎに島を出る。にしねのお父さんが車で迎えに来てくれた。

にしねの実家に着くと、ココイチのカレーとすき家の牛丼が用意されていた。

「家の近くの工場で殺人事件があったもんで」

お父さんはノリノリで近所にある事故物件を教えようとしてくれた。

1000人が入る大ホールに、観客は18人。

僕たちが招かれたセミナーのポスター。

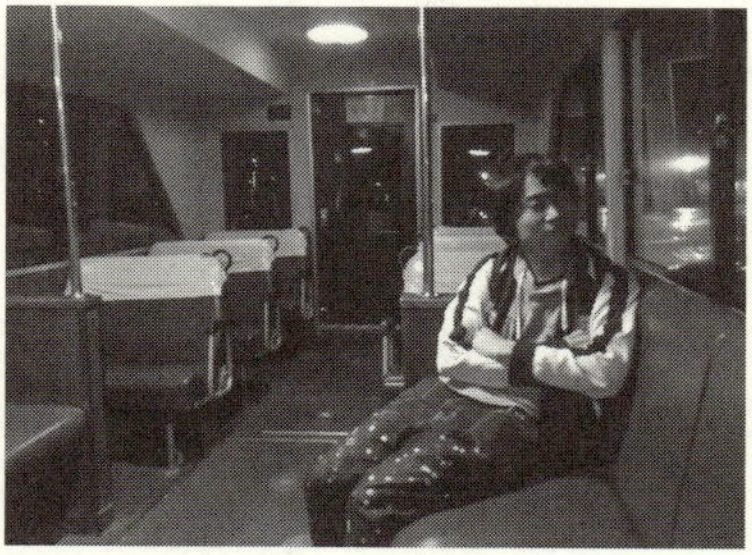
渡船の船内。

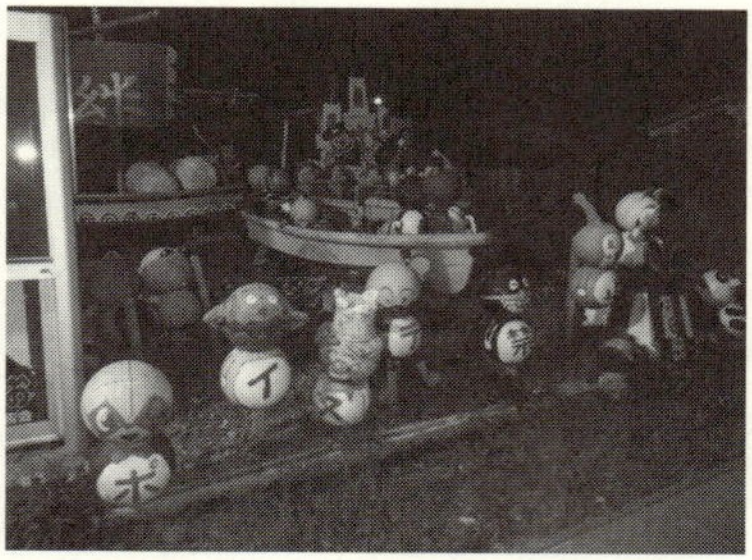
ポイステ禁止と書かれたキャラクターたち。

白幡神社（千葉）11月17日

千葉県にある白旗神社は、何を祀っているのか僕にはよくわからない。ゴルフ場の上のうっそうとした林の中にひっそりとある。

数年前は注連縄で本殿への道がふさがれていたというが、今は注連縄をかけていた木ごと切られてしまっていて、本殿には御神体らしきものもない。廃神社になってしまったのだろうか。噂されている霊体験は、何者かに林の中から追いかけられたというものが多いようだ。

実はここは、テレビ番組「北野誠のおまえら行くな。」の鎌倉泰川《たいせん》監督が、僕が四軒目に住んだ千葉の事故物件の撮影に来た際に、ついでに一緒に見にいった場所でもある。

そのときは神社よりも、神社に向かう手前で大勢のカラスが一匹のカラスを食っていて、道をふさがれたのが気持ち悪かった思い出がある。

今回はニコニコ生放送の番組が終わったあとの午前○時、ディレクターの木村さんと一緒に現地から生配信するために行ったのだが、神社手前の廃墟の灯りがついていたのが気持ち悪かった。

貴《き》船《ふね》神社（京都） 11月30日

ついに、ここへ来た。丑《うし》の刻《こく》参り発祥の地・貴船神社に来た。

今年の正月、一人で京都にいた僕は、貴船神社へ行くか伏見稲荷へ行くか迷った結果、安全な伏見稲荷へ行ってしまった。それはそれでいろいろあったわけだが、正直、ひよってしまったのが本当のところだ。

京都での怪談イベントのあと、華井の車で深夜、今度こそ貴船へ向かうことにした。さすがに一人では怖いが、華井と車があるなら大丈夫だ。もし丑の刻参りの現場に遭遇し、釘と金槌を持った白装束の女に追いかけられたとしても（丑の刻参りを見られたら、その目撃者を殺さない限り死んでしまうとされている）、車まで逃げればそれ以上追いかけられないだろう。最悪、追いつかれても男二人ならなんとかなるような気がする。それでも、いたらやっぱり怖いけど。

貴船神社は奥宮の林で藁《わら》人形が発見される確率が高い。一般的な見物客が多い、きれいな赤い灯籠が並ぶ場所は本宮で、そこからさらに十五分ほど貴船川沿いに歩けば奥宮に着く。

午前二時。奥宮は神門をくぐると、いっきに静寂に包まれる。

神秘的とはこのことか、と思うくらいの空間で、これはたしかにパワースポットとしての力もすごい気がする。そんな神聖な場所のさらに奥の林で、丑の刻参りが行われているというのだから、パワーのベクトルはプラスにもマイナスにも働いてしまうということなのか。

ただ、ここで一つ疑問がある。

どうやって石垣の向こう側に行くのだろう？　たしかに奥宮は林に囲まれている。しかしその前を高い石垣に囲まれているため、その林に行く方法がよくわからない。

いちおう拝殿の裏側をのぞき込んでみると、あった。石垣のない場所が。

しかしそこは「立入禁止」の看板があり、防犯カメラがしっかりと見張っている。丑の刻参りは、私有地である貴船神社の裏林に侵入し、所有物である貴船神社の樹木に釘を打ち付けるわけだから、立派な不法侵入であり器物破損なのである。

僕と華井は奥宮の外側に回り、車道沿いの林をチェックしてみる。自分がもし藁人形に釘を打つとして、どの木なら人に見られずに打つことができるだろう。そう考えると、打ちやすい木と打ちにくい木があることに気づく。

この位置なら通行人の死角だろう、という木の裏側を見ると、あった。ちょうど胸の高さの位置に不自然な穴が。おそらく藁人形を打ちつけたあと、神社の神職さんに処分されたのだろう。やはり打つ側も人間。呪いを成就させるためには打つ木も選んでいるのだなとわかった。

帰り道、奥宮の正面に灯籠と木が並ぶ参道があった。

「いちおうこの参道の木もチェックしときますね」

華井はそう言ったが、僕はさすがにこんなに人に見られやすい場所は選ばないだろうと思い、あまり真剣に探してはいなかった。

「あ、ありました。人形というか、白いのが……」

華井が見つけたのは藁人形ではなく、釘を打ちつけられた形代、つまり人型の紙、人形《ひとがた》であった。頭部と腹部に二本の釘が打ちつけられている。さっきの「打つ木を選んでいる」という考えを即座にくつがえされた。そして藁人形ではなく人形に打ちつける意味は、僕にはまだわからない。

とうとうやってきた貴船神社。

静寂に包まれていた奥宮。

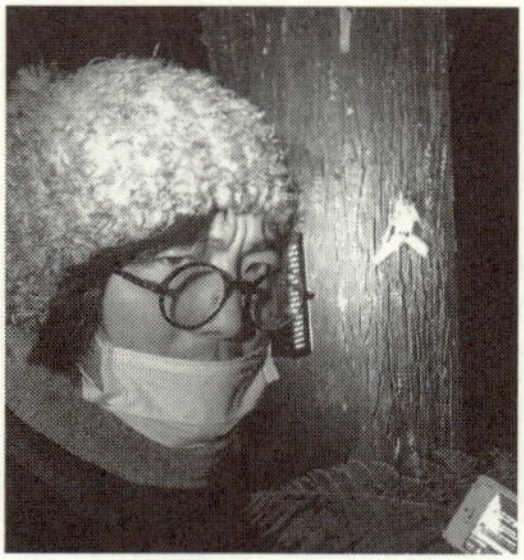
人形に打ち付ける意味はわからない。

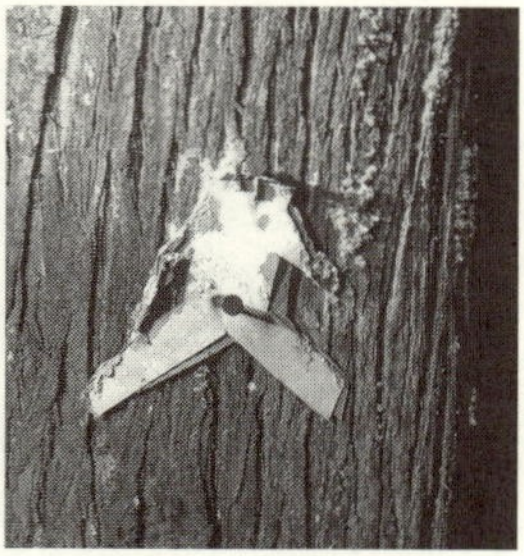
釘を打ち付けられた形代を発見……

賢《けん》見《み》神社（徳島）　12月7日

高知・高松・広島怪談ライブツアー初日。高松でレンタカーを借り、木村さんの運転で僕と田中俊行さんは高知へ向かう。その途中、僕たちは賢見神社に寄った。

賢見神社は日本で唯一の、犬神憑きを落とす神社だ。犬神憑きとは「蠱《こ》毒」と呼ばれる動物を使った呪詛の一種である。飢えた犬の首を切ってそれを土に埋め、その上に人を往来させることで怨念を増幅させ、その霊を呪物として使うのだ。犬神憑きにあうと、胸や手足が痛み、犬のように吠えるようになる。犬神は、その子孫にもとり憑いて世代を超えて離れることがないというのも面倒くさい。特に犬神憑きの発祥の地とされる四国には、関連する伝承が多く残っている。

賢見神社は崖の上にあって行きにくい。それでも犬神憑きを落としに全国から人がやってくるという。僕らが行ったこの日はたまたま神社に誰もおらず、剣を二つ交差させた神紋を見て「カッコいい」と語ったり、下まで降りて奥宮を確認したりした。神主さんの祝詞《のりと》を一度聴いてみたかった。とても独特なのである。帰り際、神社の入口につながれている犬に、田中さんがやたら吠えられていた。

剣を交差させたデザインの紙紋。

神木　梛《なぎ》の木（高知）　12月7日

高知での怪談ライブが終わり、木村さんの運転で室戸まで遠出する。高知出身のHさんには、室戸までの道中、道路の真ん中に突然、御神木が現れるから気をつけてと言われる。

高知市内から室戸までは車で約二時間。ひたすら太平洋沿岸の国道55号線を走る。一時間くらい経った頃だろうか、運転する木村さんが突然叫ぶ。

「あ――！」

〃ドン！〃

何かとぶつかった音だ。動物か？　車を止めると、目の前に突然、ヘッドライトに照らされた御神木が現れる。これはHさんから聞いていた御神木だ。しかし車体にぶつかった何かはどこにも姿が見当たらない。車に戻り、御神木を恐る恐る通り過ぎて数メートル進む。運転席の木村さんが再び叫んだ。

「あ――！」

今度は何だ。ハクビシンが道路の真ん中に倒れている。さっきぶつかった「何か」の正体か？もしそうだとしたら、御神木の向こう側まで飛び越えて吹っ飛ぶのはありえないだろう。車にぶつかったハクビシンがワープしたのか、それともハクビシンは御神木の向こう側でもともと死んでいて、車にぶつかったのは別の何かなのか。

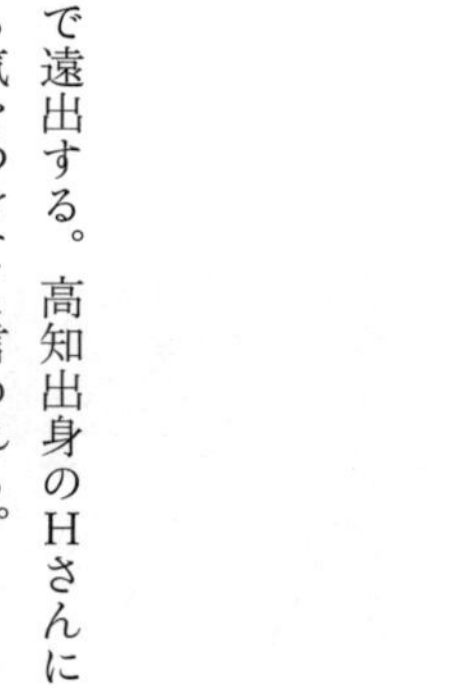

ちなみにこの御神木は樹齢四百年と推定される梛の木で、昔は国道を挟んだ向かいにある波切不動尊の境内にあった。一九六九年の国道の拡張工事の際、この木は取り除かれる予定だったが、住民の願いで道路の真ん中に残された。

この木には不思議な伝説がある。地元の漁師が仲間と漁に出て嵐にあい船が転覆したとき、波間にある笹の葉のようなものに必死でしがみついたところ、この御神木の梛の木だったという。

ハクビシンと梛の木。何かを意味していたのだろうか。

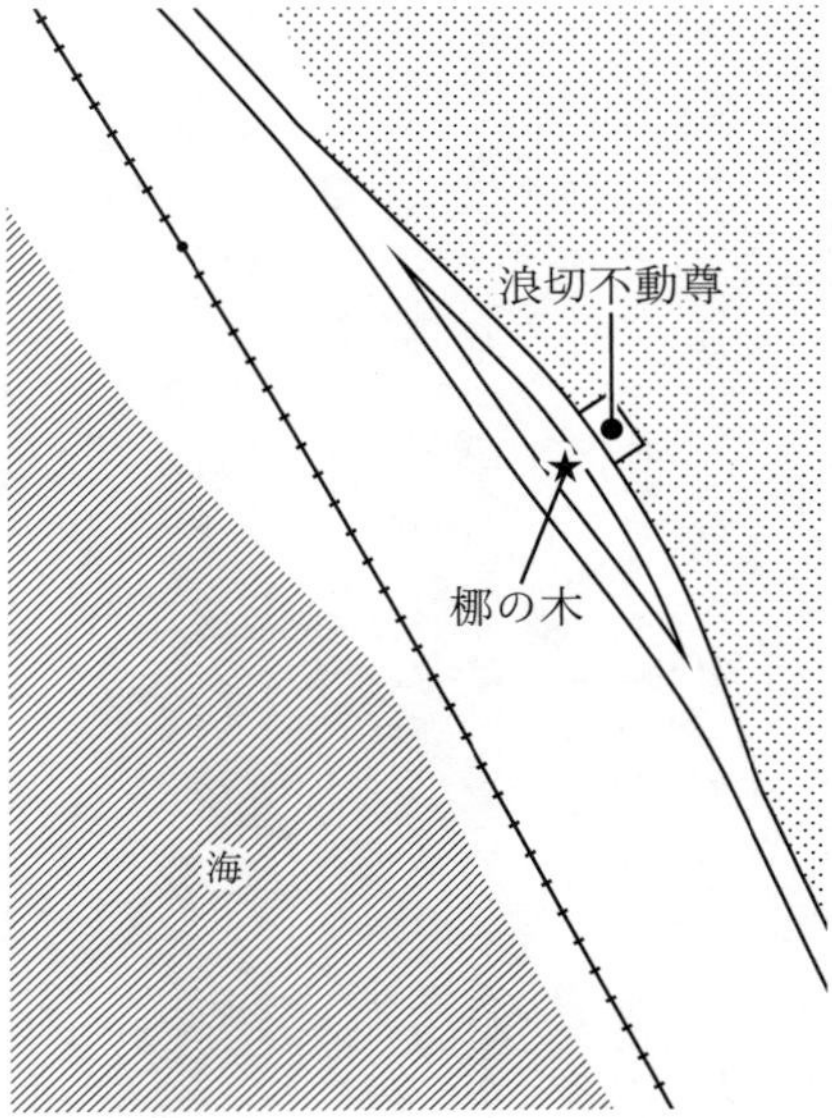

●スカイレストニュー室戸（高知）　12月7日

真夜中、高知から室戸へ向かう途中でハクビシンをひいたあと、車を運転する木村さんのテンションはダダ下がりになったが、なんとか室戸岬に到着。この岬も自殺者が多いと聞いたので崖になっているのかと思っていたが、平面に近い岩場だった。つまりは自殺といっても入水自殺なのか、それともただの噂なのか。

僕たちが目指していたのはスカイレストニュー室戸で、室戸岬の近くにある廃墟だ。高知出身のHさんはここに仕事の関係で行ったとき、こんな廃墟にいるはずのない小学生くらいの謎の女の子に何度も出くわしたという。

スカイレストニュー室戸は本当に室戸岬から近く、車で数分の距離だった。それなりに高さのある建物で、上層階の壁が崩れて、吹きさらしの状態になっている。

僕は入口付近の食堂の厨房に向かってスマホのカメラをかまえた。

すると、海側から人の話す声がした。無線を使ったおっさんの声のようだ。

その方向を見ると、藪である。

誰もいるはずがなかった。そしてその瞬間、厨房に向けてかまえていた僕のスマホの電源が落ちる。再び電源を入れようとしても、うんともすんとも言わない。

しかたなくその場から少し離れると、電源がオンになり、もとに戻った。スマホには、録っ

た覚えのない動画が数秒入っていた。その動画は、厨房の上側を映しており、妙な動きをする白い光が映っていた。

スカイレストニュー室戸の入口。

入口に打ちすてられていたキティのぬいぐるみ。

中村トンネル（香川）　12月8日

高知・高松・広島怪談ライブツアー二日目のイベント出演が終わったあと、僕と木村さん、田中さんを、Iさんとかがーさんが案内してくれることになった。

最初に案内してくれた中村トンネルは、香川県最恐の呼び声が高い心霊スポットだ。正式名称は「立石隧道」という。古い手掘りのトンネルで、内側の表面はゴツゴツとして道幅は狭く、照明もいっさいない。対向車が来たらアウトである。

このトンネルの噂で有名なのは入口手前にあるお地蔵さんだ。この地蔵の祠の扉が開いていたら帰り道に必ず事故にあうとされ、地蔵が笑っているように見えたらトンネルから無事に出られないという。お地蔵さんにイタズラをした若者が後日、交通事故で死んだという噂もある。だが現在、そのお地蔵さんは県道38号線に開通した新立石トンネルの前に移設され、中村トンネルの前には、祠があった場所にブロック塀が残るのみである。

以前、僕も恐怖新聞健太郎さんの案内で見に行ったことがあった。そのときは何も起きなかったが、一緒に行ったなつこさんという女性に後日、不幸が起きた。

なつこさんは車を運転中に住宅の壁に激突し、鼻から髄液が漏れるほどの大ケガをする。そのあと退院してからも突然「あ、死ななきゃ」と思い、クローゼットに紐をくくりつけ、首を吊ろうとしたところを母親に発見されて助かった。しばらくは首にそのときの生々しい赤いア

ザが残っていた。僕がなつこさんの車の助手席に乗せてもらったときにも、赤信号で一回止まったのに、いきなり目の前のコンビニへ車を発進させたことがあった。運が悪ければ大事故を起こすところだ。本人は無意識でアクセルを踏んでいたという。これらの出来事は中村トンネルに行って数ヶ月も経たないうちに立て続けに起きている。

それにもかかわらず今回も観客としてイベントを見に来ていたなつこさんが、中村トンネルへ行く僕たちになんとしてでもついて来ようとするので、さすがにそれは止めた。その様子はまるで何かに呼ばれているかのようで異常だった。

中村トンネルは前回と同じくやはり雰囲気は普通ではなかった。

今回はそのあとに新立石トンネルにも行き、新設されたお地蔵さんも見た。当時のものとはまったく別ものであったが、角度や見た人によってその表情のとらえ方が違いそうな不思議な顔をしていた。

お地蔵さんの伝説が有名な中村トンネル。

新しく作り変えられたお地蔵さん。

ある宗教施設の廃墟（香川）　12月8日

中村トンネルのあと、ある宗教施設の廃墟へ行く。落ちているメモ用紙の内容が怖かった。

○○○○様
おばあさま　　　　　生まれたい
小さな女の子（えど時代）
戦死の男性
割腹自殺の男性　　　光に帰る
おばあさま
赤ちゃん　　　　　　生まれたい
水子

いったいどういう意味があるのか。おそらく霊視的なもののメモ書きなのだと思うが、○○さんに憑いている霊たち、ということだろうか……　何故割腹自殺の男性だけ「光に帰る」なんだろう。

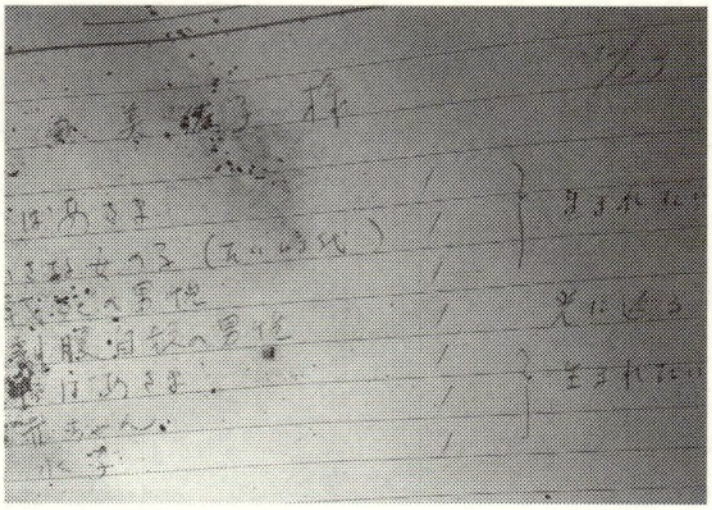

落ちていた謎のメモ用紙。

南《な》原《ばら》峡（広島）12月9日

高知・高松・広島怪談ライブツアーの最終日は広島のダムレコーズだ。現地の人に教えてもらったオススメの心霊スポットを巡ることにした。

最初に向かった南原峡は南原川にある渓谷で、紅葉の名所としても知られている。その南原峡には明神三連トンネルと呼ばれる三つの連なるトンネルがあり、その噂がとても怖い。

まず一つ目のトンネルに差しかかると、トンネルの前に老人が座っている。

二つ目のトンネルでは子供の泣き声が聞こえてくる。

三つ目のトンネルでは自転車に乗った警官がやって来る。

これをコンプリートすると、必ず事故にあうというものだ。なんだか『死亡遊戯』みたいだ。

この日は雨だった。

今回の怪談ライブツアーはニコニコ生放送の木村さんがついてきてくれて車を運転してくれるので、ありがたい。

もうすぐ南原峡キャンプ場に到着するその手前にトンネルがある。これが一つ目のトンネルか。入口には老人はいなかったので、トンネル内でお経を読んでみる。

「南無阿弥陀仏〜　南無阿弥陀仏〜」

すると、そのタイミングでちょうど雨がやみ、トンネルの外が視界をさえぎるくらいの白い

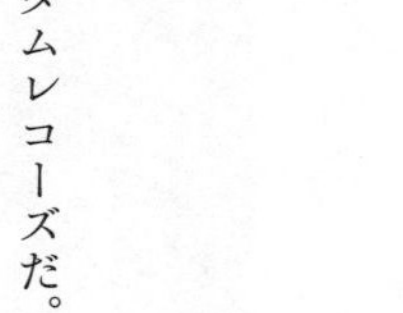

靄《もや》で包まれた。不思議だった。

トンネルを抜けて、南原峡キャンプ場へ到着。ここも火の玉が出るなどの噂があるが、残念ながら通信の電波がつながらなくなってしまったため、ネットの生配信を中断。

中断したと同時に数メートル先を大きな何かが横切った。

「何故、今のが配信できていなかったのか、もったいない……」

ビックリしたのと同時に悔しさが押し寄せた。配信できないのは残念だが、恐る恐る横切った物体にライトを向けてみる。すると、シカがいた。横切った大きな何かは、シカだった。

キャンプ場の奥へ進むと、閉鎖されたトンネルがある。どうやらここからが明神三連トンネルのようだった。閉鎖されているのと、電波がつながらないため結局それ以上は進まなかった。

トンネル内でお経を読んだ瞬間、白い靄に包まれた。

このトンネルは明神三連トンネルではなかった。

2018年

首狩神社（愛知） 1月2日

年末年始は年をまたいで、ネット番組「おちゅーんＬＩＶＥ！」の二十七時間生配信だった。番組出演のため東京から大阪に来ていた村田らむさんを、年が明けてから、僕が住む五軒目の事故物件に招待する。二人で約十時間ほど爆睡したはずだが、お互いまったく疲れが取れていない。さらにらむさんが言う。

「タニシさん寝てる間ずっとえずいてましたよ」

僕がシャワーを浴び、部屋に戻ると、またらむさんに言われる。

「タニシさんシャワーしながらも、えずいてましたけど大丈夫ですか?」

いや、僕はえずいていない。寝ている間は意識がないからわからないけど、シャワーを浴びている間は自分でもえずいていないことぐらいはわかる。いったいなんなんだ。この症状。

元日の夜、僕とらむさんは木村さんの車に乗って樹海へ向かうその途中、愛知県豊橋市の首狩神社に寄った。正式名称は浅間神社で、石段の一段目と三段目を踏むと呪われるといわれている。

何故、首狩神社と呼ばれているかというと、昔、この峠を通る旅人の首が切り落とされたため、一列になって石段を上ると一番後ろの人間が首を狩られると噂されたことからといわれている。ちなみに地元では学業の神様として信仰されているそうだ。

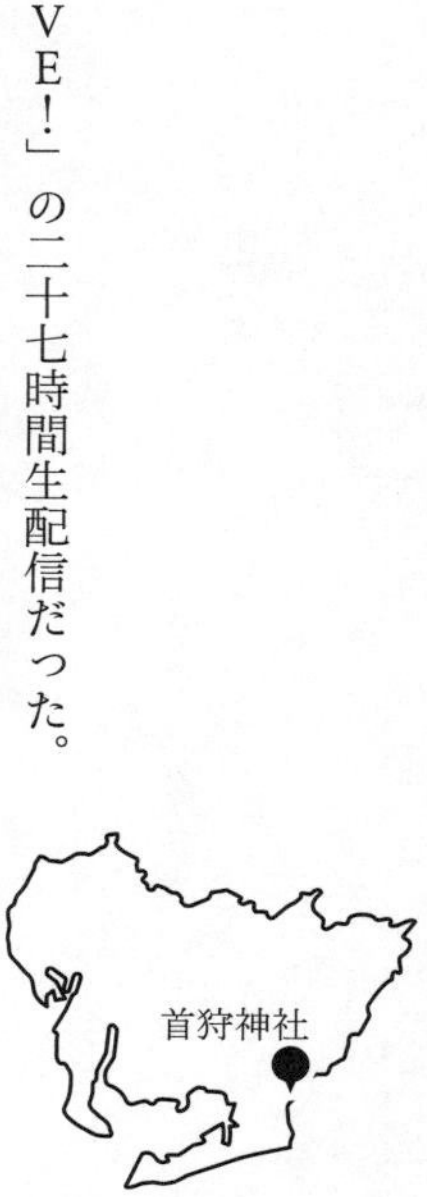

僕たちが現場に着いたのは二日の深夜だった。僕らは噂通りに一段目と三段目を確実に踏み、石段を上る。最後尾は配信のカメラを持っている木村さんか、最年長のらむさんになり、誰が首を狩られるのかも検証しながら、ひたすら上った。

実際上ってみたら、看板の案内の何倍もの時間を要し、頂上への道に関してはほぼ崖登りである。ヒイコラヒイコラ言いながらなんとか頂上に到着。それと同時にらむさんのスマホが壊れる。結局、誰も首は狩られなかったが、らむさんのスマホだけが被害にあった。

帰りは僕が最後尾になり、いちおう首を狩られるのを待つ。入口の鳥居目前まで降りてきたあたりで、ニコ生配信の視聴者からコメントが書き込まれた。

「タニシさんえずいてる?」

「オエオエ聞こえるよ」

だから僕はえずいてませんって。

踏むと呪われるといわれている一段目と三段目をしっかり踏んで石垣を上る。

一番後ろの人が首を狩られる峠道。

正月樹海（山梨）　1月2日

豊橋で早朝サウナに入り、少し休憩してから出発。昼前に富岳風穴に到着。駐車場にはすでに樹海マスターである会社員のKさんが待ちかまえていた。Kさんはほぼ毎週樹海を訪れ、風をよみ、死臭を嗅ぎ分け、死体の前でパンを食う人だ。

去年の冬とは違って、今年は雪が積もっていない。

「今日はキリンさんが見られるかもしれませんよ」

Kさんの表現はいつも独特だ。

樹海には基本、二つの色しかない。葉っぱの緑と、木と土の茶色だ。それ以外の色を見つけたとき、そこには自然でない何かがあるということだ。僕は遠目に長くて黄色い違和感を感じた。そのとき、キリンさんの意味がわかった。

Kさんは今日はパンじゃなくてサラダチキンを食べていた。最近は健康に気を使っているらしい。

昼前に到着した樹海。

サラダチキンを食べるKさん。

横浜外国人墓地（神奈川） 1月17日

木村さんと二人で異界巡りをした。

午後十時、まず行ったのは横浜外国人墓地だ。ここはザ・バンド・アパートの原さんの怪談で知った場所で、墓地の丘の上から黒い塊が追いかけてくるらしい。

外国人墓地はとても広く、結論を言うと僕らが行ったところは原さんの怪談の場所ではなかったみたいだ。残念。


午後十一時、横浜外国人墓地から歩いて「白い家」と呼ばれる家にも行ってみた。疑いようもなく普通の住宅地の完全に普通の住宅だが、とにかくこの白い家に住む人にはさまざまな怪奇現象が巻き起こり、引っ越しと入居をくり返しているのだという。

前まで行ってみたら、もう白い家ではなくなっていた。

今、住んでいる人には今の生活があるはずなので、通り過ぎるだけにした。

黒い塊が追い駆けてくることはなかった。

●小坪トンネル（神奈川）　1月18日

〈老婆の霊が出る〉という噂のある本牧十二天に寄ったあと、日付が変わった。僕と木村さんは鎌倉市と逗子市をつなぐ小坪トンネルへ向かう。心霊スポットとして超有名なトンネルである。

しかし、同名のトンネルが複数あったりして非常にややこしい。

最初に到着したトンネルは海に近い町にある「小坪トンネル」だ。このトンネルは国道１３４号線のすぐそばにあり、本来行こうとしていたトンネルとは別のものだった。

静かな住宅地が近くにあるこのトンネル自体は小さく、内壁がトタンでおおわれ、鎌倉側の入り口には隧道工事殉職者慰霊碑が立っていた。その横には比較的新しめのお地蔵さんとかなり風化したお地蔵さんが安置されている。きっと同名のトンネルがあまりにも心霊スポットとして有名なために、こちらのトンネルも混同されてきたことだろう。首に黄色いスカーフを巻いたお地蔵さんは穏やかな表情をしていた。

この夜、僕と木村さんが本来目指していたのは県道３１１号線にある山側の小坪トンネルだ。迷いに迷ったあげく、ようやくたどりついたのが小坪七丁目交差点。この交差点から見た左側の小さいのが小坪隧道、つまり小坪トンネルである。右側の大きいのは新小坪隧道。もうやや

こしい。

小坪トンネルの噂は本当によく聞く類のもので、上からボンネットに落ちてくる系から、女性の霊が手を挙げて立っていて車を停めると乗り込んできた系、いつのまにか後部座席に知らない人が座っていた系など。とにかく何かが車に乗ってくる話は多い。

しかし僕たちは結局誰も乗せることはできなかった。

黄色いスカーフのお地蔵さん。

僕たちの車には誰も乗ってこなかった。

●まんだら堂（神奈川）　1月18日

午前二時、小坪トンネルの上に火葬場があるらしいので、車を降りて山を登る。

山の上にはまんだら堂もあるらしい。ここは鎌倉時代の合戦で亡くなった武士たちの墓地で、昔は丘全体が死者の山となったという。さらにこのまんだら堂の北側には結核療養所があり、南側には小坪火葬場があったとのこと。いろいろ集まっている。

それにしても山道が非常に気持ち悪い。とにかく登るしかないが、首の取れた石像や石の祠が並んでいたり、木がうねうねしていて魔界村みたいだ。

木村さんと二人、なんとかまんだら堂の看板を見つけるが、この時期は中に入れないとのことで、扉が閉鎖されていた。

まんだら堂から山を下り、小坪トンネル方面へ歩いていると、「何故、こんなところに？」と言いたくなる場所に洋館が建っていた。しかも、灯りがついている。人が住んでいるのだ。この洋館、どうやら「サリーちゃんの館」と呼ばれているらしい。

少し前まで、小坪トンネルの上にある火葬場付近のけもの道では、二匹の猟犬を連れて鎌を持った男性がよく目撃されていたという。この人物は、以前のサリーちゃんの館の主、もしくは管理者で、心霊スポット探検と称して騒ぎに来た若者たちを追い払っていた、といわれていたそうだ。現在ではサリーちゃんの館は普通の住宅になっているようだ。サリーちゃんはそっ

としておこう。

僕たちは何も起きなかったのが悔しいので鎌倉霊園の電話ボックスに行ってみることにした。ここも心霊スポットとして有名で、白い服を着た髪の長い女性の幽霊が現れるようだ。

試しにここから華井に電話してみたが何も起きない。しばらく野尻湖ナウマンゾウ博物館に電話して、サービスで聞くことができる「ナウマンゾウの声」を聞く。

最後まで心霊現象はいっさい起きなかった。何かが起きるほうが珍しいのだ。

まんだら堂のまわりには首の取れた石像や石の祠が並ぶ。

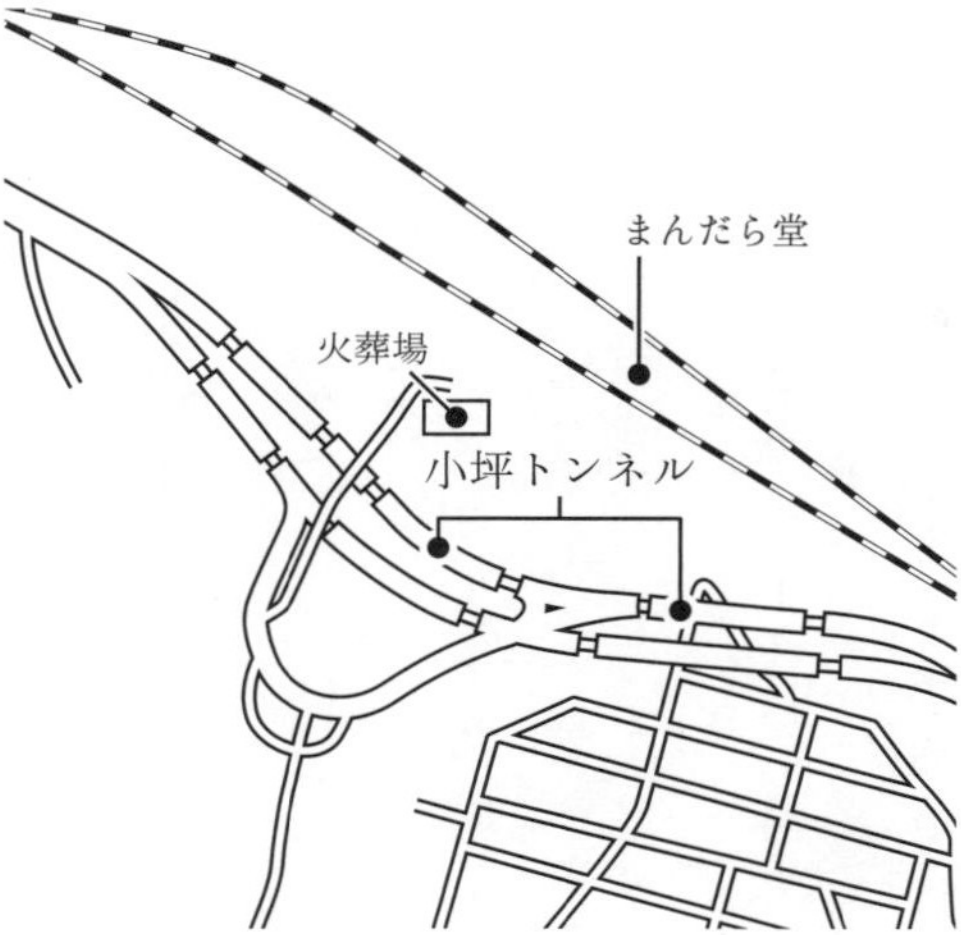

●高峰サービスエリア（奈良） 1月27日

僕の兄は奈良県にある高峰サービスエリアで老婆の霊を車に乗せてしまったことがある。

このサービスエリアへ僕と華井とにしねの三人で実際に行ってみて、老婆が本当にいるのかどうかを検証してみることにした。

到着したのは午前三時半。

兄が体験したのは午前四時。

近い時間に到着することができた。しかし二十年も前の話なので、トイレは兄の話よりきれいになっていた。

兄が言うには、女子トイレの前に盛り塩があって、おばあさんがずーっと手を洗っていたという。

さすがに女子トイレには入れないので前まで行ってみたが、盛り塩はなかった。聞き耳を立てるが、洗面所から水が流れている気配もない。

次に男子トイレに行ってみた。やたらと花瓶が置かれていたのは気になった。

午前四時、大阪方面に戻る。

兄の話ではサービスエリアから一つ目のトンネルまで老婆が後部座席に座っていたそうだが、トンネルまでは二十分もかかった。

二十分間も老婆を乗せた状態で事故なく運転できた兄がすごいということがわかった。

実際にサービスエリアから一つ目のトンネルまで行ってみた。

トイレは改装され、きれいになっていた。

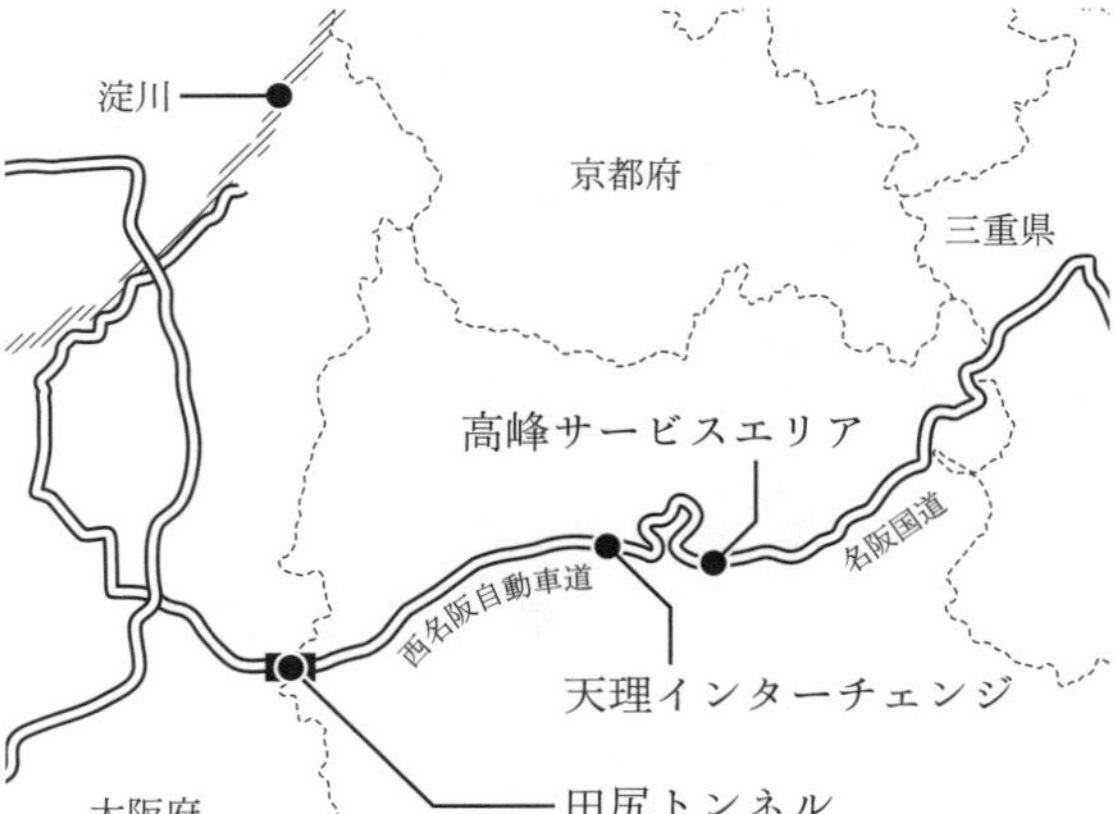

朝霧駅（兵庫）1月31日

「北野誠のぼくらは心霊探偵団」というテレビ番組のために、「あ・あ・ま・た・し・す」の（あ）明石駅・（あ）朝霧駅・（ま）舞子駅・（た）垂水駅・（し）塩屋駅・（す）須磨駅を二日間かけて再訪し、撮影することになった。

まず初めに行ったのはJR朝霧駅だ。この駅には大蔵海岸へ降りる歩道橋がつながっており、二〇〇一年夏、花火大会の日にその歩道橋で事故が起きている。あまりに大勢の見物客が歩道橋に押し寄せたために群衆雪崩、いわゆる将棋倒しが発生し、巻き込まれた犠牲者が死者十一人、重軽傷者二百四十七人に及んだのだ。現在、歩道橋には慰霊碑が置かれ、今も花が供えられている。

朝霧駅ではこの他にも、花火大会の事故と同じ年の冬、歩道橋の下に広がる大蔵海岸で陥没事故が起きている。

そもそもJR神戸線は人身事故の多い路線として有名だ。人身事故の多い場所は人の心を落ち着かせる効果のある「青色灯が設置されている」ことが知られているが、朝霧駅周辺の踏切も照明が青い。

そして朝霧駅は踏切も青いが、何故か駅の北側も青い光だらけである。深夜に訪れると、青い光しかないので逆に不安になるのだが、こうせざるをえない理由があるのだろう。

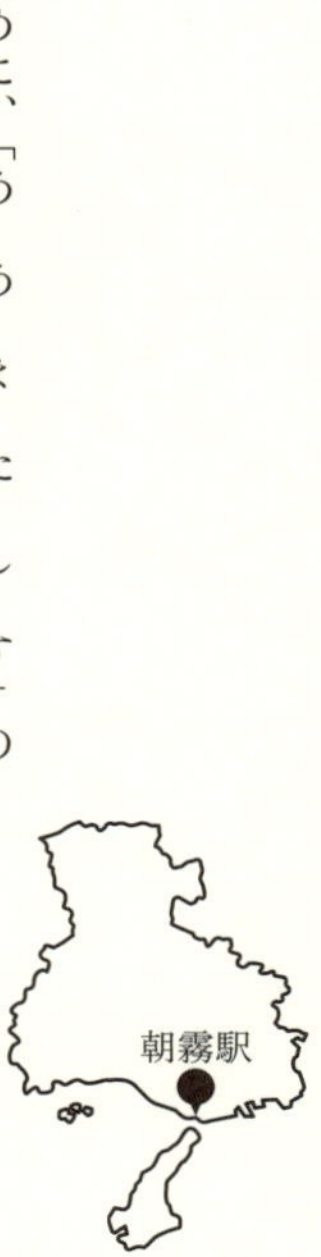

ところでこの日の十日前、実は奇妙な人身事故が起きていた。

二〇一八年一月二十一日午後四時五十分頃、朝霧駅の線路内で電車が女性と接触し、緊急停止した。しかし警察や救急車が線路内を捜索したものの女性は見つからない。運転士は異音が聞こえ、人影のようなものを見たので、電車を停止させたとのこと。はたして運転士が見たものはいったい何だったのか。

朝霧駅の歩道橋の慰霊碑にお参り。

青い光だらけの朝霧の駅前。

舞子墓園（兵庫） 1月31日

解体中の明舞センターを見たあと、僕の実家の横の坂を上ったところにある舞子墓園へ華井、にしねと一緒に行く。

舞子墓園について、同じ神戸出身のオカルトコレクター田中俊行さんが、舞子の友人から聞いた「復活の扉」の話を教えてくれた。

深夜、肝試しに舞子墓園へ行った田中さんの友人のＡくんとＢくんは、墓園内にある「復活の扉」をノックすると何かが起きるという噂（僕は知らなかったが）を検証しにいくことになった。復活の扉を見つけたＢくんは、Ａくんの「やっぱりやめておこうよ」という言葉をふり切り、ノックする。しかし何も起きなかったので拍子抜けして、近くの公衆トイレに入って小便をすることにした。

そのトイレは天井と壁の間にすき間が開いているのだが、そのすき間を見たＢくんが突然何かにおびえたように震え出し、失神する。さらにその場に倒れたＢくんの足が何回も地面でバウンドし、そのたびにＢくんのヒザがどんどん腫れ上がっていった。

Ａくんはすぐに Ｂくんを抱え上げ、墓園の近くに住んでいるおばあちゃんの家に避難したところ、Ｂくんが正気を取り戻し、何が起きていたのかを話しはじめた。

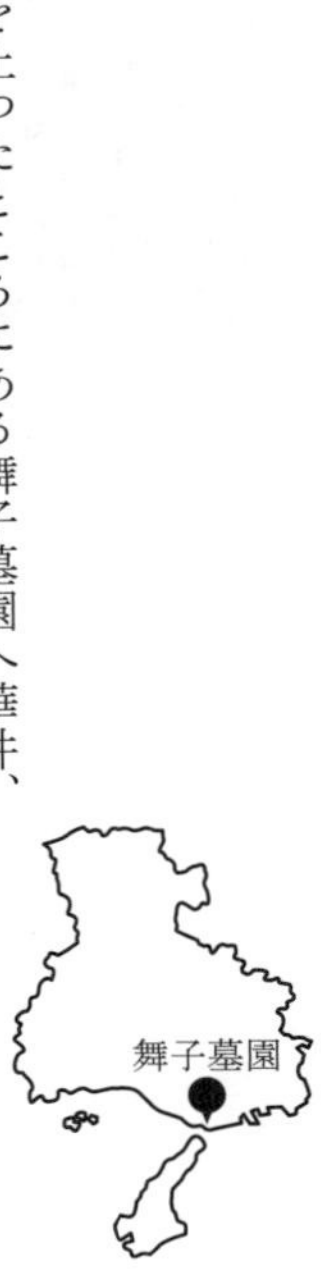

「トイレのすき間から二メートルを超す謎の大男にのぞかれて、ビックリしてその場から逃げ出したのだが追いつかれ、棍棒のようなもので足を何回もたたかれていた」

失神してからAくんは悪夢のような幻覚を見ていたことになる。しかし現実にヒザが腫れ上がるのが恐ろしい。

この話を田中さんから聞いて、実は、僕は一昨年の十二月に舞子墓園を訪れたときに復活の扉を見つけていた。そしてノックをして、トイレで小便をした。

近くの池のウシガエルが鳴きやみ、枝が二、三本パキパキと折れる音が聞こえたが、結局そのときは大男は現れなかった。

今回は華井に挑戦してもらうことにした。

「そんなん絶対イヤやわ」

そう言いながらもしっかりとやるのが華井である。

僕とにしねは後方に停めてある車の中から華井を見守る。

華井は〝復活〟と書かれた扉をノックしたあと、公衆トイレに入った。

華井がトイレに入っている間、やけに高音の電子音が聞こえてきたような気がした。

戻ってきた華井に感想を聞く。

「いや、特に何もなく、オシッコしただけでしたけど、あの高さのすき間からのぞこうと思ったら、アンドレ・ザ・ジャイアントしか無理ですね」

僕が聞いた高音の電子音は、どうやら華井の放尿の音だったようだ。

復活の扉。

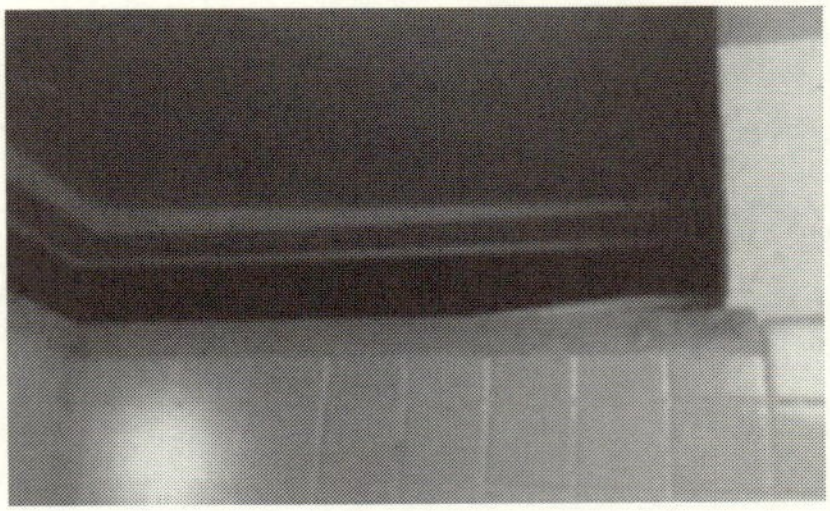

公衆トイレの天井のすき間。

亀の水（兵庫）　2月1日

テレビ番組「ぼくらは心霊探偵団」の撮影のため、この日は明石市の柿本神社と月照寺への西参道入口にある亀の水に行く。亀の像の口から水が出る手水鉢があることから亀の水と呼ばれ、その水は人丸山の霊泉から湧き出ている。

ここでは、見知らぬおばあさんがどこからか現れて亀の水の場所を案内してくれたあと、背後に回って消えるという。同級生のY子がお母さんから聞いた話だ。

実際におばあさんの出現を待ってみたが、深夜一時に柿本神社の前に人の気配はない。

しかたないので亀の水で水を汲んで、おばあさんが現れるのをしばらく待ってみたが、やはりおばあさんは現れない。もし本当に現れたら、話をしてみたかった。

入丸山の霊泉の水が湧き出る。

暗峠《くらがり》（奈良）　２月４日

暗峠は大阪と奈良をつなぐ山の中にある。ここを通る国道３０８号線は、車が通る国道の中で日本一の急勾配といわれているそうだ。しかも車一台しか通れない狭さで、途中からは石畳の道が続く。東京からやってきて、そこで車を運転するニコ生の木村さんは、それでも「大丈夫でしょ」と果敢に挑戦する。ちなみに暗峠にはお坊さんの霊が出るらしい。

愛知から大阪まで移動し、午後六時に暗峠に到着。思った以上に酷道で、なかなか坂道を進まない。そして木村さんが叫ぶ。

「あ――――！」

対向車が来てしまったのだ。木村さんは地獄の急勾配をバックする。今までで一番焦っていた。なんとか対向車を通せる場所までバックし、再び峠を攻める。途中、謎の石碑が集まっている場所でいったん休憩する。その石碑群の中には井戸があり、何故か井戸の奥からピアノの音が聞こえてきた。あれはなんだったのか本当にわからない。

再び出発し、今度は石畳の道を「あ――――！」と言いながらなんとかクリアし、暗峠を通り抜けた。

不思議な音が聞こえた井戸。

●ワラビ採りの山（京都）2月19日

深夜一時半。今いる西院《さい》から長岡京の目的地までグーグルマップで計算したら、徒歩で約三時間かかる。向かうのは未解決事件現場である。

ワラビ採り殺人事件とも呼ばれる長岡京殺人事件は、一九七九年に二人の主婦が山へワラビ採りに行ったあと行方不明となり、山頂付近で遺体となって発見されたというもので、いまだに犯人は捕まっていない未解決事件である。

一人の主婦のポケットに「オワレている　たすけて下さい　この男の人わるい人」とメモ書きされたレシートが入っていたり、不可解なことの多い事件だったらしい。

深夜四時、歩くこと二時間半。目の前には真っ赤っかなアントニオ猪木像……いや、京都向日《むこう》市激辛商店街のご当地ゆるキャラ「からっキー」の像が建っている。トウガラシに模したからっキー像はJR向日町駅前に建っており、すなわちまだ向日町駅までしか来ていないことになる。予定より一時間も遅れている。目的地まではさらに一時間以上かかる。このままでは着いた頃にはもう朝だ。僕は時にはあきらめることも大事だと自分に言い聞かせ（別に歩いて目的地まで行かなければいけない理由もないのだが）、タクシーを使うことにする。

向日町駅の近くのタクシー会社まで行き、ほとんど寝てしまっている運転手を「すいませんね」と起こし、現場近くの小学校へ。これで一時間を十五分に短縮し、いちおう予定通り三時

間でワラビ採りの山へ到着した。

山を登りはじめると「まむし注意」の看板が目に入った。真冬なのでたぶん出ないだろうと無視。

それよりもせっかく現場へ向かう様子を生配信しているのに、寒さと疲労で口数がほぼゼロである。ただただ真っ暗な竹やぶの道を進む。人の気配などあるはずもない。黙々と同じ景色を映しているだけの生配信だが、視聴者からイヤなコメントが書き込まれる。

「気をつけて！　犯人がこの生配信を見ているかもしれないよ」

どういうこと？　およそ四十年前の事件の犯人が、こんな明け方に、こんなわけのわからない芸人のネット配信を、見てるなんてことある？

「当時の犯人、十代か二十代前半だったかもなので、その場合、今六十歳前後だよ。見てる可能性あるよ」

だとしても、六十のじいさんがネットのライブ配信サービスをそもそも知っているか？

……知らない可能性がないわけではないな、たしかに。犯人が最近スマホに買い替えて、検索エンジンに「ワラビ採り殺人事件」と入力し、事件関連の動画や生配信を常にエゴサーチするのが趣味になっている可能性だってなくはない。そんな「なくはない」可能性のことばかり考えていたら、だんだんと不安になってきた。後ろから犯人が生配信を見ながらつけてきてるんじゃないかとか……

すると、突然行き止まりにぶち当たる。ここから先の道は鉄の門でふさがれていた。真冬の午前五時、現場にたどりつく直前でゲームセットだ。僕は内心ホッとしたが、もう一度この道を戻らなければならないことに絶望した。つらい。

山道でまず目に入ったのは「まむしに注意」の看板。

現場は竹と梅林の山。

山道の奥は鉄柵で閉ざされていた。

からっキーの像。

花《おい》魁《らん》淵（北海道）　2月25日

札幌すすきのにある怪談ライブバー「スリラーナイト」での語り部・匠平《しょうへい》さんとのイベント後、匠平さんの〝心霊接待〟として札幌近辺の心霊スポットを案内してもらう。

まず連れていってくれたのは札幌市南区の藻南公園にある花魁淵だ。明治に吉原から北海道に連れてこられた花魁が、主人の話とは違う寂しい土地であることを悲しんで崖から豊平川の河原に飛び降りた。その崖下の河原がいつしか花魁淵と呼ばれるようになったらしい。

夜十時、気温はマイナス四度。雪は積もりに積もって、藻南公園は銀世界。なのに匠平さんはTシャツの上にジャンパー一枚。どんだけ元気っ子なんだ。

「この花魁淵の霊は、バーのお客さんが実際に見たことがあるらしくて、ちょうどこの辺を歩いていたら、橋の上から派手な着物を着た女の人がこっちを見てお辞儀をして、そのあと飛び込んだらしいんですよ」

匠平さんのその説明を聞きながら、とりあえず花魁淵の看板を探すのだが、慣れない雪道で僕は二回コケる。そして靴の中に雪が入る。結局、花魁淵の看板は雪に埋もれて発見できなかった。北海道の心霊スポットは真冬に来てはいけない。

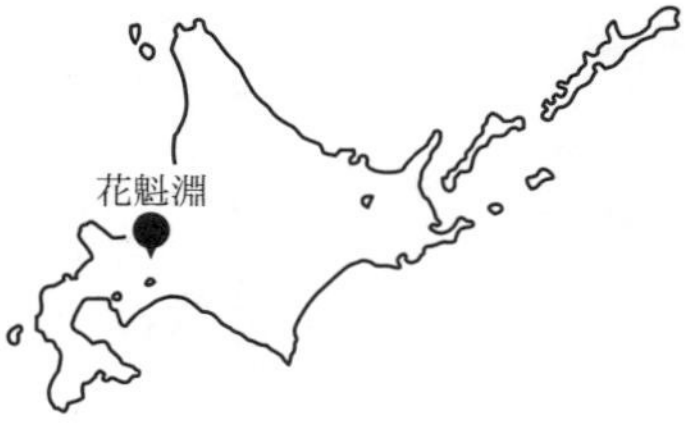

西岡水源地（北海道）　2月25日

午後十一時、マイナス四度の花魁淵から語り部・匠平さんの運転する車で移動し、札幌市豊平区にある貯水池・西岡水源池へ。

「この場所はですね、入水自殺が多いみたいなんですけれども、真夜中に池の写真を撮ったら水面から伸びる何十本もの白い手が写ったりですね、この池の中にある取水塔の窓に人影が見えたりですね、あるいは窓に手形が〝パンパンパンパン〟と、どんどん増えていくのが見られたりしますね」

匠平さんは毎日仕事で怪談に触れているからなのか、息をするように怪奇現象の説明をしてくれる。

「あと気をつけてください。池のまわりを歩いていたら、いつの間にか耳元でゴニョゴニョ言われると思うんで」

え、何それ？

「ここ、早口の女の霊も出るんですよ。この女、ずっとついてきて耳元で何かを言ってくるんですが、早口過ぎて全然聞き取れないんですよ」

伝えたいことがあるならゆっくりしゃべればいいのに……

「あ、そうだ、あの階段の奥に不動明王の祠があるんですけど、この祠の直線上に立つと気分

が悪くなるみたいです」

なんだその現象。不動明王からレーザーでも出ているのだろうか。

たしかに祠へと続く道は細い橋と狭い石段で一直線になっており、何かの通り道である感じが半端でない。僕らは不動明王を見に行くことにする。

当たり前かもしれないが、あたり一面雪景色の中、祠の中には雪がない。吹雪によって雪が入ってきてもおかしくないのだが、むしろ祠の中に手を入れると何故か暖かい。この不動明王からたしかに何かパワーのようなものが出ているのかもしれない。

祠の前には「お供えしないでください」と貼り紙があった。何故だろうと思って匠平さんに聞いてみた。

「たぶん野生動物が食べにくるからでしょうね」

なるほど、という答え。

「あと、冬眠しているから大丈夫だと思うんですけど、ここ普通にヒグマが出るんで気をつけてください」

それが一番怖い。

祠へと続く細い橋。

●三《さん》段《だん》壁《べき》（和歌山） 3月2日

和歌山の景勝地である三段壁へ、深夜二時、僕と華井とにしねの三人で向かう。ここは観光名所であり恋人の聖地であり、自殺スポットであり、怪談の舞台でもある。

車を降りると、風がとても強く吹いていて、その音が女のすすり泣く声に聞こえる、ような気がした。

三段壁展望台に行く途中にある林へ入ると「文殊堂」というお堂がある。そのお堂から山道に入ってすぐの場所に、投身自殺した人の魂を鎮めるために建てられた延命地蔵がある。にしねが、この延命地蔵から西国三十三ヶ所地蔵のある方へ進もうとしたが、嫌な予感がしたのですぐに止めると、にしねが行こうとした方向からは波の音が大きく聞こえた。

文殊堂を出ると、自殺志願者の命をつなぐために設置された「いのちの電話」がある。この電話ボックスの中には、お金がなくても電話がかけられるように十円玉が常備されている。

展望台へ行き、強烈な潮風に吹かれながら三段壁の方を見る。真っ暗でほぼ見えないが、崖の先端あたりに何かが光っているように見えた。もう少し近づいて見てみようと崖の方へ向かって歩くと、センサーが発動した。

「この先、三段壁方面は施錠しています。みなさんは入らないでください」

そうか、自殺防止のためにこれ以上進むとセンサーが鳴るんだな。改めてその位置から三段

壁を見ると、光は消えていた。何の光だったんだろう。

少し崖から離れ、道路側へ進む。

「キャ――――」

すぐさま華井が「悲鳴や」と反応した。僕もにしねも聞こえた。遠くからではあるが、たしかに甲高い女性の悲鳴だ。

そのあと、またセンサーが鳴る。

「この先、三段壁方面は施錠しています。みなさんは入らないでください」

僕たち以外に誰か崖の近くにいるのだろうか。

「この先、三段壁方面は施錠しています。みなさんは入らないでください」

「この先、三段壁方面は施錠しています。みなさんは入らないでください」

「この先、三段壁方面は施錠しています。みなさんは入らないでください」

人のいる気配はいっさいなかったのだが、センサーは鳴りやまない。

崖の奥から謎の悲鳴が聞こえた。

いつでも電話がかけられるように10円玉が置かれている「いのちの電話」。

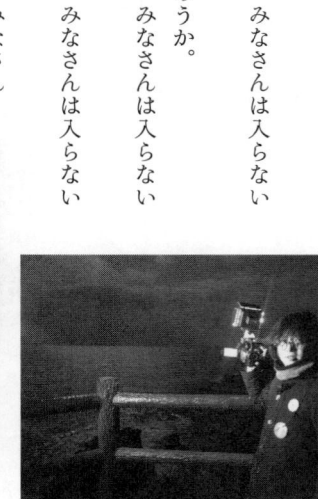

筆《ひつ》山《ざん》（高知）　3月14日

高知・高松・広島春の怪談ライブツアー初日、高知でのイベント後、地元で活動するミュージシャンのウォッチさんの車に乗って、筆山へ案内してもらった。筆山公園には土佐藩主だった山内家の墓があり、夜になると人魂が浮かんでいるという噂があるのだ。

さらにこんな話も聞いた。筆山の麓には音楽スタジオがあり、高知のバンドマンHさんがそこで一人でギターの練習をしていた。しかし一人で弾いているはずなのに、いつの間にか別のギターの音が聞こえてきた。よくよく聞くとその音は、自分のギターに合わせて弾いている。幽霊がセッションをしだしたのだ。Hさんは最初はとまどったが、だんだんセッションを続けるうちに気持ちがよくなり、そのままギターをかき鳴らす。そしてセッションが最高潮に達した瞬間、幽霊が背中を合わせてきたという。ギタリストとギタリストが背中を合わせて弾くアレだ。さすがにそれにはビックリしたHさんは、我に返ってスタジオを飛び出したそうだ。

このスタジオは場所がわからず結局行かなかったのだが、そのかわり筆山の霊園で、でっかい観音像を見つける。案内してくれたウォッチさんも知らなかったというその観音像の名前は「高知観音」。十メートルほどの観音様が上半身だけ地面から突き出しており、懐中電灯で照らすと顔と手が特に巨大過ぎてビビる。縮尺の違和感。唇だけ赤いのも奇妙だった。

筆山公園で夜景を見たあと（目的が変わってる）、高知に来るとたいてい立ち寄るバーへ行った。

店主の岩合さんは幽霊は見たことはないが、ＵＦＯらしきものは見たことがあるという。

ある日の晩、自宅の窓から外を見ていたら、筆山の上を謎の発光体が上がったり下がったりをくり返していた。そのことを知人に報告したが、誰もその発光体を見ていないという。しかし地震を研究する施設で働く知人が、奇妙なデータを見せてくれた。岩合さんが発光体を目撃したその日のその時間、筆山方面から奇妙な電磁波が放出されているのが観測されたという。岩合さんはそのデータをグラフ化した資料を、その知人から見せてもらっている。

筆山には人魂の噂があり、高知にはＵＦＯの目撃談がたくさんある。それがいったい何なのかは僕らには解明できないけれど、解明できない何かがあるのはたしかだ。

筆山公園にあった大きな観音像。

●幽霊の出る喫茶店跡（香川）　3月16日

高知・高松・広島怪談ライブツアーの二日目は高松だ。この日の怪談ライブで共演者の田中俊行さんは、持つと病気になるとされる心霊写真を披露したところ、舞台上で鼻血が止まらなくなっていた。大丈夫だろうか。

イベント後、高松でいつもお世話になっている、かがーさんとIさんにこの日も車で心霊スポット案内をしてもらう。

香川県では「喝破道場」「牟礼病院」「金山病院」が三大心霊スポットと呼ばれているらしい。その中の牟礼病院は、かがーさんとIさんに二〇一六年に連れていってもらった。そのとき残念ながら牟礼病院はすでに取り壊されて空き地となっていたが、到着した瞬間に、グーグルマップでナビゲートしていたIさんのスマホの画面の色が反転。黒くなり、表示されていた文字がすべて座標を表す数字に変わった。そして目の前には一羽のカラスの死骸が落ちていた。あと、何故かチャイルドロックが作動してなかなか車から降りられなかった。

今回向かうのは金山方面だ。「坂出の廃病院」として地元では有名な金山病院はかつて結核患者の隔離病棟だったといわれ、去年六月に行った大阪のR病院と同じく〈病院内の物を持って帰ると霊から「返せ」と電話がかかってくる〉〈持って帰ったものを霊が家まで取り返しに

やってくる〉という噂があったり、〈下半身だけの女性の霊が出る〉という話もある。しかし残念ながらこの金山病院ももう解体されて建物は存在しなかった。

病院の近くにある「金山トンネル」も〈老人と子供の霊が出る〉と噂されるが、今回の目的地はそこではない。

僕たちは、Iさんが子供の頃から有名だった心霊スポット、金山トンネルの手前にある喫茶店の廃墟に行ってみることにした。

今から二十年以上も前、この喫茶店は二階に女の子の霊が出ると評判だったそうだ。噂では店長と浮気をしていたスタッフの女の子の霊とされている。ある日、彼女は自殺し、それ以来二階の窓からたびたび姿を目撃されるようになる。ちなみにIさんの父親も彼女の霊を目撃している。そして近隣の若者たちは霊をひと目見ようと喫茶店に通いつめ、皮肉にも一時期喫茶店は繁盛したのだとか。しかしいつしか廃墟になり、その廃墟も今は跡形もなくなっている。

午前一時、小雨の降る中、現場に到着。車を降りようとすると、何故かチャイルドロックが作動し、なかなか降りられない。牟礼病院に行ったときと同じ現象が起きる。なんとかIさんに外側からドアを開けてもらって車から出た。

「あ、この辺、何か感じるわ」

つい数時間前、鼻血が止まらなくなっていた田中さんがつぶやく。

「あ、こっから先は何も感じへん」

急に霊感が芽生えたのか。僕は疑いの目を向ける。

「いやタニシくん、怪談やって、こんな場所ばっかり行ってたら、さすがに俺も感じるようになるで」

当時の廃墟を知るIさんが言った。

「よくわかりましたね。たしかに田中さんが指摘したところが喫茶店あった場所です」

たまには人を信じてみようと、少し思った。

喫茶店跡に立つ田中さん。

林田港（香川）　3月16日

午前二時、車が勝手に突っ込んで海に落ちていくという林田港へ行く。実際に海底から自動車が五台も引き揚げられ、車内には複数の遺体が残っていたそうだ。この事件は数年前に地元の新聞でも報道された。噂では林田港に車を停めると、エンジンを止めてハンドブレーキをかけているにもかかわらず車が勝手に動き出し、海へ落ちようとするらしい。

小雨の降る中、釣り好きのかがーさんは林田港で釣りを始めた。

「ここよう釣れよるんよー」

その間、僕らは海に向かって怪談をしたりしながら様子を見る。結局かがーさんの車も引きずり込まれることはなく、残念ながら魚も一匹も釣れなかった。

ただ、一ヶ所だけバリケードが倒された箇所があり、何故か妙に気になった。

そのバリケードの向こう側は海なのだが、海面に向かって懐中電灯を照らすと、白い靄のような塊が浮かび上がり、人の顔のように見えてきた。

「うわ！」

少しビックリしたが、よく見ると小魚が集まって、それが人の顔のように見えただけだった。

しかし、魚がよく釣れるポイントから人の死体が発見された、なんて怪談を聞いたことがある。もしかしたら……

己《こ》斐《い》峠（広島）　3月16日

高知・高松・広島春の怪談ライブツアーも最終日を迎えた。広島のダムレコーズでのライブ後、地元出身のAさんにまず己斐峠を案内してもらうことにした。

己斐峠の道はカーブが連続していて事故が多発しているため、地元では〝魔の峠〟と呼ばれ恐れられているそうだ。近くにあるお地蔵さんにも噂があり、〈危うく事故を起こしそうになった人がお地蔵様のおかげで助かったとお礼参りをしたところ「死ねばよかったのに」という声が聞こえてきた〉という話が伝えられている。Aさん自身がよく聞いた噂は、〈このお地蔵さんは全部で七体あって、七体すべての地蔵を参ると呪われる〉というものだ。他にも〈道路上にスニーカーが落ちているのを見つけると、背後からマラソンランナーの霊が全速力で追い抜いていく〉という噂があるらしいのだが、マラソン中に靴が脱げてしまったのだろうか。もし遭遇したなら、そのランナーの霊にスニーカーを渡してあげたい、と思った。カーブはグネグネと曲がっており、たしかに危険な峠であった。

お地蔵さんは峠の頂上にある一体は確認できたが、他は見つけられなかった。

お地蔵さんが一体だけ見つかった。

魚《うお》切《きり》ダム（広島） 3月17日

怪談イベントを観にきた地元広島のお客さんに心霊スポットを聞いたところ、みな声を揃えて言うのが「魚切ダム」だった。魚切ダムでは〈心霊写真がよく撮れる〉〈地元の暴力団が死体を棄てに来る〉などの噂があるが、案内役のAさんは言う。

「私が知ってるのはカップルがボートに乗っていて、警察が職務質問するとそのカップルが消えたという話です」


午前二時、魚切ダム到着。ダムのまわりはとにかく廃墟が多い。ダムの対岸には洋館のような廃墟も見える。ファミコンゲーム「悪魔城ドラキュラ」のような世界観だ。

Aさんが案内してくれたのは廃墟ではなく橋で、赤い橋桁の下に首吊りをしたかのようなロープがかけられており、それを触ると金縛りにあうのだとか。

Aさんの知人はダム周辺の調査をする仕事をしていて、その際にこの首吊りロープを発見。手に触れたところ、その場で金縛りにかかったという。

橋の下に降り、ロープを探す。緑に苔むしたロープが橋桁の端っこに、不気味に垂れ下がっていた。

輪っかになっている部分をのぞき込むと、白髪のような細い繊維が見えた。この光景には見

覚えがある。前年のゴールデンウィークに樹海で見た、髪の毛がついたロープと同じだ。人は死んで腐ると、まず髪の毛からずり落ちる。そして、腐りにくい髪の毛は肉よりも残りやすい。

さすがにロープ自体に触れることには躊躇してしまったのだが、思いきってその輪の中に指を突っ込んでみた。髪の毛と思われたものは、蜘蛛の巣だったことがわかった。その勢いで指先をロープに当ててみる。金縛りにはならなかった。

橋の下に生える木にはタオルやキャミソールが引っかけられていた。ここで何があったのかはわからない。

赤い橋桁の下にかかっているロープ。

勇気を出して指を突っ込んでみた。

阿《あ》闍《じゃ》梨《り》の森（大阪）　3月25日

高槻の阿闍梨の森はとにかく心霊写真がよく撮れる。神社の裏にある石碑群に足をかけて御神木で首を吊った人がいるという噂もある。

僕はテレビ番組「おまえら行くな。」のロケですでに一回来ているが、ここは〝顔認証しない〟という現象が初めて起きた場所だ。つまりスマホで写真を撮ろうとすると、人間の顔を認識する四角いカーソルが表示される機能が、僕の顔にいっさい反応しない、顔認証しないどころか、ヒザにピントのカーソルが合う〝ヒザ認証〟が起きたのだ。

その後、北野誠さんに京都のある神社へ連れていってもらい、そこで巫女のSさんに

「あなたにはもともと女性の霊が憑いていて、その霊が低級霊や浮遊霊を磁石みたいにくっつけて、一つの大きな畜生になってるの。だから今あなたの顔、ほとんど見えていない状態よ」

と言われたのが二〇一四年。

「あなた自身のキャパシティが大きいからなんとか今は助かっているけど、あとこれくらい（数センチ）でいっぱいになるから。そのときまたここへ来なさい」

そう忠告されてから四年。実はこの日の約一ヶ月前に僕はこの神社でお祓いをしている。

年明けの無意識に〝えずく〟現象もあったが、その前に「おまえら行くな。」の高知ロケで

も、ホテルで隣室だった北野誠さんが僕の〃えずき〃を聞いている。ちょうどそのくらいの時期にSさんから北野誠さんへ連絡が入る。

「タニシくんがもう溢れちゃってるみたいだから神社へ連れてきなさい」

そして僕は神社へつれていかれ、一時間に及ぶ〃治療〃を受ける。

「仕事に差し障りがあるといけないと思って、少しだけ残しておいたから」

それからというもの、じょじょに顔認証はするようになった。

だけどこの日、阿闍梨の森では顔認証はしなかった。

試しに石碑群の中に入ってみた。

ポールの上に立つとご神木に手が届く。

七つの家（山口）　4月4日

この数ヶ月、僕は初の単行本の執筆作業に追われていて、もう当初の締切はとっくに過ぎていた。そのため事務所と出版社の会議室に連日カンヅメにされて執筆を続けていた。

しかしこの日、マネージャーに僕は意味不明なことを言ってそのまま一人、西へ逃亡する。

「すみません。青春18きっぷの期限が迫っているので、一日だけ使わせてください。電車内のほうが筆が進むと思うんです」

青春18きっぷとは普通車なら一日中乗り放題、何度も途中下車ができるＪＲの切符だ。春の利用期間は四月十日までなので、僕はどうしても使いたかった。

いや、遠くへ行きたかった。

正午、大阪駅から新快速で姫路まで一時間かけて行き、相生で三十分待ち、さらに岡山、笠岡、糸崎と乗り換えをくり返したあと、夕方五時に三原駅で途中下車し、たこめしの駅弁を買う。向かいのホームには広島カープの選手が描かれたカープ列車が止まっていた。

再び電車に乗り込み、黄色い鈍行列車に揺られ、午後八時、山口県の岩国駅で降りる。

岩国で有名な観光名所、錦帯橋《きんたいきょう》は五つのアーチが夜でもライトアップされ、きれいだった。

僕は橋の下でインスタ映えするような写真を撮る。実は錦帯橋では心霊写真がよく撮れるという噂があるのだ。結局何も写ってはいなかったが。

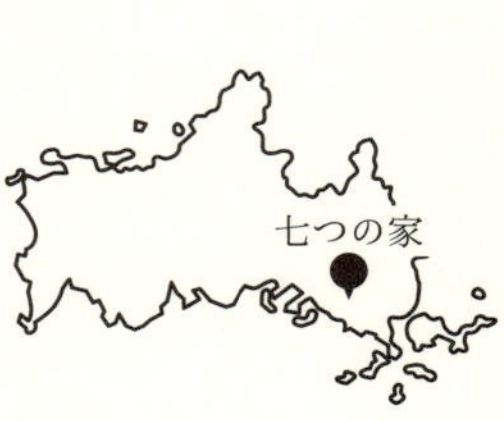

橋を渡ると岩国藩主の吉川家を祀る吉香《きっこう》神社がある。さらにその手前には岩国シロヘビの館があり、前年の夏に行った四日市の鵜の森神社を思い出した。

夜の岩国を軽く観光したあと、最終電車に乗ってさらに西へ。どこで降りるかは決めかねていたが、結局最後に降りたのは山口県光市の島田駅である。大阪からここまで十二時間かけて八十の駅に停車した。その間、執筆は一文字も進んでいない。

何故、島田駅で降りたかというと、ここには「七つの家」があるからだ。

それは七つの廃墟が集まった集落のような場所で、一番奥の家では殺人事件があったと噂される。未完成だった住宅地が人が住まないうちに廃墟化しただけ、という説もある。

午後十一時半、駅を出て七つの家まで、何もない真っ暗な道をひたすら歩く。もう慣れたもんである。途中、何重も連なる鳥居の階段を見つけたが、目的地ではないのでスルーする。鳥居のすぐそばには、墓石が大量に棄てられている空き地があった。暗闇を歩くこと四十分、午前〇時過ぎに七つの家の入口に到着。

ただ両脇に草が生えているだけの道を進むと、まず右側に一つ目の家が見えてくる。少し高い位置にあるため近づくことはできない。

さらに進むと二つ目の家。こちらは森と朽ちた家とが一体化して、もはやゾンビ。家のゾンビがいるとしたらまさにこれだ。

三つ目の家は屋根が落ちてペシャンコになっており、竹やぶが容赦なく家を貫いていた。串刺しの家だ。

四つ目の家は石垣しか見つけられず。

五つ目を見つける前に、焼かれた黒い車が放置されているのを見つけた。車の屋根やボンネットからは草木が生えており、新たな地面と化していた。

その車の奥に、五つ目の家。屋根はなく、バスタブがむき出しになっている。近くの木に何かの木片を釘で打ちつけた跡があったが、何を意味するのかはわからなかった。

そして最深部に六つ目の家。これは疑いようもなく燃やされた跡で、土台部分しか残っていない。その先は完全な藪で、これ以上は進めない。

七つ目の家は森の奥で、目にすることはできなかった。

突然、雨が降ってきた。僕は二つ目の家まで戻り、廃墟の屋根の下で雨をしのぐ。そのとき、疑問が頭に浮かんだ。

「僕は何をしているんだろう」

慣れない執筆作業から抜け出し、向かった先が心霊スポット。今やるべきことは異界巡りではなく、本の執筆である。こうしている間にも筆を進めないと、たくさんの人たちに迷惑をかけてしまう。何より本を出すことは自分にとってかけがえのないチャンスだ。それなのに今、自分は遠く山口県の廃墟で雨をしのいでいる。そして、あわよくば「何かが起きてほしい」と思っている。不思議なことが、ありえない現象が、あったらいいなと思っている。目の前に幽霊が現れてくれないかと願っている。

これはたぶん現実逃避だ。

僕はこの二年間、ことあるごとに異界とされている場所に出かけた。そして、「何かが起きるかも」しれないその場にいるだけで、僕は充実していた。もはや異界は恐怖ではなく、僕にとって不思議な世界と現実をつなぐ希望になっていた。

午前四時半、雨も上がったので、僕は集落を出た。県道に出る直前、突然耳鳴りが起きる。帰り道、先ほどスルーしていた鳥居の場所へ寄る。鳥居をくぐると、中は廃神社だった。赤く塗られた祠や本殿がベキベキに折られている。神社の裏側まで行くと、そこは何かを掘り返したような空き地になっていた。グーグルマップで自分が今いる場所を調べてみると、その空き地は墓地だった。再び廃神社に戻ったとき、僕はそこで何かを踏む。何だろうと思って足元を見てみると、踏んでいたのは御神体と思われる神鏡だった。

〝バサバサバサッ〟

その瞬間、上から大量の枯葉が落ちてきた。

御神体を壊れた祠の前に置き、鳥居の階段を下りる。階段の下には墓石の棄てられた空き地がある。

そうか、この墓石はおそらく廃神社の裏の墓地から移動させたものだ。だからあそこは掘り返されたような跡になっていたのだ。何か妙に合点がいき、スッキリした気分で島田駅に戻る。

そして、あー、帰って続きを書かなきゃな、そう思って始発で現実へ帰った。

インスタ映えする心霊写真が撮れるといわれる錦帯橋。

二つ目の家の落書きが恐ろしい。

三つ目の家は竹やぶが家を貫く串刺しの家。

僕が踏んでしまった廃神社の御神体の神鏡。

あとがき

平成から令和に変わる瞬間、僕は流刑の島にいました。

鹿久居島《かくいじま》——瀬戸内海に浮かぶ藩政時代の罪人流刑の島。一六九八年から一七一〇年まで、罪人を改心させるために開墾などの労務を課していたという。

何故この島にいたかというと、原稿の締切に間に合わず、島流しにされたからです。というのは表向きの話で、本当は僕が行きたかったから。いや、本当に行きたかったのは鹿久居島のすぐそばにある、「首切島《くびきりじま》」でした。鹿久居島での労役で改心しなかった罪人は、この斬首されるためだけの首切島に連れていかれるのです。

異界巡りをくり返すうちに、僕はこの首切島の存在にたどりつきました。

ただ死ぬだけの場所。

ぜひとも行って、そこで自分が何を感じるのかを知りたかったのです。

二〇一九年四月、当初の予定ならこの『異界探訪記　恐い旅』の執筆は三月には終わっているはずでした。しかし前年の十月から書きはじめ、半年かかって三分の一も書き終えていないのが現状でした。それを知った僕のレギュラー番組『おちゅーんLIVE!』のスタッフたちが、スタジオに僕を監禁して百話分執筆させる「松原タニシカンヅメ企画」を敢行し、五十八時間半連続で生配信するというかたちで尻を叩いてくれました。自業自得の追い込み執筆作業すら、エンターテインメントにしてくれた番組に感謝です。

しかしそれでも執筆は終わらない。とにかくなんとかするため、ゴールデンウィークを返上して僕は島へ行くことにしました。こうなったら、執筆完了の瞬間すら「恐い旅」にしてやろうと。ゴールはあそこ、首切島だ。そうして自ら望んで「執筆監禁島流し」という流れになったのです。

しかし、いくら調べても首切島への行き方がわからない。結局瀬戸内海の小島を転々としながらサバイバル執筆を試みました。雨に打たれ、満潮を怖れ、虫におびえ、鳥についばまれ、当たり前だけど執筆は思うようにはかどりませんでした。

五月一日、鹿久居島で一夜を過ごしたあと、「古代体験まほろば」という施設からカヌーで首切島に上陸できることを知りました。執筆はまだまだゴールにはほど遠かったけれど、僕はカヌーに乗って、首切島を目指しました。初めてのカヌー。少しでもバランスを崩したら転覆してしまう。僕は原稿が記録されたスマホを死守しながら気の遠くなるような緩やかなスピードで島を目指しました。あと少し、あと少しで首切島だ。しかし突然、潮の流れが急激に変化し、転覆の危機が訪れる。カヌーは初心者の操縦ではどうにもならず、僕はそのまま岸に流されてしまいました。目の前に現れた首切島は、最後のボスとして立ちはだかったのです。

今回収録したのは二〇一八年四月の「七つの家」までですが、その後も僕の異界巡りは継続中で、この本を書き終えようとしていたときも、まさに旅の途中でした。旅は逃亡であり癒しでもあります。旅には成長と発見があります。だから日常に戻ったときにまた、新たに日常を迎えられるのでしょう。

しかし僕の異界の旅は、もはや旅自体が日常になりつつあります。帰る家であるはずの事故物件も、新たな異界としてまた次の物件を探すでしょうし、首切島をはじめ、まだまだ未知との出会いを欲する自分がいます。未知とは恐怖。その向こう側を知り続けたい。これは旅ではなくて、僕にとっての生きる目的なのかもしれません。

最後に、本書を手に取ってくださったみなさん、ただの僕の日常に付き合ってくれてありがとうございました。

松原タニシ（まつばら・たにし）

1982年4月28日、兵庫県神戸市生まれ。松竹芸能所属のピン芸人。

現在は「事故物件住みます芸人」として活動。

2012年よりテレビ番組「北野誠のおまえら行くな。」（エンタメ〜テレ）の企画により大阪で事故物件に住みはじめ、これまで大阪、千葉、東京など7軒の事故物件に住む。

日本各地の心霊スポットを巡り、インターネット配信も不定期に実施。

事故物件で起きる不思議な話を中心に怪談イベントや怪談企画の番組など多数出演する。

CBCラジオ「北野誠のズバリ」、ラジオ関西「松原タニシの生きる」、YouTube・ニコニコ生放送「おちゅーん LIVE！」などで活躍中。

著書に『事故物件怪談 恐い間取り』（弊社刊）、コミックの企画・原案に『ゼロからはじめる事故物件』（漫画：奥香織　小学館）、『ボクんち事故物件』（漫画：宮本ぐみ　竹書房）がある。
公式 Twitter アカウント@tanishisuki

協力　藤田浩子（松竹芸能株式会社）
撮影　SUSIE（p. 395）
ブックデザイン　平塚兼右（PiDEZA Inc.）
本文組版　平塚恵美、矢口なな、長谷愛美（PiDEZA Inc.）
地図作成　新井良子（PiDEZA Inc.）
JASRAC　出1907575-901

異界探訪記《いかいたんぼうき》　恐《こわ》い旅《たび》

著者　松原《まつばら》タニシ
発行所　株式会社二見書房
東京都千代田区神田三崎町2-18-11
電話 03（3515）2311［営業］
03（3515）2313［編集］
振替 00170-4-2639
印刷　株式会社 堀内印刷所
製本　株式会社 村上製本所

落丁・乱丁本はお取り替えいたします。

定価は、カバーに表示してあります。

ISBN978-4-576-19102-7
https://www.futami.co.jp/